水产领域科学家的故事

主编 郭慧 朱晓闻

西南交通大学出版社
·成都·

图书在版编目（CIP）数据

水产领域科学家的故事 / 郭慧，朱晓闻主编. --成都：西南交通大学出版社，2023.12
ISBN 978-7-5643-9575-9

Ⅰ. ①水… Ⅱ. ①郭… ②朱… Ⅲ. ①渔业–科学家–事迹–中国–通俗读物 Ⅳ. ①K826.3-49

中国国家版本馆 CIP 数据核字（2023）第 226959 号

Shuichan Lingyu Kexuejia de Gushi
水产领域科学家的故事

主编　郭　慧　朱晓闻

责 任 编 辑	周媛媛
封 面 设 计	原谋书装
出 版 发 行	西南交通大学出版社 （四川省成都市金牛区二环路北一段 111 号 西南交通大学创新大厦 21 楼）
营销部电话	028-87600564　028-87600533
邮 政 编 码	610031
网　　　址	http://www.xnjdcbs.com
印　　　刷	四川煤田地质制图印务有限责任公司
成 品 尺 寸	170 mm×230 mm
印　　　张	20.25
字　　　数	319 千
版　　　次	2023 年 12 月第 1 版
印　　　次	2023 年 12 月第 1 次
书　　　号	ISBN 978-7-5643-9575-9
定　　　价	78.00 元

图书如有印装质量问题　本社负责退换
版权所有　盗版必究　举报电话：028-87600562

前言

中国是水产发展历史最悠久的国家。早在春秋末期，政治家、经济学家范蠡便编写了著名的《养鱼经》。中华人民共和国成立以后，随着社会经济的快速发展，水产业取得了前所未有的进展。据联合国粮食及农业组织（FAO）统计，中国的水产养殖为全球1/3的人口提供了优质蛋白。目前全国开设水产养殖专业的高校近50所，属于小众学科，但是却支撑起了整个水产产业。

2020年5月，教育部专门出台了《高等学校课程思政建设指导纲要》，对高等学校课程思政教育工作进行全方位、系统化设计和部署。《高等学校课程思政建设指导纲要》的颁布，为全国高校开展课程思政育人工作提供了明确的指南，不仅掀起了全国高校开展思政育人的浪潮，也激起了全国教育工作者思政育人的研究热潮。但是，如何在专业课程中融入思政元素，把思政的"盐"融入专业课程的"水"，达到润物无声的效果，是广大教师面临的难题。

科技是学科专业发展的基础，科学家精神对于弘扬学术道德、专业素养、家国情怀等具有良好的示范引领作用。本书选取了水产领域50位优秀的科学家，将他们成长成才、报效祖国、服务人民的优秀事迹进行展示，以期为水产专业课程思政建设提供"思政素材"。本书可以作为水产类专业课程思政参考教材，也可以作为青少年科普读本。

本书由广东海洋大学水产学院郭慧和朱晓闻主编，杨炟懿、闫晓波、蒋启成、李一、苏现斌等研究生在资料收集方面做了大量工作。本书在编写过程中查阅了大量的文献和报道，在文中均予以标明。同时，教育部新农科建设项目"基于全产业链的水产养殖'三型'人才培养模式创新与实践"、广东省教育科学规划课题（高等教育专项）——地方高校农科研究生课程思政建设路径的探索与实践（20236XJK307）等项目为本书出版提供了资金支持，在此一并表示感谢。

由于作者水平有限，成稿时间仓促，书中难免存在不足之处，敬请广大读者批评指正。

作 者

2023年11月

目 录

001	秉志：中国近代生物学的主要奠基人
008	刘瑞玉：中国海洋底栖生态学创始人和甲壳动物学先驱
014	童第周：中国克隆第一人
022	雷霁霖：多宝鱼之父
028	夏德全：鱼类遗传育种和生物技术专家
034	曾呈奎：中国海带之父
042	伍献文：从飞云江畔走出的"伟人"
048	曹文宣：渔业生态环境领头人
054	桂建芳：打破吉尼斯世界纪录的鱼类育种学家
066	刘筠：毕生"鱼痴"
072	刘少军：鱼类杂交领域带头人
078	刘建康：鱼类学奠基人
085	赵法箴：对虾养殖先锋
090	陈松林：鱼类育种种质先行者
096	唐启升：耕海牧渔者
103	包振民：中国扇贝之父
109	林浩然：石斑鱼之父
119	徐洵：中国水产界唯一的一位女院士
125	朱作言：鱼跃龙门
131	管华诗：海洋强国梦奋进者
137	李爱杰：中国水产动物营养与饲料研究的奠基人
143	廖翔华：中国鱼类寄生蠕虫种群生物学的奠基者
150	林鼎：水产饲料开拓者
155	刘思俭：广东海洋大学水产养殖教育的拓荒者
158	骆肇尧：水产品加工及保鲜技术领域奠基者

168	倪达书：	中国鱼病学的创始人
175	谭玉钧：	池塘养鱼学之父
181	王道尊：	水产动物的营养师
185	王克行：	时代楷模，吾辈之光
191	熊大仁：	中国现代珍珠之父
200	张春霖：	与鱼结缘，人生路上展宏图
206	张玺：	中国贝类研究鼻祖
214	赵洪恩：	杂交鲍鱼之父
226	郑重：	浮游生物学的开拓者
232	钟麟：	家鱼人工养殖之父
239	朱元鼎：	敬业为公　为人师表
246	陈马康：	中国杰出的科学工作者
251	陈新军：	鱿鱼之父
256	丁永良：	中国渔机先行人
263	金万昆：	水产界的"袁隆平"
267	吴宗文：	水产专家
273	李思发：	潜心耕耘　授人以渔
279	廖一久：	台湾草虾之父
287	沈俊宝：	鱼类育种先驱
291	叶富良：	水产先行者
297	杨国梁：	非凡匠心·罗氏虾南太湖2号之父
302	孙儒泳：	中国伟大的生态学家
305	荣长宽：	一生走在虾塘上的黑老头
308	麦康森：	"蓝色"院士之路
313	张福绥：	贝海生花　福生如谦

秉志：
中国近代生物学的主要奠基人

> 秉志（1886—1965），原名翟秉志，又名翟际潜，字农山，满族，开封市人。著名动物学家。秉志自幼随父读四书五经，文史诗词。14岁丧父。次年考进河南高等学堂，学习英文、数学等。17岁时相继中秀才和举人。1904年考入京师大学堂预科攻读英文与数、理、化。在京读书期间，立下"科学报国"的志向。

"今日世界人类之幸福，何者非由科学所致，吾国之弱不足忧，倘能使科学发达，则转弱有方也，吾国之贫不足虑，倘能使科学发达，则疗贫有术也，吾国一切困难，尽可诉诸科学，以图解决。""吾国贫弱，至今已极，谈救国者，不能不诉诸科学。观于列强之对吾国，其过去，现在及将来，令人骨颤心悸者也！故吾国今日最急切不容稍缓之务，唯有发展科学以图自救。"作为五四学人的优秀代表，秉志先生分别在1932年和1935年的《科学》杂志上振聋发聩地呼喊，成为代表那个时代爱国知识分子的历史强音。

一、传播科学，求真致用

19世纪中叶到20世纪初，帝国主义列强一次又一次入侵，中华民族进入历史上最黑暗的时期。秉志先生在京师大学堂（北京大学前身）预科读书期间，正值甲午战争和八国联军入侵北京后不久，民族危机日益加深，他以强烈的爱国心和正义感，积极投身爱国救国学生行动，反对帝国主义压迫，抱着"科学救国"的理想踏上了科学之路。

1909年，秉志先生考取第一届庚子赔款官费留学生，赴美国康奈尔大学留学。在康奈尔大学期间，秉志先生与一批志同道合的中国留学生走到了一起，作为中国科学社发起人和核心五董事之一发起组织我国最早的民间自然科学学术团体——中国科学社，并创办《科学》月刊。1915年1月，在秉志、任鸿隽、杨铨等留美中国学生的推动下，《科学》月刊创办，树立起了"传播科学，求真致用"的科学救国的旗帜，成为新文化运动不可分割的一部分，催生了"五四运动"的爆发。1915年10月，中国科学社在美国正式成立，以"联络同志，共图中国科学之发达"为宗旨，为科学家群体提供学术平台，助力国内以"赛先生"为旗帜的新文化运动，点燃"赛先生"的"星星之火"。

在美国求学期间，秉志先生把满腔爱国热忱化为学习的动力，立志科学救国、报效国家。他师从著名昆虫学家J.G.Needham教授，从事昆虫学研究，同时辅修脊椎动物学，发表论文三篇，成为我国近代昆虫学研究的先声，在我国近代昆虫学史上具有重要意义。由于成绩优异，1915年他当选为美国SigmaXi荣誉学会会员，1918年获博士学位，成为在美国以昆虫学论文获博士学位的第一位中国人。获得博士学位后，秉志先生到韦斯特解剖学与生物学研究所，跟随著名神经学家H.H.Donaldson从事脊椎动物神经学研究，发表了两篇论文，这两篇文章对小鼠交感神经的发育与性别关系颇有创见。

1920年冬，阔别祖国11年后，在"科学救国"思想的指引下，秉志先生受南京高等师范学校（简称为"南京高师"）农科主任邹秉文先生之聘，回国任教，从此在秉志先生的带领下我国现代生物学发展展现出全新的面貌。当时，落后的中国既没有一个生物系，又没有一个生物学研究机构，仅仅是有的学校有博物系，教学与研究水平都十分落后。秉志先生应聘任教南京高师后，在农业专修科讲授普通动物学。1921年，秉志先生在南京高师创建了我国大学中的第一个生物系，并任系主任。生物系初建时，经费不足，无钱购置设备，秉志先生就发动师生动手制作，或用土产品改装。对必不可少的仪器，他节衣缩食，省下自己的薪金去订购。所有实验和研究用的标本，都是在连续两年的暑假里，由秉志先生亲自率领学生在极其艰苦的条件下远赴浙江和山东半岛沿海采集而来。

1922年，经过秉志先生与其他生物学家积极筹建，在南京成立了我国第一个生物学研究机构——中国科学社生物研究所。该所成立后，在秉志先生的领导下对我国动、植物资源进行了大量的调查研究，除开展形态学和分类学的研究外，还进行生理学、生物化学和遗传学方面的研究。其研究结果大多发表于生物研究所专刊《中国科学社生物研究所丛刊》上。该刊与世界各国五百余处研究机构保持信息沟通，使欧美各国生物学界对中国生物学渐有认识，中国人的研究能力由此得到国外生物学界的认可，为中国科学赢得了一定地位。这些都不能不归功于秉志先生卓越的领导能力、坚毅的精神和毅力。

1928年，秉志先生与植物学家胡先骕共同创建了我国第二个生物学研究机构——北平静生生物调查所。秉志先生任所长兼动物部主任，胡先骕任植物部主任。静生生物调查所的工作重点是北方动、植物调查，包括华北、东北、渤海等地区的动、植物资源调查、采集及分类学研究。1929年，秉志先生又协助创办"中央研究院自然历史博物馆"（后改名动植物研究所）和中山大学农林植物研究所。这些研究机构的建立，为中国生物学的发展奠定了基础。1934年8月23日，以秉志先生为首的30名著名动物学家在庐山莲花谷发起成立了中国动物学会，并举行了第一届年会。会议推举秉志先生为会长，决定创办《中国动物学杂志》，由秉志先生任总编辑。

二、天下兴亡，匹夫有责

秉志先生是一位具有强烈民族气节和理想信念的爱国科学家。1931年，日本帝国主义的铁蹄践踏祖国大地。南京沦陷后，日本侵略者蓄意对秉志先生等科学家进行报复，把中国科学社生物研究所的图书、标本、仪器设备抢掠一空，并纵火将所有房屋烧为灰烬。那时，中央大学撤离南京，秉志先生因夫人病重未能随学校内迁，只得怀着满腔愤恨回到上海家中。回到上海后，他改名翟际潜，席不暇暖，即刻在中国科学社总社明复图书馆重建实验室，开展研究。1941年冬，"珍珠港事件"爆发后，日寇占领上海租界，中国科学社被迫停办，图书馆关门。鉴于秉志先生在我国学术界的名望，日本对他的个人情况调查已久，并千方百计地找他，企图拉他出来任职。秉志先生不为日寇所用，蓄起胡须,"隐居"起来。他在震旦大学的实验室里闭门做学问,同时还在友人经营的中药厂里研究药材蛀虫。虽然"隐居"起来,但秉志先生始终牢记"天下兴亡,匹夫有责",他用"骥千"的笔名(老骥伏枥,志在千里之意)每周写一篇短文,向进步的《大公报》投稿发表,以激励人民的抗战斗志。几个月后,他被汉奸追查,《大公报》也受到日寇警告。后来,他又换用"伏枥"笔名,在其他刊物上发表文章,评论时事,揭露敌人的滔天罪行,并热忱号召人民精诚团结,共同抵御外侮。他还著书鼓励人民在危难中积极奋斗(书稿因无处付印,又保藏不慎,大半丧失)。在恐怖统治笼罩的上海,秉志先生敢于以笔作刀枪,英勇斗争,表现出了一个爱国科学家的凛然大义。

抗日战争14年,秉志先生被困上海,没有工资收入,全家生活极为艰苦。但他坚决拒绝敌伪利诱,始终保持着一个爱国科学家的民族气节。多亏有爱国人士以及苏北新四军设法接济,全家才未至断炊。那几年,他一直到处打听去后方的路线,可惜总是落空。有一次得知有一条从杭州入江西转重庆的路线,他立即出让房屋、家具,不料临行前传来消息说此路不通了,9个月的计划又成泡影。他曾无奈地说:"不求别人(指内地朋友)谅解,但求无愧我心。"

解放战争期间,秉志先生蔑视反动派及其权贵。他把那些在反动统治者面前摇尾乞怜的御用科学家称为"科学的罪人"。有一次,蒋介石托人邀秉志先生出任"中央研究院"职务,他对来客读了一段"北山移文"(《古文观止》中的文章,内容是讽刺贪图官禄者),表明自己不事权贵,甘为平民的心迹。1934年夏,借中国科学社开年会之便,由秉志先生等人发起组织的中国动物学会在庐山举行成立大会。此时蒋介石偕同宋美龄也在庐山,蒋介石为笼络人心,举行游园会,招待中国科学社的科学家。有人希望秉志先生趁机与蒋介石晤谈,但他坚决拒绝,故意称病不去。他说:"生物研究所与我都穷,但要穷得有志气。"1948年,"中央研究院"在南京召开院士及评议员选举会议,将近结束时,蒋介石设宴,发来请柬,要求签注能否出席。秉志先生毫不犹豫,断然写上"辞谢"二字。在黑暗统治的岁月,秉志先生横眉冷对以蒋介石为首的反动政权,坚决不与之发生任何联系,表现了一个真正科学家威武不屈、富贵不淫、贫贱不移的高尚品格。

三、鸿儒硕辅，高山仰止

大半生亲历旧社会腐朽落后的秉志先生，在年过花甲之时，迎来了中华人民共和国的诞生。他满怀希望和激情，积极投身祖国建设发展的大业中。1949年，秉志先生作为特邀代表出席了中国人民政治协商会议第一届全体会议，荣幸地参加了开国大典。他曾任华东军政委员会文教委员，河南省政协委员、人大代表和人民政府委员，以及第一、二、三届全国人民代表大会代表。

在担任全国人大代表期间，他不辜负党和人民对他的信任，认真履行人民代表的职责，提出各种建议。他的提案内容，除有关科学发展以外，还涉及国家法令制度（如渔猎法）、争取留学生回国、青年思想改造、环境卫生、公共交通、改良京剧、提倡火葬等事关人民群众生活的各方面内容。1952年前后，秉志先生目睹血吸虫病给人民带来的灾难，万分焦虑，当即给卫生部门负责同志写信反映情况，提出建议。第二年他又分别给毛泽东、朱德、周恩来写信呼吁，并随信寄去了自己关于消灭钉螺、杜绝血吸虫病的建议。1956年，中央防治血吸虫病小组成立时，毛泽东转去了秉志先生的建议。秉志先生对消灭钉螺、根治血吸虫病的建议，为国家打赢灭螺、灭血吸虫战役提供了可靠的科学依据。1956年10月，秉志、陈焕镛、钱崇澍、杨惟义和秦仁昌等生物学家在第一届全国人民代表大会第三次会议上提出了92号提案，建议在全国各省区划定天然森林禁伐区，以保护自然植被，供科学研究之用。随即国务院批准了该提案，并在广东肇庆建立了我国第一个自然保护区——鼎湖山自然保护区。

秉志先生时时念及国家，以国家利益为最高追求。他深知人民江山来之不易，1950年抗美援朝战争开始，国家急需资金购买飞机大炮，秉志先生为了对国家尽自己的一份责任，将自己在抗日战争前节衣缩食在南京所置的四处房地产全部变卖捐献给国家。他的3 000余册藏书，也早就留下遗嘱全部献给国家。

秉志先生学识渊博，研究广泛，治学严谨，鞠躬尽瘁，为创建和发展我国的生物科学事业奉献了一生。在50多年的科学生涯中，他发表各种专著、学术论文、科普文章共150余篇（册）。他在昆虫学、神经学、形态学、分类学、生理学、古生物学等领域均进行过广泛深入研究。他认为对待研究工作，必须具备"五心"：决心、信心、恒心、耐心、细心；必须要有不怕困难、不怕麻烦、不怕失败的"三不怕"精神；反复强调科学家的治学精神应为"公、忠、信、勤、久"五字。秉志先生认为，公、忠、信，尤其是信，是科学道德问题，研究科学的人，必须要有高尚的科学道德。勤、久则是成功之关键。在科学研究生涯中，他亲力亲为地恪守着这五个字。直到年逾古稀，秉志先生仍坚持每日工作8小时，而且经常带病工作。直到晚年，在实验过程中他仍亲自动手，尤其是关键性问题，更是反复试验。直到逝世的前一天，他还在坚持工作。他曾说："我一天不到实验室做研究工作，就好像缺了什么似的。"秉志先生长期随身带着一张小卡片，右侧写着"工作六律"："身体健康、心境干净、实验勤慎、观察深入、参考广博、手术精练"，下首为"努力努力、勿懈勿懈"；左侧写着"日省六则"："心术忠厚、度量宽宏、思想纯正、眼光远大、性情和平、品格清高"，下首为"切记切记、勿违勿违"。这些正是他一生治学与为人的真实写照。

秉志先生一生曾在多所大学任教，在几十年里为我国生物学界培养了大批人才，直接或间接受过他训练的学生逾千，培养了许多不同专业方向的学生，其中成长为学科专家的便有数十人，桃李满天下。秉志先生对学生要求十分严格，特别是对年长的、造诣较深的早期学生。由于其言传身教，许多学生都秉承了他勤奋刻苦、持之以恒的学风，成长为动物学界的著名专家，如王家楫、伍献文、杨惟义、寿振黄、张孟闻、卢于道、张宗汉、郑集、张春霖、王以康、沈嘉瑞、陈义、欧阳翥等。他们是20世纪我国教育界和科技界的重要骨干，为我国的教育和科学事业作出了重要贡献。原国家自然科学基金委员会主任陈宜瑜院士在为《秉志文存》撰写的序言中写道："秉志创建的中国科学社生物研究所，至抗日战争之前培养或训练的生物学家计有百余人。当时在中国之动物学者，几乎都是出自秉志门下，诚不愧为中国动物学界的'开山大师'。生物研究所的研究成果，使欧美各国生物学界对中国生物学渐有认识，生物研究所为中国科学赢得地位，不能不归功于秉志先生卓越之精神和毅力。"

秉志先生1935年被聘为"中央研究院"第一届评议员，1948年当选"中央研究院"院士，1955年当选中国科学院学部（生物地学部）第一届常务委员。中国科学院成立时，周恩来总理曾希望他出任中国科学院副院长，但他再三谦让，并推荐了更合适的人选。他淡泊名利、高风亮节的品格，备受同仁和晚辈的敬仰。

生命不止，奋斗不息！秉志先生把自己的一生献给了科学事业，献给了人民，献给了祖国。他是我国老一辈知识分子的优秀代表，他的科学成就将永远镌刻在中国乃至世界的科学史上！他勇攀人类科学高峰的精神，将激励我们一代代年轻的科学人接续奋斗，矢志不渝！

参考文献

[1] 孙炜. 秉志"科学家之精神"思想研究[D]. 合肥：中国科学技术大学，2022.

[2] 孙炜，史玉民. 中国百年生物学的先驱探索——秉志的实践开拓与精神传承[J]. 中国科学：生命科学，2022，52（12）：1897-1904.

[3] 张可鑫. 秉志的科学思想研究[D]. 哈尔滨：哈尔滨师范大学，2022.

刘瑞玉：
中国海洋底栖生态学创始人和甲壳动物学先驱

> 刘瑞玉（1922—2012），海洋生物学家、动物学家、中国海洋底栖生态学创始人和甲壳动物学先驱，中国科学院院士。他出生于河北省乐亭县，1945年在北平辅仁大学学习生物学。曾任中国科学院海洋研究所研究员和所长，以及中国海洋湖沼学会名誉理事长、甲壳动物学分会名誉理事长、中国濒危物种科学委员会委员、全国科技名词审定委员会委员、国际黄海研究学会名誉主席、国际甲壳动物学会理事、国际生物多样性项目中国国家委员会顾问委员等职。他65年的海洋科学研究为中国海洋生物学和水产养殖研究作出了重要贡献，共发表论文200余篇，出版专著21部。

一、潜心科研，造福百姓

在我国对虾养殖的道路上，刘院士劳苦功高——他让对虾变成平凡家庭也可购买的海鲜。自20世纪50年代以来，刘院士一直从事中国海洋物种、资源和标本采集的调查工作。"那时交通极其不便利，沿着海岸走时你必须自己带着行李，十分辛苦。但当看到满室的不同物种的标本时，内心有一种难以形容的欣慰与喜悦。"刘院士说道。

1952年，刘院士便开始对中国对虾的生活习性和如何才能做到更高产的人工养殖进行了初步的研究，这一次试验首次明确了海水养殖的中国对虾的产卵习性和生长历程。该研究在很大程度上推动了中国对虾人工育苗和水产养殖业的发展。1986年，刘院士建议引入凡纳滨对虾的幼苗进行研究，海洋研究所负责人毫不犹豫就答应了。经过努力，其在海洋研究进行的对虾养殖试验取得了显著的成果，人工植精、对虾幼苗的培育与养殖技术都取得了重大突破。

令人佩服的是他在88岁高龄时，仍然满腔热血坚持自己撰写"国际海洋生物普查计划"中关于底栖生物的报告。1957年，我国研发已久的"金星号"正式服役，它是中国海洋科学历史上的第一艘考察船，但是在那个时代，从事底栖生物研究工作的人才非常稀少，而且专业程度也不理想。刘院士响应国家需要，凭借自己多年的经验，积极参加并主持海洋科学的调查工作，完成了"北黄海和渤海综合海洋调查研究"和"全国海洋综合调查"。除此之外，刘院士还一直挂念海洋生物生产和资源持续利用的研究，时刻关注着研究的新动态。

2000年受China Council for International Cooperation on Environment and Development（CCICED）生物多样性工作组的邀请，刘院士参与了"生物多样性和濒危物种的评估"这个国际合作项目，主要负责海洋无脊椎动物部分的物种濒危程度评估研究和"中国物种红色名录"的编写，这个项目受到了广泛的关注，同时也告诉我们保护物种多样性的重要性。

从2004年开始，刘院士组织联合全国40多位专家编著闻名世界的《中国海洋生物名录》一书。名录内46个门类的生物中有22 629个是已知物种，较10年前，即1994年编录的多出了约29.3%，这本书记录了中国丰富多样的海洋生物，展示了最新的生物多样性，它为不同国家的科学家研究海洋物种提供了可靠的知识支撑，人们亲切地称此书为海洋生物的"户口簿"，它得到了国际的认可。

刘瑞玉院士晚年的时候还非常关心生物多样性以及濒危动物的议题，他说在他年轻的时候对虾和黄鱼的资源量是很大的，然而现在去捕捞却很少捕捞到。

二、率先垂范，桃李芬芳

作为我国海洋底栖生物生态学的奠基人之一、国际著名的海洋生物学家，刘瑞玉院士不仅只致力于科学研究，他还尽心尽力地培养年轻人为海洋生物学储备人才。在教导学生上，刘先生总是以身作则，用自己的一言一行去指导他们，在研究员刘静的回忆中："有一次出海，由于已经退潮了，导致船离码头有一米多远，我们几个二十多岁的小伙子都不敢跳，刘老师却一下子跳了上去，我们都震惊了，当时刘先生已经68岁了。"70岁的王永良说，一直到2007年，高龄的刘院士仍然坚持带着学生出海，为的就是能够获得最快最新的生物标本。

刘院士甘为人梯，奖掖后进，为我国的海洋生物科学事业培养了一大批优秀人才。海洋所常务副所长杨红生说："老师每次批阅我的论文时，总是逐字逐句地去看，连英文摘要和拉丁文注解，也会非常仔细地批改。"

特聘研究员张均龙回忆起师徒点点滴滴，说道："先生对我们这些学生是十分严格的，对于我的论文，一个表格一个数据，英文摘要到标点符号，他都会仔细去看，然后告诉我错在哪里了，需要怎样修改；每次出海，先生总会认真地叮嘱我出海所需注意的事宜并提醒我一定要注意安全。"海洋所副所长李超伦回忆说："每次参加学生的论文答辩，都是先生最开心的事情，他想要了解目前学生的学习成果以及发展现状，所以他总会十分重视。"每次在答辩前他总会收到很厚的学生论文，但他总会在答辩前两天返给他们，翻开看都是先生的修改意见，小到标点符号，可以看出先生的用心良苦。

海洋学的基础学科是海洋生物分类学，只有搞清楚、搞明白海洋生物的确切种类，为它们定好"家谱"，才可以进行科学研究。"为了确定一个新的物种，需要阅读许多古籍、文献和掌握多种语言。"所以，刘院士为此学习了很多种语言，例如俄语、日语、拉丁语等，他的知识面非常广泛，许多专家学者都会向他请教问题。然而正是因为海洋生物分类学对知识储备要求十分高，并且出成果非常缓慢，导致很多科研人才流失，许多人都转向了其他的领域。有一段时期，由于海洋基础学科项目经费调整，海洋生物分类学栋梁出现了严重断档，原有科研人员都在不断地退休，新一代的栋梁一直未找到合适的时机培养。面对人员紧缺的局面，2006年，刘院士招收了硕士研究生和博士研究生。由于人才不足，很多科研经费批不下来。刘院士十分着急，这时他自掏腰包，聘请了很多已经退休的技术专家和科研人才来提供专业指导——这一年刘院士已经87岁的高龄了。令人感到欣慰的是，经过刘院士和其他海洋生物科学家的共同奋斗，在海洋生物分类学方面，中国科学院海洋研究所一直在国内外占据优势的地位，也取得了累累硕果。

三、用心做事，用爱做人

"活一天就要干一天的工作"，这是刘院士常常挂在嘴边的话，也是他的人生指导格言，更是对国家和人民的庄严承诺。

年至耄耋，老骥伏枥。刘院士每天很早便会开始工作，一直忙到晚上7点才会离开办公室，回到家后也不会停歇，直到晚上11点才会休息。他所取得的科研成就就是靠着这种勤勤恳恳的工作和惜时如金的态度换来的。

据刘院士的助手郭琳博士回忆，刘院士的办公室堆满了非常多的实验手册、文献，以及各种专著等。大家经常会看见他佝偻着身子，在一堆书中间认真且专注地工作。有时候实在累了，刘院士就会在旁边的小沙发上休息一会儿，醒来又会立马投入工作中。对于刘院士来说，他一生中最宝贵的东西就是时间。他的儿子总会心疼地劝他歇歇，刘院士有时还略带责备地说："我还有许多工作没有做完，不能停下来啊。"在谈到他对工作的奉献时，秦蕴珊院士是这样说的："有一次我们去北京开会，在开会的中途，头顶上的灯罩不知道怎么突然坠落，正好砸到了他的头上，我们只好终止会议，将刘院士送往了医院，本来让刘院士回去休息，然而，他却坚持头缠着纱布开了一周的会议。"

刘瑞玉院士还有一个特殊的称号——"方便面院士"。这个称号是如何得来的呢？这要说起他当海洋所所长的事了，因为当时的安排，行政工作非常繁忙，而刘院士又十分醉心科研，为了减少吃饭花费的时间，他不去饭堂，总是以方便面来解决饮食，还像个小孩子一样十分开心地说："发明方便面的人真的是厉害了，有这么多的口味可供我选择，我真是太喜欢了。"

刘院士在生活中也是十分节俭的。年迈的他膝关节不好，但每次出差坐飞机，他只会选择坐经济舱，即便偶尔乘坐公务舱，报销时填的还是经济舱的费用，自己去补差额。为了给研究团队节约经费，出差时他从来都舍不得给自己安排助手，都是自己照顾自己。可是他对家人、朋友、学生却十分慷慨，每次聚会都是由他买单。每年中秋节，刘院士都会把回不了家的学生聚在一起，过个团团圆圆的节日。当别人有困难时，他总会伸出援手，在汶川、玉树地震等捐款活动中，他累计捐款数万元。

四、鞠躬尽瘁，死而无憾

2012年5月，刘院士在高压忙碌的工作中倒下了，但他最后的时光却不是在病床上度过的。4月中下旬，刘院士在病痛的折磨下身体已经十分差了，但他仍然不顾身体的苦痛，一周内，辗转北京、南京、上海、杭州，参加了四场非常重大的会议；4月底，由于身体实在是吃不消，他不得不前往医院就医，医生让刘院士住院，刘院士很不情愿，但迫于无奈住院了6天。住院期间，他是这样子度过的：每天刘院士都会坐在病床上，支起小桌板，左手打着吊瓶，右手修改着学生的论文；5月20日，刘院士不顾医生和家人的阻拦，坚持要去参加博士生论文答辩。当时他甚至需要人搀扶才可以行走，但刘院士还是坚持听完了会议；5月29日，中科院海洋所举行纪念童第周诞辰110周年座谈会，他坚持参会发表讲话，在离会时因身体支撑不住被送往医院；6月，刘院士的身体已经十分虚弱了，他只能躺在病床上，每当看到医护人员他就会问："请告诉我，我还有多长时间，我还有许多工作需要安排。"住院期间，每当刘院士的身体稍微有一些好转，他便心系科研，询问科研进度，指导学生修改论文。当时的他因为输液，双手均已发青浮肿，但他仍然拿笔慢慢修改。

刘静回忆说："6月中旬，我们去探望先生时，先生当时说话都已经很困难了，但他仍然心心念念着他的科研课题。艰难地和我们说着'大型底栖生物''鱼类'这几个名词，虽然听不太清楚他老人家在说什么，可我们都明白他是希望在这条路上我们一定要坚持下去。"

再后来，病重的刘院士知道自己的时间不多了，所以他想完成自己的最后一个心愿，那就是捐赠出自己的全部积蓄100万元用来支持海洋生物学事业的发展。由中国科学院研究生院设立"刘瑞玉海洋科学奖励基金"，该基金遵从老先生的愿望用来支持科研的进展和奖励优秀的人才。6月14日，刘院士在病床前签署了这一捐赠协议。当时的他十分虚弱，但他还是艰难地对工作人员说："虽然钱不多，但是这是我的一些心意，麻烦你们将这笔钱交到有需要的人手上。"这一天，刘院士将他的一生奉献给了海洋科学，打开信封，我们看到的是老旧的存折和泛黄的存单。捐款完成的那天下午，刘院士睡了一个安稳的觉。捐了这笔钱，他觉得十分踏实。在刘瑞玉的科研路程上，我们可以看到他呕心沥血、鞠躬尽瘁、无私付出的伟岸形象。

2012年7月16日5时45分，刘院士在青岛逝世，享年90岁。回顾刘院士的一生，从他的科研生涯中，我们可以看到他的奉献精神；从他的学术成就上，我们可以看到他的渊博学识；从他的为人处世上，我们可以看到他不慕名利的风骨。他留下的精神财富以及学术成就将永远启发我们。这也是以刘院士为代表的海洋科研工作者的共性，是我们当代青年人要学习的榜样。

参考文献

[1] 廖洋，展翔天，刘洋. 刘瑞玉的浩瀚人生[N]. 中国科学报，2019-09-06（8）.

[2] 山东省人民政府公报编辑部. 中国科学院刘瑞玉院士[J]. 山东省人民政府公报，2009（13）：49.

[3] 高文. 中科院海洋所刘瑞玉院士获青岛市科学技术最高奖[N]. 中国海洋报，2010-03-26（3）.

[4] 凌翔. 刘瑞玉院士获国际杰出研究贡献奖[N]. 光明日报，2007-10-30（6）.

童第周：
中国克隆第一人

> 童第周（1902—1979），著名胚胎学家，因在克隆技术上的贡献而闻名，是"中央研究院"院士和中国科学院第一批学部委员（后改称中国科学院院士）。我国卓越的生物学家、教育家、中共党员。生前曾担任过中国科学院副院长、动物研究所所长。他是卓越的实验胚胎学家，我国实验胚胎学的主要创始人，生物科学研究的杰出领导者。他通过对两栖类和鱼类的研究，揭示了胚胎发育的极性现象；通过研究文昌鱼的个体发育和分类地位，在对核质关系的研究中取得重大成果；于1963年首次完成鱼类的核移植研究，为20世纪70、80年代国内完成鱼类异种间克隆和成年鲫鱼体细胞克隆打下基础。

一、"我是中国人，我的知识应该为中国效力！"

童第周出生在浙江鄞县的一个山村里，从小跟随父亲读私塾，边学习边劳动。父亲常常教诲他好好学习，还写了"水滴石穿"四个字勉励他，希望他将来有出息。童第周的一生都努力践行着这种精神，以顽强的毅力向着科学的高峰攀登。

童第周凭着顽强的学习精神，取得了优异成绩，考入了复旦大学，成为复旦大学的高材生。从此，他开始了追求科学，献身事业的漫漫求学之路……

1930年童第周在亲友们的资助下，远渡重洋，来到北欧比利时的首都——布鲁塞尔，在比京大学开始他的留学生涯。在欧洲著名生物学者勃朗歇尔教授的指导下，他开始了对胚胎学的研究。在比利时求学的日子并不十分顺利，他发现有的外国留学生对中国人抱着一种藐视的态度，说"中国人是弱国的国民"。和他同住的一个洋人学生公开说："中国人太笨。"童第周憋着一股气，在日记中写下了这样的誓言："中国人不是笨人，应该拿出东西来，为我们的民族争光！"

1931年夏天，教授带着这位心爱的学生来到著名的科研中心法国海滨实验室，这次，要为直径不到十分之一毫米的海鞘卵子做外膜剥离，童第周顺利完成，他精湛的实验技术让云集此地的国际同行十分钦佩，也给当时在国际生物学界声誉极高的英国皇家学会会员李约瑟教授留下了深刻的印象。

童第周不仅用这双手做了很多高难度的实验，也写出了很多漂亮的论文，当他最后取得博士学位的时候，已经是一个非常有名的实验胚胎学家了。童第周的老师达克教授曾劝说他，"你的国家这么困难，在这里我可以给你申请特别博士"，童第周却说："不，我要回去，我是中国人！"在童第周看来，"要搞工作，应该回祖国去搞；有成绩，为什么要给别的国家？"就这样，童第周放弃了布鲁塞尔优越的生活和科研条件，毅然回到了祖国。

回国后，童第周先后任山东大学、中央大学、同济大学、复旦大学教授，复旦大学心理生理研究所研究员，还兼任美国耶鲁大学动物系、伍茨霍尔海洋研究所研究员。1948年，当选"中央研究院"院士；1955年，当选中科院学部委员。

二、在青岛创建新中国第一个海洋科学研究机构

童第周奔放的思想在宏观世界和微观世界之间驰骋，相互关照，他设计的课题大气而深刻，他也因此站在世界胚胎学研究领域的高峰上。中国的东部和南部都濒临辽阔的海洋，有绵延的海岸线和丰富的海洋资源，但新中国的海洋科学研究尚属空白，面对世界大国大张旗鼓地开展海洋科学研究的情况，童第周心急如焚。1949年青岛解放，时在山东大学任教的童第周应"中华全国科学工作者联合会筹备会"的邀请到北京参加筹备会会议。童第周利用这个机会，找到中国科学院筹建组领导竺可桢教授，迫切地向他提出了建设中国海洋研究机构的设想。

1950年，中国科学院决定由童第周、曾呈奎、张玺3人负责，开始筹建新中国第一个海洋科学研究机构——中国科学院水生生物研究所青岛海洋生物研究室（中国科学院海洋研究所的前身），标志着中国现代海洋科学开始了全面、系统、规模化的发展。

在当时的情况下，要人才没人才，要设备没设备，筹建条件非常艰苦。1949年仍留在大陆从事海洋研究工作的科学家只有20多人，何况这20多人分散在全国各大专院校和研究机构，并不能全归童第周调拨使用。但就是在如此艰难的条件下，筹备组仅仅用了四五个月的时间，就成功组建了中科院水生生物研究所青岛海洋生物研究室，童第周亲任室主任。

迄至1978年，童第周先生一直是这个海洋科学研究机构的主要领导。当时童第周先生关于文昌鱼和海鞘发育生物学的理论研究领先于世界。他在抓紧海洋学科基础理论研究的同时，还十分强调和坚持科研要为国家经济建设服务。在开展海洋生物资源的调查以及与国民经济建设关系密切的经济水产动物的人工养殖、开拓培育经济鱼类新品种的新途径、海洋有害生物的防治等方面也都作出了很大的努力和贡献，推动了我国海洋经济的发展。1956年，童第周先生等老一辈海洋科学家参与制定的"中国海洋综合调查及开发方案"作为国家重点科学技术任务之一，被列入《1956—1967年国家科学技术发展远景规划》和《1963—1972年国家科技十年规划》，为新中国海洋科学研究和海洋事业的发展制定了宏伟规划。

1957年，隶属此室的中国第一艘海洋调查船"金星号"改建成功并投入使用，在国务院科学规划委员会海洋组的组织领导下，在渤海海峡进行了第一次同步观测。随后，又在渤海和北黄海进行了3次规模较大的同步观测。1958年，在国务院科学规划委员会海洋组的全面规划和领导下，组织几十个单位参加，配备了一支拥有50多艘调查船、数百名调查队员的海洋调查队伍，先后在渤海、黄海、东海和南海海区进行了海洋综合调查。此次海洋综合调查从零开始，第一次取得了系统全面的我国基础性综合海洋资料，通过调查还掌握了我国近海海洋水文、化学、地质和生物等要素的变化规律。调查所获得的数据、资料至今被海洋工作者广泛使用，奉为经典。此次海洋综合调查使中国海洋科学实现了跨越式发展，是中国海洋科学发展史上的里程碑。

三、"我们的事业，需要的是手，而不是嘴"

这是童第周的至理名言，也是他一生的写照。

中国科学院在青岛的海洋生物研究室位于青岛市莱阳路28号，大楼里那间十平方米的办公室兼实验室是童第周最喜欢待的地方。这种执着不仅仅是因为中科院青岛海洋生物研究所由他一手创办，更重要的是他要在这里做实验，在实验中探寻生命的奥秘，追逐科学的真理。

当时童第周的主要研究课题是关于头索动物文昌鱼的胚胎发育。美国著名胚胎学家康克林经过数十年的研究，才有了比较系统的认识，但是由于文昌鱼的卵子难以获得，并且体积很小，国际上利用实验方法对此进行研究者寥寥无几。

童第周便和他的同事们以锲而不舍的精神向这个课题发出挑战。文昌鱼每天傍晚产卵（见图1），童第周就和妻子叶毓芬带着一批学生，从晚上六七点钟开始试验直到第二天凌晨两三点钟。每天，学生们赶到实验室看到的第一个人永远是童第周，他端坐在显微镜前，似乎和这些仪器一样成为实验室不可缺少的一部分。当夜色深沉，一连坐了几个小时的学生们感到疲累、困顿时，他们抬头看着童第周端然凝坐的瘦小身影，顿时精神振作，困意全无。

显微镜下，一双灵巧的手，一根比头发丝还细的玻璃丝，在一个比小米还要小的鱼卵上，准确、敏捷并且娴熟地操作着。童先生那专注的身影深深地定格在了人们的脑海中，也成为人们对童先生最深刻的记忆。

图1 文昌鱼产卵

从1958年开始，童第周陆续发表了一系列有关文昌鱼的研究成果，成为国际最权威的文昌鱼研究专家。他绘制的文昌鱼胚胎发育预定器官图谱，多年来被世界各国的胚胎学著作广泛引用。对于这些独创性的成果，很多人建议他写本书，但是他拒绝了。他说："写书牵扯到同一件事情的不同观点，要看很多资料，太浪费时间了，不如多做试验。"

童第周不愿意在文献堆里打转，60多岁了，他还计划着抓紧时间开拓更多的、更新的领域。他说："科学家不自己动手做实验就变成科学政客了。"

四、克隆先驱

童第周长期不懈地从事细胞和发育生物学研究，并开创了异种核移植的先河。20世纪60年代初，童第周开创了鱼类细胞核移植研究，此前，美英学者的有关研究都是在同一物种中进行的；日本学者对异种蛙的核移植进行了大量尝试均未成功。面对前人研究未曾跨越的鸿沟，他的第一个目标就是在不同物种之间进行异种核移植。童第周进行的是鲤鱼和鲫鱼之间的细胞核移植。他将鲤鱼的囊胚细胞核移入鲫鱼的去核卵，或者反过来将鲫鱼的囊胚细胞核移入鲤鱼的去核卵，终于培育出了第一尾属间核质杂种鱼。童第周在核移植研究上的重要贡献之一，是发现了脊椎动物远缘物种间的细胞核和细胞质之间的可配合性，首次用鱼类证实了异种克隆的可能性。他的助手们后来广泛深入地研究了亲缘关系更远的物种间的核、质可配合性，并遵照童老的研究思路，力图把鱼类核质杂种用于生产实践。

随着现代生物学的发展，童第周教授建立的鱼卵核移植研究和显微注射技术有了新的发展和应用。童第周将鲤鱼细胞核和鲫鱼卵细胞移植在一起培育出了长有胡须的鲤鲫鱼，这种鱼像鲤鱼一样大，和鲫鱼一样鲜美，展示了克隆技术广阔的应用前景，此后他又培育出新的金鱼——童鱼，生命的奇迹在那双灵巧的双手中诞生了。而图2这幅画就是著名画家吴作人为童第周画的，这幅艺术珍品记录了一个生命科学的奇迹的诞生，这个生命就是童鱼。几尾小金鱼嬉戏着，穿梭在莲叶中，其中一条鱼与众不同，金鱼的身子，鲫鱼的尾巴，国际生物学界用培育者的名字，命名了这条鱼。画家和科学家是老友，为这条鱼的重大科学意义感到骄傲和欢欣，于是作了这幅《睡莲金鱼图》。这是一例成功的脊椎动物体细胞克隆。这尾体细胞克隆鱼比体细胞克隆羊"多莉"问世早15年！这些研究成果至今是科学文献中的精品，在国内外学术界产生了深远的影响，开创了我国"克隆"技术之先河，童第周成为中国当之无愧的"克隆先驱"。

图2 吴作人《睡莲金鱼图》

五、"愿效老牛，为国捐躯！"

1979年3月6日，来参加浙江科学大会的人们都不会忘记这个日子。这天，著名生物学家童第周上台发表演讲，他说要用生物技术改善人类生活，他描绘的灿烂前景让每一个人心驰神往。突然，兴致勃勃的童老一下晕倒在座位上。

他的心脏病发作了，人们慌忙把他扶下去。10分钟后，童老坚持着走上讲台，做完报告，这也成为他人生中最后一场报告。缓缓走下讲台的童第周疲惫不堪，最终他还是拒绝了人们让他住院治疗的挽留，迅速赶回北京。他说："已经到了春暖花开、鱼产卵的季节，我要回去安排工作。"

谁也没有想到，回到北京的童老病情迅速恶化，被紧急送往医院，20多天后去世。

   童老的离开令人扼腕，但他留下了忠于科学的精神。他开创了中国的克隆事业，也为后人留下了一个科学家的本色，他所从事的事业不是自己的，而是属于他的祖国，他的人民。童第周的话仍然振聋发聩，他说我们的事业需要的是手而不是嘴。童第周为祖国科学事业的振兴，实践了自己的誓言："愿效老牛，为国捐躯！"童老走了，他的离去是中国科学界的一大损失，但是他的科学精神依然激励着中国科学家在科研的道路上继续前行。

六、倾尽毕生，情系海洋

   21世纪是海洋的世纪，海洋的研究与开发对人类的生存和发展将有巨大的决定性的影响，这是今天全球的共识。童第周作为我国生物学界的一代宗师，在他77年的人生历程中，用自己的辛勤努力和对科学事业的奉献精神，为国家的富强和社会的进步作出了不可磨灭的贡献。

   原中国科学院院长路甬祥在纪念童第周诞辰100周年座谈会上的讲话中指出，童第周先生是国际上卓越的生物学家，是"克隆先驱"，是我国实验胚胎学的创始人之一。在近50年的科学生涯中，童第周先生一直从事发育生物学的研究，为我国发育生物学研究奠定了基础并作出了前瞻性的贡献。童第周先生是新中国科技事业的开拓者，是我国海洋科学研究的奠基人。他很早就认识到海洋科学研究的重要性，并且积极投入到创建和发展中国的海洋科学事业中。作为一位卓越的科学家、优秀的教育家和杰出的科技界领导人，他永远是我们新一代科教工作者学习的楷模。他几十年如一日，为发展中国的科学事业和教育事业无私奉献，功绩卓著。我们要学习他为祖国强盛而鞠躬尽瘁、死而后已的爱国主义精神；学习他注重实践、坚持理论联系实际的优良学风；学习他勤奋不懈、实事求是的治学态度；学习他热心扶持青年、甘为人梯的高尚品格；学习他一生廉洁奉公，公私分明的高风明节。

   他在入党誓词中有这么一句："有生之年，为国家，为人民多做工作。"很多人只是把这句话当作一句誓言，而童第周先生却用一生真正地实践了这句话。他把一生都无私地奉献给了祖国的生物科学和海洋事业，即使是生命的最后的一刻，也献给了中国科研。

参考文献

[1] 中国科学院海洋研究所．纪念童第周先生诞辰110周年——引领中国克隆走向世界的先驱[EB/OL]．（2012-05-02）．https://www.cas.cn/wh/SWXS/201205/t20120527_3585750.shtml．

[2] 湖南卫视．为了新中国·童第周[EB/OL]．（2019-10-18）．https://www.mgtv.com/l/100027425/6630659.html．

[3] 国际克隆先驱童第周[N]．宁波晚报，2011-06-29（A6）．

[4] 凤凰新闻．童第周：中国克隆第一人，因为他，39年前中国克隆就是世界第一[EB/OL]．（2020-01-15）．https://ishare.ifeng.com/c/s/7tHJArrmhk5．

[5] 人民网．《谢谢了，我的家》——茅盾、南怀瑾教育理念引人羡慕[EB/OL]．（2019-02-18）．http://culture.people.com.cn/GB/n1/2019/0218/c1013-30760620.html．

[6] 新浪网．百廿星辰|"中国克隆之父"、山大复校功臣童第周[EB/OL]．（2021-03-06）．https://news.sina.com.cn/c/2021-03-06/doc-ikknscsh8676428.shtml．

[7] 搜狐网．童第周：幼年丧父中年入狱，与妻子叶毓芬合称"生物界居里夫妇"[EB/OL]．（2023-10-12）.https://www.sohu.com/a/727621291_121166545．

雷霁霖：
多宝鱼之父

> 雷霁霖（1935—2015），畲族，出生于福建省宁化县，海水鱼类养殖学家，中国工程院院士，中国水产科学研究院黄海水产研究所研究员。雷霁霖于1958年从山东大学毕业后进入中国水产科学研究院黄海水产研究所工作，先后担任研究实习员、助理研究员、副研究员、研究员；2005年当选为中国工程院院士；2015年12月16日在青岛逝世，享年80岁。
>
> 雷霁霖是工厂化育苗与养殖产业化的主要奠基人和学科带头人，相继主持和完成"国际合作""国家攻关""攀登计划""国家自然科学基金"等多项重大项目，研究成果卓著。获国家科技进步二等奖2项、杜邦科技创新奖1项、何梁何利科技创新奖1项、省部级奖多项和山东省"富民兴鲁"奖章、山东省科技兴农功勋科学家奖等多项奖励。他一直以工业化理念为指导，引领海水鱼类养殖产业发展新潮流，系统研究了多种海水鱼类增养殖理论与技术，其中部分实现产业化。

一、情定海洋少年时

一部纪录片给少年雷霁霖种下了一颗心向海洋的种子。那是一部反映中国与东欧国家儿童夏令营的彩色纪录片，地点是青岛。八大关、海水浴场、栈桥、教堂、总督府……影片极其真实地反映了海滨城市的概貌，那种美激发了他内心的向往和渴望。多年后回忆起来，雷霁霖仍然动情地说："那是我第一次看电影，当然也是第一次看彩色电影，更重要的是，对我这样一个山里的孩子来说，那是第一次看到大海——实在是太美、太让人向往了！"随即雷霁霖便确立了想去青岛求学的念头，当然，青岛作为目标的另一个原因便是他仰慕的著名生物学家童第周教授就在山东大学任教。

心中有梦想，便有无限动力。1954年，雷霁霖如愿考上了山东大学的生物系动物专业，跟随童第周老师学习胚胎学。很难想象学习胚胎学的雷霁霖会是以后水产行业响当当的大人物，不过很多时候，"偶然"发生的事情会影响人的一生。

雷霁霖家庭贫困，大山来的孩子似乎不了解北方冬天的寒冷，刚来青岛的他，因为不适应天气，也没有经济能力换厚实的衣服和棉被，困窘的生活让他整个人都很消沉。好在学校老师、校长及时送来温暖，解了燃眉之急。雷霁霖因此调整心态，用更加饱满的热情面对生活，努力学习，希望回报学校，为祖国效力。大三时，偶然的一次机会，雷霁霖与其他两位同学被选派参加了中苏合作莱州湾鱼卵、仔鱼调查项目。当时他在工作中表现突出，发挥了现场采样、镜下观察、手绘制图的特长，圆满完成任务而受到表彰。那时，这颗水产的小种子便在他心中发了芽。

大学毕业后，雷霁霖被分配到中国水产科学研究院黄海水产研究所工作，年轻的雷霁霖依旧努力学习，艰苦卓绝，在研究工作中锤炼自己，逐渐成为著名的海洋生物学家朱树屏教授的助手。跟着亦师亦友的朱树屏教授，雷霁霖记住了既要坚持基础理论研究，又要始终关注自己的研究是否能够用在产业发展上的道理，并且始终实践着。

二、雷霁霖多宝鱼的鱼缘人生

说起雷霁霖院士的重大成果，就不得不提起他另一个响亮的名字——"多宝鱼之父"。

为从根本上改变我国北方沿海鱼类养殖发展长期滞后的局面，他通过详细分析我国国情、欧亚鱼类区系、地理分布和种的生物学特性后，指出缺乏冷温型品种是制约我国北方沿海鱼类养殖发展的瓶颈。于是他提出了"跨洋引种"和"走冷温型良种养殖之路"的发展模式。雷院士于1992年首先从英国引进了冷水性良种大菱鲆，经过多年研究，突破了育苗关键技术，创建了符合国情的"温室大棚+深井海水"工厂化养殖模式，掀起了中国海水养殖业的又一次产业化浪潮。

那么大菱鲆为什么叫作多宝鱼呢？原来大菱鲆刚引入中国的时候，并没有一个专门的名字，大家也都以大菱鲆相称。有一次雷霁霖在与人交流时说多宝鱼的英文名字叫作"turbot"，突然他灵机一动，这英文的谐音不正是"多宝特"吗，干脆取名叫"多宝鱼"好了。多宝鱼名字蕴含多宝多福、吉祥如意之意，非常符合中国人向往美好生活的心愿，因此顺理成章地成为商品名在全国传播开来。

但是产业发展更多时候不是一帆风顺的。多宝鱼的养殖逐渐被更多个体户接纳喜爱，所以养殖人员便多了起来。2006年，由于个别养殖户的养殖不规范，"多宝鱼药残超标事件"一时间成为人们关注的热点。媒体的信息传递可能会造成事实的不对等，这件事情的发酵几乎要毁掉这个新型的产业。那段时间，为了给多宝鱼正名，一向不爱宣传自己的雷霁霖院士主动接受媒体的采访，大声疾呼"对产业技术的怀疑毫无根据，要理性对待多宝鱼养殖！"对于一个产业来说，危机背后是机遇，经历考验会使他们对多宝鱼的养殖道路更加充满自信。如今，国内多宝鱼从养殖健康到质量检测都进入有序管理阶段，产业得到更大的提升和发展，市场也早已恢复并得到进一步拓展，人们依然喜爱和信任这个远渡重洋来到中国的多宝鱼。

个中的事情曲折，跌宕起伏，雷霁霖每每回忆起来都十分激动。

三、倡导工业化养殖

工业化养殖在水产行业无疑是十分正确的。雷霁霖很早就提出了工业化养鱼的思路。他曾多次在业内大会上提出，走工业化养鱼之路才能实现节能减排、环境友好、优质高效，才能有效降低自然灾害带来的风险，是水产养殖未来发展的必然选择。他受聘任青岛农业大学客座教授，加入该校海洋科学与工程学院的建设，针对学校水产学科如何发展、如何确定学科优势和特色给予了指导和帮助。

雷霁霖对于鱼的思考和关心，无疑是他成功的必要因素。"我一耽误，就耽误了它们的事业，更重要的是，中国鱼类养殖产业的发展不能等，不能耽误。"为此，他仍然保持着多年来养成的勤恳务实的作风——遇到需要做报告的场合，演示文稿必定是他自己一字一句地撰写、修改的；如果工作需要，他晚上仍可以工作到凌晨以后才休息。"我每天从睁开眼睛开始，脑子里想的就是鱼。有时候虽然看似在院子里踱步，头脑里却仍然想鱼的事。""心中有责任，脚步不敢停。"雷院士说，他一直把自己的理想追求和国家民族大业紧密联系在一起。"说大一点，就是要为实现中华民族的伟大复兴而努力；说小一点，就是要为水产养殖行业作出实实在在的奉献。如今，我的梦想更具体了，那就是要为实现水产养殖工业化而继续努力奋斗！"

雷霁霖团队科研人员很多，试验工作早就不必他亲力亲为了，但是他却一刻不放松，严格要求自己带着这支队伍继续前进在海水鱼类养殖的探索道路上。他带领自己现有的科研团队与学校教师团队深度合作，增强团队力量，培养了一批适应于水产养殖工业化发展的应用型人才，为国家蓝色战略和区域经济建设与发展作出贡献。

四、蜕变，50年

20世纪60年代，他率先突破了梭鱼人工繁殖技术，探索了多种海水鱼类育苗工艺；70年代，他首创海水鱼类工厂化育苗系列技术；80年代，他率先完成工厂化育苗体系构建，北方网箱养殖和放流增殖获开创性成果；90年代，他研究的真鲷工厂化育苗技术达国际先进水平，社会经济效益显著，受到国内外专家的高度评价。他于1992年首先从英国引进大菱鲆良种，突破了育苗关键技术，达国际先进水平；创建符合国情的"温室大棚+深井海水"工厂化养殖模式，掀起了中国海水养殖业的第四次产业浪潮，产生了巨大的经济和社会效益，为此大菱鲆的引进被誉为我国当代最成功的海水鱼类引种范例，雷霁霖亦被誉为我国海水养殖界自主创新的典范。

雷霁霖回想起自己刚走进这个行业时，全国的海水养殖几乎一片空白，再对比现在海水养殖的繁荣发展，感到十分欣慰，但他却并不满足。近年来，随着人们生活水平和消费需求的提高，越来越多的人认识到消费鱼虾类动物性食品的营养优势明显，因此水产品消费市场一直呈上升趋势。"要提供品种多、质量好、数量更丰富、更加物美价廉的产品给市场，我们任重道远。"雷霁霖说。

五、我的人生很努力

雷霁霖用了50载岁月点亮人生，投身热爱的水产行业，硕果累累，收获了个人价值与社会价值的有机统一。雷院士说，他始终坚信个人理想信念、价值体系对事业、人生的重要作用。如果说自己做出了一些成绩，那么，根本原因就是自己始终坚持为国家和民族做实事，坚持为国家的强大而投身于养殖业，而非为了获得名誉和地位。雷霁霖80多岁高龄还奋斗在实验室，投身科研，这和他平时的生活状态密不可分。生活中的雷霁霖院士喜欢诗词歌赋，爱好文艺书画，是一位有着艺术情怀的科学家。他喜欢在不多的闲暇时间里练字、画画、摄影，同时也喜欢思考，凝练名言警句。一方面，这些经验完全来自他的经历和体会，是发自内心的感悟和思考；另一方面，他毫不吝啬地把它们传递给他的年轻同事、学生，指引他们走好自己的人生之路。

雷霁霖先生从事工作至今，一直很努力，从大山走进青岛，便一生留在青岛。50多年的风雨，未曾磨灭雷霁霖对国家的热忱，他一直努力做到最好，时刻自省；50多年的沉浮，成就点亮青岛这座海滨城市，义无反顾、一往无前是他的态度。记得采访中，雷霁霖曾深情地说："我的心中流淌着一条很长的爱河，那里面有讲不完的鱼的故事，做不完的鱼的事业，写不完的鱼的文章……"

2015年12月16日，中国工程院院士、中国水产科学研究院黄海水产研究所研究员雷霁霖先生逝世，水产行业失去了一位值得尊敬的著名海水鱼类养殖学家。

参考文献

[1] 刘岩松,贾玉东,舒鹏.海水鱼类工业化养殖的领路人——记中国工程院院士、著名海水养殖学家雷霁霖[J].海峡科技与产业,2014(2):7-10.

[2] 周维维.雷霁霖:"多宝鱼之父"的"鱼缘"人生[J].中国农村科技,2013(11):40-43.

[3] 唐明华.海耕——一个农耕民族的沧浪之歌[J].时代文学,2016(5):29-68,28.

[4] 杨雯雯.雷霁霖:应建立"一鱼一种业"的独立体系[J].当代水产,2013,38(1):69-70.

夏德全：
鱼类遗传育种和生物技术专家

> 夏德全（1938—2005），鱼类遗传育种和生物技术专家，中国工程院院士，上海市人。1963年毕业于南京大学。通过将育种技术与创新技术相结合，培育了纯种奥利亚罗非鱼，使奥尼杂交鱼雄性率稳定保持在95%以上，增加了经济收益20多亿元，正式开启了我国对奥利亚罗非鱼和奥尼杂交鱼的系统养殖和研究。夏德全院士敏而好学，将现代生物技术引入了鱼类育种研究，他还是鱼类同工酶等研究的开拓者之一，为我国鱼类遗传育种研究领域开创出了新方向。夏德全院士治学严谨，著作甚丰，桃李满天下。他一生工作勤奋努力，刻苦钻研业务，光明磊落，勤奋朴实，勇于探索科学真理，善于将理论与生产实际相结合，学术思想活跃，集中体现了一名科技工作者的优秀品质。

一、热爱足球运动

夏德全从小最喜好的是踢足球。上高中时，他被选拔到上海市青年足球队，1958年考取到南京大学的生物系。在大学的5年里，他连续5年担任南京大学足球队队长，也是南京市、江苏省足球队队员，是国家一级运动员。在江苏省足球队里，别人都是专业的，就他一个人是业余的。每次比赛前，常常临时调他去踢球。尽管经常去踢球，但由于他抓紧点滴时间学习，每次考试，几乎门门都是满分。1963年大学毕业，按江苏省政府国家一级运动员不能离开江苏的规定，他被分配到位于南京的长江水产研究所工作。毕业后的第一年，他脱产在江苏省足球队踢球。

1965年，夏德全所在的研究所内迁至湖北省沙市市（现湖北省荆州市沙市区），在那里工作了15年。在这期间，他最大的收获是学会了英语。他在学校读的是俄语，但他认为英语应用范围广，学会了肯定有用。于是他每天坚持学习，经常苦读到凌晨两三点钟，几年努力下来，他终于攻克了英语关。

1980年研究所分配到一个出国深造遗传学的名额，很多人想去。领导决定用考试的方法确定人选，考英语、遗传学两门课，夏德全考了第一名。1981年5月，夏德全赴美国伊利诺斯大学（University of Illinois）深造遗传学，从而开始了生命中一段难忘的经历。

二、从美国带回鱼种亲本

夏德全先在美国伊利诺斯大学遗传系进修酶学和分子生物学，师从世界著名生化遗传学权威Whitt教授。1982年底，他又去美国南方的奥本大学学习水产方面的知识。到奥本大学后，夏德全发现在奥本大学有我国急需引进的鱼种——奥利亚罗非鱼。罗非鱼是贸易中仅次于大马哈鱼和对虾的第三大水产品。罗非鱼肉质新鲜肥美，价格适中，适合于各种不同消费习惯的消费者，养殖罗非鱼比养殖一般水产品具有更高的经济价值，其他国家对罗非鱼市场也极为看好。1983年4月，夏德全婉拒了美国俄勒冈大学等多家院校的聘请，表达了自己回国的意愿。他唯一的请求是希望能带几十条奥利亚罗非鱼回中国，导师一口应下。为了将鱼安然运回，夏德全做了十分充足的准备。他自己出钱购买了水箱、氧气泵等需要的物品，把40多条鱼分装在两个水箱里，自己付了198美元的航空运费。途经纽约时，夏德全把鱼养在水盆里，为防止鱼跳出，他昼夜看护。在纽约旅馆里，他遇到一位将和他同机返国的访问学者——西南医科大学的付继梁先生。付先生说："您的精神太令我感动了，为了将鱼带回，日夜操劳，到了纽约却不能去感受一下纽约的风土人情，我来代你照看一天，你到街上转转吧。"在美国朋友和工作人员的热心帮助下，夏德全带着32条养活的鱼踏上了祖国的土地。看到前来机场迎接的领导时，他不禁流下了泪水。

三、开创罗非鱼雄性化养殖

夏德全回国后，亲自主持了奥利亚罗非鱼的驯化与繁殖的研究，迅速形成种群，开创了我国奥利亚罗非鱼和奥尼杂交罗非鱼的养殖。他提出的对这一品种的系列研究，被列为"六五"至"十五"国家攻关课题。夏德全在研究、实践中发现，在水产养殖上，雌雄鱼的生长速度不一样，所以控制鱼类的性别，对阐述鱼类性别分化和性别决定机制等理论以及水产养殖上都具有重要的实际意义。鲤科鱼类雌鱼比雄鱼生长快，但罗非鱼雄鱼比雌鱼生长快40%~50%，由于奥利亚罗非鱼（雄鱼）与尼罗罗非鱼（雌鱼）杂交可产生高雄性率的奥尼杂交鱼，杂交鱼又比双亲生长快20%~30%，因此单性养殖奥尼杂交鱼可极大地提高罗非鱼产量。为了获得高雄性率的奥尼杂交鱼，他通过群体选择、基因型选择和控制染色体倍性化，结合回交得到较大规模的雌雄群体，创新性地解决了通常雌核发育结合型转而难以形成大规模群体的难题，这一个研究成果突破了雄性化关键技术，培养出肥膘健壮且纯种的奥利亚罗非鱼，与尼罗罗非鱼杂交的后代中雄性能占有95%以上，开辟了我国罗非鱼的雄性化养殖先河。

目前我国用于生产奥尼杂交鱼的亲本正来自夏德全所在的淡水渔业中心，他培育的奥尼杂交鱼雄性率高，生长快，比养殖其他罗非鱼增产30%以上，深受广大渔民喜爱。广东各地养殖奥尼罗非鱼的覆盖率达60%~70%，广西为86.4%。雄性化罗非鱼养殖已成为一些地区渔业的支柱产业，其产量近几年每年以30%的速度递增，出口量也逐年上升。目前我国年产量63万吨，占世界总产量的70%。

四、系统研究罗非鱼遗传特性和抗寒性

夏德全在罗非鱼抗寒和遗传特性方面的成绩也十分显著。他首次从细胞和分子水平系统地研究奥利亚罗非鱼遗传特性和抗寒相关因子，准确确定了其DNA含量、染色体组型、性染色体组成、乳酸脱氢酶同工酶的酶谱、血清酯酶和血清蛋白等可作为鉴别雌雄的遗传标记。特别是他建立小鼠淋巴细胞核

DNA取代鸡血细胞核DNA作为内标测定鱼类血细胞核DNA的技术，属国内外首创，这为研究鱼类DNA提供了准确有效的方法。这些研究对改良罗非鱼品种，以及合理利用和正确保护种质资源等有重要意义，已在罗非鱼纯种培育中取得良好的效果。他把握国际学术研究发展趋势，在国内最早利用分子遗传学技术进行罗非鱼等的遗传连锁图谱构建工作，建立了罗非鱼类遗传图谱，这对提高我国鱼类育种的研究水平具有重要意义。

他发现了低温引起罗非鱼不正常生理状态导致死亡的原因，从分子生物学角度探索增强罗非鱼抗寒性的途径，一是构建抗冻蛋白基因重组DNA分子，二是构建与罗非鱼抗寒有关的乙酰胆碱酯酶基因。这一成果将我国罗非鱼领域研究提升到了一个新高度，达到国际先进水平，获国家科技进步二等奖、农业部科技进步一等奖。

五、拓宽鱼类生化遗传学研究领域

夏德全1983年回国后创建了鱼类同工酶实验室。同年，农业部和中国水产科学研究院在上海举办了首次鱼类同工酶培训班，有100多人参加，夏德全在培训班上讲了整整两天的课，我国鱼类同工酶的研究由此开始。

由于鱼类同工酶比人和哺乳类复杂得多，其图谱很不规则，难以分析，夏德全通过大量研究，在无数次失败后总结经验创造性地将免疫电泳技术引入鱼类同工酶，最终能准确测出各种鱼类LDH同工酶酶谱及亚基组成。这种新颖的构想突破了同工酶常规的研究方法，拓宽了研究领域，其成果在理论上对鱼类同工酶研究有新的发现，实践上对鱼类育种等研究有重要意义。截止到2005年，国内还未见在鱼类上进行这方面研究的报道，国外在淡水鱼研究领域也未开展类似工作，这一开拓性工作为鱼类同工酶的研究发展作出了重大贡献。他主持的"草鱼乳酸脱氢酶同工酶纯化和免疫反应研究"被专家评价为国内首创，居国际先进水平。该项成果获得农业部科技进步一等奖和国家科技进步三等奖。他的研究成果得到国内外同行的高度评价，先后有20多个国家的上百位学者来信索要资料。

六、鱼类生物技术育种应用

夏德全是我国第一批从事水产生物技术研究的学者之一，为我国水产生物技术的发展作出了重大贡献。

20世纪70年代初，他主持经济鱼类细胞核移植研究，组建了水产系统第一个鱼类核移植实验室。在著名生物学家童第周教授的指导下，他成功地获得多种移核鱼，不仅探明了核质在遗传上的关系，为鱼类育种开辟了新途径，也为我国对鱼类的克隆和转基因研究打下了基础。合作项目"细胞核和细胞质的相互关系研究"获1978年全国科技大会奖。20世纪80年代中期他又进行了鱼类基因工程和细胞工程育种研究，应用细胞融合和雌核发育技术，获得了鲤鲫融合鱼和雌核发育白鲢，开创了细胞工程育种成功的先例。转基因团头鲂成果获得农业部科技进步二等奖。

他通过分子标记研究鱼类杂交优势机理的突破性成果，展现了双亲间遗传距离与杂种优势有正相关关系，提供了预测杂交双亲间遗传距离是否符合杂交优势的指标，这一成果在鱼类育种上是创新性的，也丰富了鱼类杂交优势的理论，并且对生产实践也有重要的指导作用。此外，夏德全主持了国家重大课题"长江四大家鱼种群遗传结构研究"，用分子标记技术揭示了长江通江型故道中四大家鱼遗传多样性丰富，种群较纯，适宜建立天然生态库，为建立长江天鹅洲生态库提供了依据。

七、高尚的科学道德风范

1983年夏德全留美期满回国后，承担了大量课题，获得了多项具有重要学术意义和应用价值的成果，先后获得国家科技进步奖二等1项、三等2项，农业部科技进步奖一等2项、二等2项、三等3项（均为第一完成人）。他出版合著5本图书，发表论文80多篇。2001年当选为中国工程院院士。

虽为成就卓著的老专家，但他对年轻科技人员和学生却毫无架子，在工作上严格要求，在生活上无微不至地关怀，甚至拿出自己的工资帮助贫困学生。

有一天清晨，一个老家在山西农村的学生到他家，告知夏德全自己的父亲病故，想回家但没有钱。夏德全毫不犹豫地请妻子给他2000元。一位由他推荐去德国留学的学生没有钱买飞机票，夏德全马上花300美金帮学生买了飞机票，并嘱咐那位学生到德国好好做学问。

由于长期繁重的工作，1988年和1992年他先后两次发生大面积心肌梗死，但他仍坚持在科研和生产第一线忘我拼搏，大胆创新。第一次发生心肌梗塞后的第三天，还在输氧抢救期间，他就在病床前召集研究组同志开会并布置工作而被医生阻止。因为他60%的梗塞面积，医生特意叮嘱他一个月后才能下床走动，而他却不到半个月就偷偷回所工作。夏德全由于严重的白内障，视力极弱，但他对年轻科研人员及研究生的研究报告、论文等，仍是借助放大镜，逐字逐句地审核、修改。他已培养研究生40名，其中已有20多人晋升高级职称，成为科研和教学的骨干。他还推荐10多人去国外攻读学位和进行合作研究，为我国鱼类遗传育种学科的科研队伍建设作出了重要贡献。

参考文献

[1] 同友. 我国著名的鱼类育种学家——夏德全院士事迹简介[J]. 现代渔业信息，2002（3）：36.

[2] 龙文. 鱼类遗传育种专家——夏德全[N]. 农民日报，2002-01-30（5）.

曾呈奎：
中国海带之父

> 曾呈奎（1909—2005），号泽农，福建省厦门人，海洋生物学家，中国海藻学研究的奠基人之一，中国科学院院士、第三世界科学院院士，中国科学院海洋研究所研究员、原所长。曾呈奎长期从事海洋植物学的教学和海藻学的研究，先后发现了百余个新种，两个新属，一个新科，为《中国海藻志》的编写提供了基本资料。

一、山兜海上

1909年6月18日，曾呈奎生于厦门集美山兜内林（现灌口镇李林村）。山兜即山窝，曾呈奎虽生于山兜，却非贫寒子弟。曾家是华侨世家。父亲曾壁沧承继家业，是拥有三艘远洋客轮的厦门宗记轮船公司经理。母亲林水清，热心公益事业，在家乡颇有声望。在曾家的四个兄弟中，曾呈奎排行老二。很小的时候，曾呈奎随父母到过缅甸仰光。到了曾呈奎六七岁时，曾家举家迁居当时洋人华侨聚集的公共租界鼓浪屿。在鼓浪屿，曾呈奎得到了当时相对先进的近现代教育，从此走向世界，成为世界著名海洋研究专家，为中国和世界海洋科学作出了杰出的贡献。

在鼓浪屿，曾呈奎就读于福民小学。福民小学由英国伦敦差会传教士施约翰夫妇初创于1873年的"福音小学"与1909年基督徒陈希尧创办的"民立小学"合并而成。福民小学通过举办师生自编自演的"恳亲会"，加强与学生家庭的沟通联系，同时获得办学经费支持。1919年，福民小学学生数达300人，经费也增至近3000元。

1922年，曾呈奎于鼓浪屿福民小学毕业，考入寻源书院。曾家良好的家庭教育，鼓浪屿浓郁的学习氛围，加上自身聪明好学，曾呈奎几乎每学期都是全班第一名，在四年级的全校大评比中也名列榜首。

曾家当时居于鼓屿何处，而今已难以考证，但鼓浪屿当时开风气之先的近现代教育体制无疑为曾呈奎的学业打下坚实基础，使其受益终身。

二、早期足迹

曾呈奎1926年考入福州协和大学；1927年转入厦门大学植物系学习，师从钟心煊、钱崇澍二位教授，1930年大四下学期被聘为植物系助教，1931年获厦门大学理学学士学位；1934年6月毕业于广州岭南大学研究生院获理学硕士学位；1930年至1935年期间，曾呈奎任厦门大学助教和讲师；1935年，任山东大学生物系讲师，1937年升任副教授；1938年，曾呈奎赴岭南大学担任植物学副教授兼植物标本室代主任至1940年。

1940年，曾呈奎获奖学金赴美国密歇根大学研究生院深造，1942年以海藻分类学研究获理学博士学位和拉克哈姆博士后奖学金；1943年在美国加州大学斯格里普斯海洋研究所任副研究员，负责海藻研究工作，特别是琼胶及琼胶海藻的资源及养殖的研究。

1946年春天，山东大学复校，时任生物系主任童第周教授的一纸书信，一腔热情，激励着远在美国的曾呈奎，积蓄已久的家国情怀顿时有了出口："我的事业在中国，正因为她落后才更需要我们去建设。"归国心切，曾呈奎谢绝美国密歇根大学、华盛顿大学等知名大学的盛情邀请，于1946年12月回国。1947年，曾呈奎出任山东大学植物系教授、系主任兼水产系主任和海洋研究所副所长。

战火不息，炮声犹在，海洋研究真正开展起来谈何容易。停办8年的山东大学几乎一无所有。曾呈奎为购买图书、设备、仪器和组建教学、研究队伍而奔忙。条件十分困难，曾呈奎劳心伤神，呼号奔走，才稍有建树。他吸引并培养了一批海藻学、海洋学和水产学方面的教学和研究人员,为以后海藻事业的发展打下了基础。

1949年,青岛解放前夕,妻儿已到台湾,国民党政府极力争取,曾呈奎还是毅然留了下来,投身于中国的海洋科学事业。1950年应该是曾呈奎海洋事业发展征程中重要的一年。这一年,曾呈奎与童第周、张玺教授共同组建了中国科学院海洋生物研究室,并任副主任。这是新中国第一个海洋生物研究机构。1959年扩建为中国科学院海洋研究所,曾呈奎任研究员、副所长、所长。以此为基地,曾呈奎在海洋研究领域呕心沥血,默默耕耘,贡献卓著。

三、"泽农""耕海"

一个华侨富商的二公子,却对农业异常感兴趣。1925年,曾呈奎就读的寻源书院迁往漳州。"我17岁那年,在福建漳州看到农民生活很苦,就想着怎样才能让农民吃得饱。"曾呈奎目睹了食不果腹的农民常常赤足涉海拣海菜充饥,就萌发了"耕海泽农"的理想。为此,他给自己取名"泽农"。科技救国,惠泽百姓,"泽农"之本义如此。像耕种陆地一样耕种海洋,是为"耕海",这是早年曾呈奎的理想。

理想的实现基于基础理论与应用研究的现实结合。早在美国留学期间,曾呈奎就认为必须使海藻和海藻制品的生产成为国民经济的一个组成部分,中国的海藻研究才会有广阔的发展前景。基于此念,曾呈奎从分类学转向海藻栽培原理和加工利用的研究。当时在美国,这两个领域的研究也还处于起步阶段。他利用密歇根大学的拉克哈姆博士后奖学金,访问了美国沿海的海洋和海洋生物研究机构,参观了美国几个主要的海藻品加工厂,调查了美国的海藻资源加工利用情况。曾呈奎还在加州斯格里普斯海洋研究所所长、著名海洋学家H. U. 斯维得鲁普(Sverdrup)教授和海洋化学家E. G. 莫伯克(Moberg)教授指导下学习海洋学和海洋化学。1943年,曾呈奎受聘于该所,着重研究琼胶海藻石花菜和江蓠的资源及其增殖和加工利用。

20世纪60年代,曾呈奎提出"浅海农业"概念和"耕海牧渔"建议,只是为了一个平常的心愿——"我要为人们的饭桌上添几道菜"。

南北海域，上下求索。祖国万里海疆，曾呈奎足迹无所不至。而"泽农""耕海"的理想也一步步地实现。随着曾呈奎足迹所至，一种叫海带的海洋生物，由温带的北方到亚热带的南方，实现了大规模的人工养殖。人工海带夏苗低温培育、海带施肥增产、海带南移养殖技术等，正是这些先进的技术使我国海带年产量由零上升为占全世界的95%，曾呈奎也因此被誉为"中国海带之父"。如今，在中国家庭的餐桌上，海带已是常见菜，可在20世纪50年代，对一个普通家庭来说，海带却属于稀罕物。那时，我国每年大约从日本和苏联进口15万吨干海带。随后，曾呈奎又与合作者完成了紫菜生活史的研究，因此而诞生一个新名词——"壳孢子"。紫菜栽培中的关键技术问题得到解决，紫菜就此开始了大规模的人工栽培。海带与紫菜，现在已经成为百姓饭桌上的寻常菜肴。曾呈奎看到人们食之有味当有多么欣慰！

远涉重洋求学的曾呈奎，一直认为"海洋科技要走自主创新之路"。20世纪70年代末，他提出"海洋水产生产农牧化"系统理论；到80年代后期，该理论逐步发展为"蓝色农业"系统思想。善言之下，其利必兴。藻类、贝类、虾类和鱼类四大海水养殖浪潮，使我国一跃而为世界最大的海水养殖国。中国百姓的饭桌又因此而添了多少道鲜美海味。一个又一个科学难关的攻破，曾呈奎"海洋牧场"的理想也一步一步地变为现实。

有人说，一个曾呈奎，就是半部中国海洋事业发展史。在他的主持下，新中国第一艘海洋科学考察船"金星号"下水；1958年至1960年，他组织和领导了我国第一次大规模全国海洋综合考察；在他与其他海洋学家的联合推动下，国家海洋局成立，"863计划"中增设海洋生物技术专项，南极调查研究列入国家重点项目。实事求是，斯言诚哉！

四、只争朝夕

笑容慈祥，精力旺盛，一谈起海洋科学就神采奕奕，这是曾呈奎给人们留下的印象。曾呈奎常有一句话挂在嘴边："时间不等人，活着，就要为人民努力做点有益的事。人生只有一次，何不轰轰烈烈过一生？"

实际上，曾呈奎做的比说的更多。自1930年1月以《厦门的海藻及其他经济海藻》作为毕业论文，曾呈奎就开始了他的海藻学研究生涯。当时国内海藻学研究几乎处于空白状态。1933年1月，曾呈奎毕业论文发表。三年的研究实践让他认识到没有分类学基础，就很难开辟这一新领域。1932年至1940年，曾呈奎只身一人对全国海藻资源进行调查研究。南起东沙岛、海南岛，北至大连、北戴河、烟台、青岛，曾呈奎在荒无人烟的海滩采集了数千海藻标本。这些标本成为中国最早的海藻资料。曾呈奎根据这些标本进行海藻分类研究。他与国际知名的藻类学家，如日本的冈村金太郎，美国的H.N.加德纳（H.N.Gardner）、M.A.豪（M.A.Howe）和丹麦的F.博奇森（F.Boergesen）书信往来，探讨学术问题。1933年至1940年，他共发表中国海藻分类研究论文32篇，成为中国海藻学研究先驱。

20世纪40年代，曾呈奎在美国废寝忘食、夜以继日地拼命工作。为了研究大石花菜的生长，曾呈奎学会潜水技术，定期潜到水深10米的海底布置实验，每月潜水测量水温、生长速度和取水样进行分析，开创了潜水进行藻类学水下实验的先例。在美期间，他一共发表了有关海藻的分类形态、资源利用、海藻化学和光合作用等方面的论文报告共30余篇，还提出了phycocolloid（藻胶）和agarophyte（琼胶原藻）等国际科学家常用的词汇。

1975年，曾呈奎果断提出进行西沙群岛海洋生物科学考察，带领助手于1976年和1980年先后两次前往西沙群岛。当时，曾呈奎已年近古稀，却每天冒着40多度的高温下海采集标本。

1993年，已经84岁高龄的曾呈奎院士写道："为了使耕海活动取得巨大胜利，还必须使用剩余的时间，继续努力奋斗。"

1996年，曾呈奎87岁。为编写《中国海藻志》补充资料，他亲自带队到广西北部湾涠洲岛进行马尾藻标本采集工作；2002年，曾呈奎93岁。他因病住院，为了不让陪床的老伴担心，他躲到洗手间修改学术报告。手臂肿瘤切除手术后，曾呈奎即飞西亚出席"亚太地区海洋科学与技术大会"并精神抖擞地作了45分钟学术报告。

时不我待，只争朝夕。对于国家和民族的责任感与使命感，当是曾呈奎生命不息、奋斗不止的最强大动力。

五、朴素人生

曾呈奎一生致力于海洋科学研究，几乎无暇于生活本身。生活中他朴实无华，尊重他人；俭朴慷慨，快乐风趣。独特的人格魅力，总是让接触过他的人难以忘怀。

曾呈奎热爱音乐。古典的和通俗的，他都喜欢。改完一篇论文，或做完一个试验，是曾呈奎最放松的时候，他总是忍不住吹一段口哨，或者唱一首英文歌，节奏明快的《扬基之歌》是他最爱唱的一首。如果到国外考察或开会，他都会利用点滴时间读读英文报纸。坚实的英文功底和良好的音乐感觉，得益于早年他在鼓浪屿福民小学和寻源书院打下的基础。

曾呈奎爱喝咖啡。多年留学国外，他的生活方式多少有点西化，可他没有半点不合群。想让秘书做点事情，他会说："请你帮我把这个材料整理一下，有不合适的地方尽管改。"曾呈奎的平易近人让所有接近他的人如沐春风。

曾呈奎平时总是乐呵呵的，很难看到他愁眉苦脸。任何艰难困苦他都能处之泰然。

曾呈奎一生俭朴，省吃俭用。一张餐巾纸，分为三次用；给工作人员写便条用的是旧台历纸；曾呈奎对自己可谓处处精打细算，锱铢必较，却将自己积攒多年的工资、稿费、奖金30多万元捐献给公益事业。2005年1月12日，曾呈奎弥留之际，得知印度洋海啸消息，又嘱托亲人捐款1000元。这是他生前最后一次捐款。

曾呈奎古道热肠，甘为人梯，不遗余力地扶持年轻学者。100多位海洋高级科技人才，是曾呈奎为中国海洋事业留下的宝贵财富。2003年，94岁的曾呈奎依然一字一句地认真阅读海洋所宋金明教授长达90万字的《中国近海生物地球化学》手稿，甚至连标点符号也一一核对、修改。国际著名藻类学家、美国北卡罗来纳大学资深教授麦克思·侯莫森特回忆道："作为一个青少年，如果没有他善意的帮助，我是不可能进入如今已成为我终生为之奋斗的藻类研究行业工作的。"

"无论他是和一位美国总统握手或者会见一位同事或者指导一位研究生，他都以相同的平等态度对待。他始终能给在他周围的人一种难忘的印象。"美国加州大学历史科学史研究员彼得·纽肖博士这样评价曾呈奎。1975年，曾呈奎访问美国。曾为曾呈奎密歇根大学的同学，时任美国总统福特在白宫接见了他。两位老同学在白宫谈笑风生，一如当年。

六、归于大海

76年的科研与教学，曾呈奎可谓硕果累累，成就卓著。他笔耕不辍，坚持独自撰写和与人合作，留下了370余篇高水平学术论文，出版了12部学术专著。1980年他当选中国科学院学部委员（院士），1985年当选第三世界科学院院士。先后获得全国科学大会奖、国家自然科学奖、国家科技进步奖、中国科学院重大科技成果奖和省（部委）奖。1995年被太平洋科协授予太平洋地区科学大会奖（井新喜志奖），1996年获香港求是科技基金会"杰出科技成就奖"，1997年9月获由朱基总理和香港最高行政长官亲自颁发的"何梁何利基金"科技进步奖，2001年获美国藻类学会杰出贡献奖，2002年又获山东省首次设立的最高科学技术奖，1991年被山东省政府授予"杰出贡献科学家"荣誉称号。

舍身而为，重任在身。曾呈奎一生任职甚多，略举如下：中国科学院学部委员、第三世界科学院院士、中国科学院海洋研究所所长、中国海洋湖沼学会理事长、国际藻类学会主席、世界水产养殖学会终身荣誉会员、美国俄亥俄州立大学名誉博士。

2005年1月20日，曾呈奎96岁，病逝于青岛。所有的荣誉与光环都挽不回他归于大海的胸怀："身体有用器官捐献社会，骨灰撒入大海，所有书籍和资料全部捐献给中国科学院海洋研究所。"

《人民日报》《科技日报》《光明日报》《经济日报》《人民政协报》等全国多家报纸对曾呈奎的事迹进行了长篇专题报道，对曾呈奎为中国海洋事业奋斗的一生给予高度赞扬。2009年中国海洋湖沼学会设立"曾呈奎海洋科技奖"。1950年12月，曾呈奎加入中国民主同盟会。2005年，《中央盟讯》第4

期，民盟中央发出向曾呈奎同志学习的通知，号召全盟向曾呈奎致敬，向曾呈奎学习。2005年《人民政协报》发表了全国政协副主席、民盟中央常务副主席张梅颖的文章《大海的儿子——民盟的骄傲》，对曾呈奎为中国海洋事业奋斗的一生给予高度赞扬，并号召全盟向曾呈奎学习。

国际著名藻类学家、澳大利亚亚太地区应用藻类学会乔安娜·琼斯博士在唁电中说："曾呈奎是一位藻类学界巨人，整个世界都要为他哀悼。"

生于大海之滨，学于大海之阔，潜于大海之深，终归于大海怀抱。"我是大海的儿子！"曾呈奎这样来定位自己的生命。

参考文献

[1] 费修绠，周百成. 曾呈奎[M]//中国现代科学家传记. 北京：科学出版社，1992.

[2] 陈典. 让海洋生物为人类服务——访全国人大代表、全国侨联顾问曾呈奎教授[N]. 华声报，1986-04-01.

[3] 中国民主同盟. 民盟中央关于向曾呈奎同志学习的通知. [EB/OL]. （2006-03-07）. https://www.mmzy.org.cn/llxc/1171/12289.aspx.

[4] 张梅颖. 大海的儿子——民盟的骄傲[EB/OL]. （2005-08-04）. https://www.gmw.cn/01gmrb/2005-08/18/content_291033.htm.

[5] 陈清平. 从集美走出去的中国科学家[N]. 集美报，2009-10-26.

[6] 张康青. 科海耕耘60年——记荣获省"杰出贡献科学家"称号的曾呈奎教授[N]. 青岛日报，1991-11-07.

伍献文：
从飞云江畔走出的"伟人"

> 伍献文（1900—1985），字显闻，我国动物、鱼类、线虫学家，中科院院士。伍献文是《中国鲤科鱼类志》的主要撰写作者，同样也是中国鱼类分类学、形态学、生理学和水生生物学的伟大奠基人之一，他在国内率先阐明鲤亚目鱼类的系统发育，紧接着提出新分类系统，同时也是他最早组织并进行中国海洋与湖泊的综合调查研究。

一、名师引路，开创中国自行海洋科考的先河

伍献文是浙江省瑞安县人，其父粗通文墨，思想相对较为开化，后来放弃农业开始经商，在当地的小镇上开了一家鱼行。但是由于经营不善，鱼行欠债累累，后来导致家庭经济惨遭重创。伍献文的父亲没有因为家境贫寒而放弃让孩子们接受教育，相反的是，其父亲坚持让自己的儿子们继续完成学业。在伍献文三兄弟先后中学毕业后，他的两个兄长都支持伍献文继续求学，但由于家庭经济压力之大已不能供应他上大学的学杂费用，所以他报考了南京高等师范学校，那里可以免除学杂费和膳食费。在这个求学阶段，他遇到了对他一生学习事业起着重要影响的人——秉志，我国近代著名的动物学家。20世纪20年代的冬天，秉志从美国回到国内，他留任伍献文所就读的南京高等师范学校教学，伍献文在此期间认识并有幸成为秉志教授的高足。秉志教授所教的动物学、亲自指导的动物学实验、达尔文生物的进化论以及动物比较形态学等新的

知识引起伍献文的兴趣，他下定决心，立志今后将以动物学研究作为自己的研究方向并为之努力。

1921年，伍献文以优异的成绩毕业于南京高等师范学校，后任教于福建省厦门市集美学校。厦门大学在1922年正式成立，他调到厦门大学动物系担任助教。厦门大学的六年生活在伍献文的一生中起着非常重要的影响。在这里，他接受了动物学研究的基本训练，这为他毕生的事业奠定了基础。刚到厦门大学，他跟随赖特（S.F.Light）指导学生们的动物学实验。为了胜任自己的工作，他虚心向赖特求教，学习了动物分类学。有一次，赖特带着伍献文到海边的岩石上取下一种动物，并让他自己对它进行分类和鉴定。伍献文首先从观察和形态解剖入手，找出其结构，然后从门、纲、目、科、属到种进行确定，在花了一个多星期后才最终确定这只动物是一种内部肛门动物。这种分类学思维方法和工作方法的基本训练给伍献文留下了很难忘的印象。1925年，他的老师秉志教授来到厦门大学在动物系教授脊椎动物比较解剖学、组织学和胚胎学。在秉志教授的鼓励下，伍献文在学校注册成为动物系学生。在担任秉志教授的助教期间，他完成了学业。他的组织学和胚胎学的坚实基础是在此期间在秉志教授的直接指导下获得的。同时，伍献文跟随R.何博礼（R. Hoeppli）学习寄生虫，研究了厦门和浙江的自由生活线虫、江豚的肺寄生线虫及其组织病理学变化。年轻的伍献文在这里迈出了他人生事业的第一步。

从厦门大学毕业后，伍献文申请在南京中央大学生物系教授动物学。尽管他在线虫等方面的研究已经取得了一些成就，但他对鱼类学的研究兴趣从未改变。在南京只执教了一年，他就辞去了中央大学的教职。1929年，他从中国教育和文化基金会获得资金，争取到了在法国攻读博士的机会，并在巴黎博物馆鱼类实验室的罗勒（L.Roule）的指导下研究鱼类学。经过三年的艰苦奋斗，伍献文终于顺利完成了博士学位论文《中国比目鱼类的形态学、生物学和系统学的研究》，并于1932年从巴黎大学获得科学博士学位。

20世纪20年代初以来，在秉志教授等动物学前人的努力下，中国科学社生物研究所、静生生物调查研究所相继成立起来，各种科学刊物也随之相继问世。伍献文在出国前后曾在这些期刊上发表过一些论文。回国后，他主持了"中央研究院国家自然博物馆"动物学部的相关工作，担任巴黎博物馆研究员，从事鱼类、蠕虫、河蟹和蝎子的生物学研究，发表了《中国沙蟹志略》等论文和《中国之蝎及蝎蛛》等这类动物研究方面的领先作品。1934年，他发起成立了中国动物学会，并当选为理事。他组织有关人员深入广西、贵州、云南等边远地区，采集了大量生物标本，发现了一批未被记载的新物种。1935年6月到11月，他组织了中国第一次全面的海洋科学调查，调查渤海湾和山东半岛的海洋和海洋生物。

二、完成《中国鲤科鱼类志》的权威巨著

《中国鲤科鱼类志》是谈论伍献文一生成就必不可少的话题。在新中国成立后，伍献文参加中国科学院的筹备建设工作，同时也被任命很多管理职位，如水生生物研究所副所长等。行政工作占据了他大部分时间，但他从未忘记自己是一名科学家，祖国统一使他先前因战争而破灭的研究计划又成为可能。根据他的计划，研究所鱼类分类小组人员走遍了大山大河，从全国各地收集了大量鱼类标本，并在水产科学研究所建立了亚洲最大的淡水鱼类博物馆，收藏了30多万份标本。在拥有大量标本的基础上，伍献文抓住占中国淡水鱼一半的鲤科作为研究对象，与助手开始了艰难的分类工作。上海科技出版社在1964年出版了《中国鲤科鱼类志》的上卷，在国内外引起不错的反响并获得同行和专家的认可。

然而，在"文化大革命"中，水研究所鱼类分类小组被解散，69岁的伍献文也被监禁了9个月。在他重获自由后，他的第一个要求是他要完成《中国鲤科鱼类志》的撰写。在1973年他重新开始了编纂工作。伍献文几乎每天晚上和节日都在实验室加班来填补消耗掉的时间，他的眼睛因长时间的课桌工作而严重受损。1977年，《中国鲤科鱼类志》下卷出版了。该书共两卷，七十多万字，非常系统地描述了在中国分布的鲤科113属412种并附有好看精美的图片。这不仅是中国淡水鱼类研究的必备文献，也是世界鲤科鱼类研究的重要资料。该书在1982年获得国家自然科学奖二等奖。

在过去的60年里，伍献文自从在厦门大学季刊上发表关于《浙江瑞安所产蛇类初志》的研究报告以来，他在国内外科学期刊上共发表了80多篇论文和专

著。其中鱼类学论文45篇，线虫等蠕虫类论文16篇，节肢动物、爬行动物、两栖类等动物论文11篇，还发表了海洋湖泊调查、鱼类考古等多篇论文。

三、论证解决葛洲坝长江水利枢纽工程科学

葛洲坝长江水利枢纽工程在1970年开始动工兴建之后，遇到一个难题，即如何保护长江鱼类的资源，如中华鲟等。当时，国内外还没有成熟的经验来解决这个问题。伍献文深知保护中华鲟等鱼类资源的重大意义。他从国家利益出发，经过深入研究，坚决主张用人工养殖中华鲟来解决这一问题。1981年2月14日，时年81岁的伍献文仔细地写下了关于《葛洲坝水利枢纽修建鱼道问题应慎重考虑》的建议。由于他的学术地位和声望，加上许多专家的不懈努力，经国家批准，葛洲坝项目取消了鱼道建设，节约投资5300万元。到目前为止，中华鲟人工养殖项目已经实施了30多年，取得了显著的成绩。正是伍献文等鱼类学专家的科学论证，成功地解决了中华鲟的保护问题，为今后的水利工程建设创造了巨大的机遇。

四、重情重义

（一）家族情

因为他的父亲不知道如何经营渔业，他的家庭垮台了，但是伍献文的父亲仍然坚持让自家儿子们继续求学。由于家庭经济条件差，大儿子和二儿子在读完中学以后回家承担起养家糊口的责任而放弃了学业。伍献文在1918年以第一名从中学优秀毕业。由于家庭的经济条件无法负担他的学费，他选择报考南京高等师范学校，因为这所学校不仅可以免除学杂费，还可以提供食物。他在1929年获得了中国教育基金会提供的去法国攻读博士学习进修的资助机会。之前因为父亲没有很好地运营家里的鱼行，欠的很多外债，也依靠伍献文过俭朴的生活并尽力省钱，最后还清了债务。

他的大哥英年早逝，他没有哪一年不按时给嫂子汇钱；他带着一个侄子在家生活和学习，将其培养成一名土木工程师；他还带着两个侄女，帮助她们找

到合适的工作，并帮助她们建立家庭。他的侄孙说："小公还活在世界上的时候，每年都要给伯伯和我家汇款，每次30元，每年两次，没有间断过。"

在林垟我们了解到，伍献文的侄子和侄媳张美云激动地跟采访人员说"姑爹是这个世界上最好的人"。伍献文的侄子说："我的姑姑从小没有读过什么书，是不识字的旧式女人。而我的姑爹是留过洋接受过外国文化的知识分子，但是姑爹从没想过离开我的姑姑，他一生都爱她。我的三伯伯死得很早，我的阿姨是寡妇，没有生养孩子，按照传统的道德习惯，理应由我的爱人对其尽赡养的责任，但是我姑姑和姑爹都承担了义务，他们会按时地给我们寄生活费，接济我们家的生活。"

（二）朋友情

伍献文非常重视他的朋友，他和老一辈的很多科学家结下了很深的友谊。在早年前，他与鱼类学家方炳文一起在"中央"研究所自然博物馆工作。方先生经常去伍家住宿和结交兄弟。后来，方炳文在法国学习的过程中，在巴黎的一次空袭中丧生。伍献文写了一篇文章悼念他，并介绍了方炳文对中国鱼类学研究所作的贡献。他以儿子的角色分担抚养方炳文母亲的责任并按时给其寄去生活费，为死去的朋友尽孝。伍先生本人并不富有，他过着非常节俭的生活，没有特殊的爱好，但他从未停止过帮助别人。谁有困难只要向他开口他都会尽力帮助。武汉邮局工作人员说"伍教授是来我们这寄钱次数最多的人了"。

（三）学生情

伍献文把所有的知识都传授给了学生。他的学生在他的指导下一起完成论文，但是他会用笔划掉自己的名字。当他卧病在床时，他仍坚持让学生们把论文带回他家，然后逐字审议和修改。

他的学生刘建康回忆起伍献文说，他第一次见到伍献文时很紧张，但伍献文教授没有一点架子。当他还是一名研究生时，他被伍献文录取为门下学生，并前后跟随了六年，伍献文的民主学风和对他的信任让他敢于大胆创新，使他的研究成果具有国际影响力。

陈宜瑜院士也是伍先生的学生，她回忆道：伍先生是一个从不发脾气的人。他总亲切地告诉你研究的基本规律，如何检查文献、进行判断特征，使他终生难忘。虽然伍献文先生离开很长一段时间了，但每当提起伍先生时陈宜瑜的眼睛还是红的。他说伍先生不但给了他知识，让他走上了科学家的道路，而且伍先生严谨的学术精神和高尚的品格也深刻地影响了他的生活和工作水平。

（四）恩师情

伍献文院士受到很多人的尊敬，但他尊敬老师的谦逊态度没有改变。有一次他去参加科学院院士会议，看到他的导师秉志院士从他身后200米处走来。伍献文停下来，远远地等着老师。他恭敬地向老师敬礼，让老师先走。1965年，伍献文访问欧洲。有天他在大使馆看到《人民日报》刊登了秉志去世的消息，他当场痛哭起来，难掩悲伤之情。在伍献文生命的最后一年，他仍忙于整理导师秉志的诗歌，还委托他的朋友——厦门大学文史专家何励生进行诗歌校勘工作。他对亲戚朋友说：这是他一生当中必须做的一件事。伍献文在自己生命最后时期没有考虑自己的事情，而是联系出版社，帮助老师出版诗集。

参考文献

[1] 孙定瑜. 缅怀党的挚友伍献文先生[J]. 武汉文史资料，2011，224，225（21）：124-128.

曹文宣：
渔业生态环境领头人

> 曹文宣，鱼类生物学家，于1934年5月19日生于四川彭州，后在1955年7月毕业于四川大学生物系。1997年当选为中国科学院院士，任中国科学院水生生物研究所研究员、中国鱼类学会理事长。在长江中、下游浅水湖泊生态环境综合治理的研究中，开辟了我国鱼类资源小型化现象研究的新领域。

一、求学生涯——良师益友

俗话说，家庭背景会影响一个人的未来，曹文宣从小受热爱园艺的父亲影响，兴致盎然。1941年全家迁至新兴镇，在这个风景秀丽、依山傍水的小镇里，他度过了快乐的童年和少年时光。他终日在家里的果园、花园和门口的小河边玩乐。这里河流广布、水系众多，有清澈的河水、水中欢脱的鱼儿，许多小动物都隐匿在山林里、小溪旁，它们都是曹文宣幼年时期的玩伴，陪伴着他的成长。在这一过程中，曹文宣逐步对动物产生了浓厚的兴趣，兴趣是最好的老师，因此他极度热爱自然生态。虽然曹文宣在幼年时期在音乐方面也颇有天分，其中钢琴和二胡都是他的专长和爱好，但相较而言，动物和自然环境对他的吸引力更大，因此，高中毕业后，在选择前途的时候，他报考成都华西大学（即四川大学）生物系，师从动物学家刘承钊，并受其影响选择了鱼类生物学专业。良师益友引领着他走向鱼类生物的道路，带着探索和好奇的心，他继续前行着。

二、科研之路——废寝忘食

毕业后，他被分配至中国科学院水生生物研究所工作，也从此与鱼儿结下了一生的缘分。那时水生所地理位置偏僻、人迹罕至，在两个月后，他被安排到梁子湖研究团头鲂和三角鲂。鲂鱼在民间俗称"鳊鱼"，也就是大名鼎鼎的武昌鱼。1955年冬，他在梁子湖进行野外考察时得知，梁子湖出产的鲂鱼约占总产量的10%。由于鲂鱼生长较快且繁殖能力强，而湖中又有极其丰富的天然食料，因此他认为，按照常理来说，如果合理利用鲂鱼的生物学特点和环境优势，鲂鱼在渔产中的比重还应该大大提高。有壮心却并无对应条件，当时水生所的条件简陋，但是他为确定鲂鱼具体的发育、孵化等生长习性，在只有一盏煤油灯的情况下通宵达旦地观察胚胎的发育过程，并画图记录。众所周知，在弱光下使用眼睛非常伤眼和伤神，因此后来他的视物水平急剧下降，给他带来了不可逆的视力损伤，所幸经过几年的刻苦研究和考察，他得以完成了论文《梁子湖的团头鲂与三角鲂》。在这篇论文中，根据他的观察结果他提出，可以通过人工繁殖取得团头鲂鱼苗来实现池塘养殖，扩大团头鲂的产量，他也因此成为提出团头鲂人工养殖的第一人，实现了最初量产团头鲂的设想。

三、九入西藏——矢志不渝

在那之后，从1956年至1983年，他的野外调查涉及新疆、西藏、青海、四川等13个省份，所过之处包括长江、黄河、澜沧江、怒江、雅鲁藏布江。其中，仅青藏高原他就去了9次。这些地区道路或崎岖或荒无人烟，危机四伏，对于这些经历，他说："那时候的野外科考，没有越野车，没有高端装备。"野外的环境非常恶劣，而当时考察队的基本装备又很简陋，研究工作的开展，不仅需要过硬的专业知识，有时更需要坚韧的毅力和过人的胆识。20世纪60年代初，曹文宣所在的考察队来到滇西的深山中，进行了三个月之久的考察工作，队员们携带的粮食都所剩无几了，在前不着村、后不挨店的密林中，唯一可以求助的就是澜沧江对岸的马帮，而渡河的工具，只有令人望而生畏的溜索，正如毛泽东所说"大渡桥横铁索寒"。当时承担渡河求助这一任务的，正是曹文宣，在队友的协助下，他将溜索附带的牛皮带绑在腰间和腿上，双手抱紧，呈轴瓦形的"溜壳"状，在岸上一个助跑，飞速地向对岸滑去。耳边是呼呼的风声，脚下是滚滚的河水，而支撑自己的，就只有两根用麻箴片编制的粗索，其惊险程度可想而知，然而更为惊险的是，快到江心时，固定在铁索上的"溜壳"居然脱离溜索，歪向了一边。情况危急，但曹文宣临危不乱，一手紧抓溜索，另一只手用力地将其拨回原位，化解了一场危机。然而更大的危机还在后面，"溜壳"虽然回到了轨迹上，但却因为失去惯性，无法继续滑动了，离对岸还有二十几米，周围除了风声就是水声，在生死攸关之际，曹文宣毅然决定，用双手的力量攀过河去，就这样，他使出浑身力气，一点一点地向对岸挪动着。终于，凭借着过人的勇气和坚韧的毅力，他安全抵达对岸。

在这种条件下，他艰苦卓绝，在各地科考调查，发现了22个鱼类新种，他同时仔细研究了裂腹鱼（在它的肛门和臀鳍基部两侧各有1行大鳞，在两列臀鳞之间的腹中线上形成1条裂缝，因而被命名为裂腹鱼），青藏高原的地质变化是一种自然选择，这种高原特有的裂腹鱼类根据环境适应性生存，因此能按照这种鱼类的生物学特点反过来论证青藏高原的形成历史。这项研究成果具有创新性和突破性，因此他的这项研究成果获国家自然科学奖一、二等奖各1项，中国科学院科技进步奖一等奖、特等奖各1项。但由于工作多是户外考察，因此他大部分时间都在野外，直到40岁，曹文宣才结婚，直至此时他也始终未忘记恩师刘承钊的教诲："做生物考察，要到野外去。"没有实地考察的生物考察，只是纸上谈兵，毫无参考性，真正需要做的，是亲自去野外，了解自己所想了解的。

四、水利工程——守鱼护渔

20世纪70年代以来，曹文宣主持了多项有关水利工程建设对鱼类资源的影响和对策研究，在工作中，曹文宣深切地体会到，因为人类的不合理开发，鱼儿的生存环境越来越差，空间也越来越小，一些鱼类甚至濒临灭绝。在曹文宣的眼中，"鱼类同人类一样，都是自然界的一员"。他说："鱼不会说话，我一辈子同鱼打交道，最了解它们，有责任帮它们说说话。"在几十年的工作中，曹文宣一直秉承着"帮鱼儿说说话"这一宗旨，竭力维护着鱼儿的利益，守望着鱼儿的家园。

1986年，他参与了葛洲坝水利枢纽工程救鱼措施的研究，经过一系列实地考察，他确认主要救鱼对象为中华鲟，因为中华鲟是典型的溯河洄游鱼类，在海洋中生长但需要去淡水中繁殖，如果其洄游通道被人为切断（如水坝），它们将无法抵达目的地，也无法产卵，这将会给物种带来灭顶之灾，但经过他的科学论证，中华鲟可以在坝下自然繁殖，也就是说不必修建过鱼设施，救鱼重点应该对繁殖群体进行保护和人工放流，这样不仅保证了中华鲟的繁衍，而且因为不必修建过鱼设施而为国家节约了大量的基建投资，可谓是一举两得。

三峡水利枢纽工程修建前后，曹文宣毫不讳言地指出：600多公里长的长江上游江段将由急流环境变为缓流环境，"这将使118种长江特有鱼类中的43种面临生存危机"。同时，通过对白鳍豚、白鲟、中华鲟、胭脂鱼等珍稀水生动物，以及"四大家鱼"等的细致研究，曹文宣提出了建立自然保护区、人工繁殖放流等措施。

后来在1989年，他参与了长江生物多样性的保护行动，此时，他说，"过去，渔业捕捞的失控，一度成为影响长江珍稀、特有鱼类生存的最关键因素""长江渔业资源正在逐渐衰退，已经到了最危险的时候""你看市场上卖的鱼，基本上都是'小鱼'（长不大的小型鱼和长得大的鱼的幼鱼）。像是要长几十斤的草鱼，长到几两重就被捕上来卖了。你再看捕捞产量，湖北2008年是30万吨，2009年是26万吨；湖南2008年是16万吨，2009年是11万吨，2010年仅有9.6万吨……只有江西2010年比2009年增加了4.5万吨，原因是捕捞了许多幼鱼"[①]。面对这样的情况，重点应该在于控制鱼类捕捞，同时为后续的生物可持续发展建立良好的规则系统，《中华人民共和国渔业法》规定：禁止使用炸鱼、毒鱼、电鱼等破坏渔业资源的方法进行捕捞。禁止制造、销售、使用禁用渔具；禁止在禁渔区、禁渔期进行捕捞；禁止使用小于最小网目尺寸的网具进行捕捞；捕捞的鱼中，幼鱼不得超过规定的比例（5%）。这些保护对长江生物多样性的保护大有裨益，因此后来在长江中、下游浅水湖泊生态环境综

---

① 鲍志恒. 曹文宣院士：长江生物多样性丧失的速度加快[N]. 东方早报，2013-03-26.

合治理的研究中，他开辟了我国鱼类资源小型化现象研究的新领域，之后一直致力于长江鱼类资源和珍稀、特有鱼类物种保护的研究，他认为水利工程主要是对长江鱼类的物种资源属性造成影响，特别是长江上游的特有种类很多，它们适应激流环境，一批一批地建水电站，搞梯级开发，把激流变成静水，它们就没办法继续生存。对于这次科考行动，他发表了《三峡工程对长江水域生态的影响及对策》，这项研究获国家自然科学奖一等奖。

五、情系鱼儿——为其发声

为了守住鱼儿已非常有限的生存空间，曹文宣多方呼吁：对于拥有大量长江特种鱼类的青衣江和安宁河，他力谏不要建水电站；1999年和2000年的全国政协大会上，他分别提交了《在赤水河上建立长江上游特有鱼类自然保护区》，以及《不要在赤水河干流修建水电工程》两份提案。正是由于自1993年起对赤水河前后共五次的细致考察，以及为"鱼儿说话"的热忱，让曹文宣的提案受到了相关部门的重视，2005年，国务院批准建立包括整条赤水河在内的"长江上游珍稀特有鱼类国家级自然保护区"。

半个多世纪以来，曹文宣与鱼儿结下了深厚的情感，对于鱼儿来说，曹文宣是研究它们的专家，因为他了解它们的构造、习性；曹文宣更是它们的代言人、守望者，因为他深知它们的危机、它们的苦楚，它们想要拥有一席生存之地的渴望。他的科研之路，并不具有传奇性，纵观整个科研生涯，无论是废寝忘食画图还是九入西藏科考，都表明了他誓要躬行的决心，所谓"纸上得来终觉浅，绝知此事要躬行"，被他淋漓尽致地实践了。

六、耄耋之年——永不止步

直到今天，已经耄耋之年的曹文宣院士仍参加多项科考，作为著名的鱼类生物学家，他长期致力于鱼类分类学、鱼类生态学及珍稀鱼类物种保护等领域的研究，为水生生物的繁衍生息、合理利用奔走呼吁60多年。近年来，曹文宣致力于长江鱼类资源和珍稀、特有鱼类物种保护的研究，包括"赤水河水域生态和水生生物调查""三峡工程生态与环境监测系统：渔业资源与环境监测重点站"等，在2009年9月，他还远赴金沙江下游进行考察研究。古稀之年的他，仍然继续着鱼类的研究工作，继续为保护鱼儿的生息不懈努力着，继续书写着与鱼儿的故事。

2020年7月，国务院办公厅专门印发《关于切实做好长江流域禁捕有关工作的通知》，对此，他说，"各地严格落实'禁渔令'的要求，才有可能让母亲河摆脱无鱼之困"，关于如何贯彻落实保护渔业资源，他说，"第一，保护区内，要完全禁止商业捕捞，除了进行科学研究；第二，有些好吃的特有鱼类，要人工繁殖，不要捕捞野生的，保护自然繁殖；第三，要在《野生动物保护法》中增加一些鱼类的名录"。为了中国的渔业发展，他马不停蹄，永不止步。

参考文献

[1] 范昊天. 曹文宣　心系河湖鱼水情[EB/OL]. （2020-09-15）. http://env.people.com.cn/n1/2020/0915/c1010-31861396.html.

[2] 陈迹. 曹文宣：我为鱼儿代言[EB/OL].（2014-04-15）. https://www.cas.cn/xw/cmsm/201404/t20140415_4090790.shtml.

[3] 武汉市科学技术协会. 鱼儿家园的守望者——曹文宣院士的不懈追求[N/OL].（2009-03-26）. http://www.whkx.org.cn/news_show.aspx?id=16398.

[4] 鲍志恒. 曹文宣院士：长江生物多样性丧失的速度加快[EB/OL].（2013-03-26）. https://www.cas.cn/xw/zjsd/201303/t20130328_3806342.shtml.

[5] 中国科学院网. 曹文宣院士：修建鱼道并非长江流域鱼类保护有效手段[N/OL].（2007-02-26）. https://www.cas.cn/ys/ysjy/200702/t20070226_1689070.shtml.

[6] 王帅，王先进. 曹文宣院士：十年休渔修复生态　会让长江鱼多水美[EB/OL].（2020-12-02）. http://www.people.com.cn/n1/2020/1202/c32306-31952992.html.

桂建芳：
打破吉尼斯世界纪录的鱼类育种学家

  桂建芳，1956年6月28日出生于湖北省黄梅县，鱼类遗传育种学家，中国科学院院士、发展中国家科学院院士，中国科学院水生生物研究所研究员、博士生导师。

  1982年桂建芳从武汉大学本科毕业；1984年从武汉大学硕士毕业后到中国科学院水生生物研究所工作；1991年至1994年在美国俄亥俄医学院和加州大学圣迭戈校区进行工作访问和博士后研究；1994年获得国家杰出青年科学基金资助；1995年获得中国科学院水生生物研究所理学博士学位；1997年入选国家百千万人才工程；2001年至2007年担任中国科学院水生生物研究所所长；2013年当选中国科学院院士；2015年当选为发展中国家科学院院士，同年获得何梁何利基金科学与技术进步奖。

  他长期从事鱼类遗传育种生物学基础和相关生物技术研究，系统研究多倍体银鲫的遗传基础和生殖机制，首次揭示银鲫独特的单性和有性双重生殖方式；原创银鲫育种技术路线，培育出有重大应用价值的银鲫养殖新品种；开拓出一条X和Y染色体连锁标记辅助的全雄鱼培育技术路线。作为主持人培育出水产新品种异育银鲫"中科3号"和"中科5号"，作为主要合作者培育水产新品种黄颡鱼"全雄1号"和长丰鲫。

  已在《自然》（*Nature*）、《美国科学院院报》（*Proceedings of the National Academy of Sciences*，PNAS）、《分子生物学与进化》（*Molecular Biology and Evolution*）、《中国科学生命科学》和《科学通报》等国内外核心刊物上发表研

> 究论文460多篇，其中SCI刊源论文260多篇，出版专著和研究生教材8部；论著被用11 000多次。已培养毕业博士和硕士以及出站博后共110多位，毕业的博士中获中国科学院院长特别奖1名，优秀奖2名。研究成果获国家自然科学奖二等奖1项（2011年）、中国科学院科技促进发展奖一等奖（2014年）、湖北省自然科学奖一等奖1项（2003年）、湖北省科技进步奖一等奖1项（2011年）等在内的10余奖项，授权专利10项。个人荣获全国先进工作者、湖北省科技突出贡献奖和何梁何利基金科学与技术进步奖等荣誉近20项。

这样一位传奇的院士会有着怎样的人生经历呢？他的校园经历是什么样子呢？他的生活过得如何？爱情和家庭如何经营？科研的开展和项目立项的情况如何？让我们一起去瞧一瞧，看一看，领悟这传奇科研人生吧！

一、孜孜不倦的求学经历

1974年7月，桂建芳高中毕业，回到故乡黄梅县独山区周咀村当农民。由于灌了一点墨水，加上为人诚实，劳动也出色，很快被选为生产队会计，白天与社员一起劳动，晚上负责记工分。就这样从一个刚高中毕业的半劳力，经过3年多的劳动，成长为一个完全适应农村生活的全劳力时，1977年8月，从小学到高中的同学石如碧带来了令他为之一震的好消息，1976年石如碧被推荐上了位于南京的华东工程学院，就是那次回家过暑假时，他告诉桂建芳说可能要恢复高考。得到这个消息，桂建芳非常激动，也有一种莫名的冲动。

当时虽不知道这个消息的时代意义，但对桂建芳来说，它的确意义非凡，十年寒窗，自认为是个读书人的他，在繁重的劳动之余还试图通过写作改变人生的他，终于在封闭了近4年后，又重新嗅到通过读书求知改变命运的气息。

桂建芳开始利用劳动之余着手复习，主要就是把高中课程重新走一遍。到了11月份，恢复高考的正式通知下来了，他立即去报了名，还非常郑重地填报了志愿。当时一起读书的中学同学、老师，自发地聚集在马鞍山中学进行复习（当时叫独山区中学）。复习完全是自发的，热情非常高，事实上也就是大家在一起，相互切磋而已。不过这种切磋的效果非常显著，记得当年他们1个年级3个班的几个学习尖子在一起，虽然聚在一起不到1个月，但基本上都考上了大学。

1977年12月中旬，和全国500多万名高考生一起，他踏入了高考考场，考了2天。当时公社领导用一辆卡车把参加高考的几十个人拉到黄梅一中考场，由于考试的人特别多，县城里都住不下了，他们白天去考试，晚上就在县城周边的老乡家里打地铺。公社领导还专门为他们请了炊事员，为他们做饭吃，有肉有菜。当时他就特别感恩党和政府对青年学子的重视和选拔人才的热情。

当时他们一共考了4门课，语文、数学、理化，还有一门应该是政治。几位要好的同学曾在进考场前相互打趣说，"知识改变命运的时刻到了，该我们自己发挥了"。

记得语文的考试作文是写一个学习雷锋的故事，由于在农村的这4年中，他一直坚持读书和写作，试图通过读书来维持一个读书人的品行，也试图通过写作成为一个业余作者，甚至业余作家，因而考作文时非常顺畅，洋洋洒洒写了一页多纸。语文考试交卷时，他就确信他会考上。

考完后近2个月的时间，既没有人告诉他具体分数，他也没收到任何消息，只是在全县组织施工的八一港大堤建设工地上一直担任他们村小队的突击队队长。

收到录取通知书的那天下午正是他们小队工程完工的那一天，因而收工比较早，下午四五点钟就回家了。记得收工时，还遇见他们工地的突击队大队长毛金牛副书记，他很诚恳地对桂建芳说："小桂，这几年做得不错，在工地也很出色，政审时他们会开绿灯的。"

可他一到家，就收到了一封信，上面印着"武汉大学"。一看他就知道是通知书来了。没有政审，完全是以他的考试成绩录取的，桂建芳真真切切品味到一个读书人的快乐和喜悦，心里非常激动。以前他是很想读书、读大学的，后来觉得没希望了。但这次高考，让他觉得自己冥冥之中还是注定要读书的。生产队的社员们也都非常高兴，因为他们始终认为桂建芳是一个读书人，是一个有出息的人，何况当时他的会计工作做得也很不错，公私分明，大家都给了他很高的评价。

当时他们六七十个一起复习考试的同学，有七八个考上了大学，考取的比例是全国（全国录取率约为5%）的2倍多。在考场前相互打趣试图"改变命运"的几位都考上了，包括考上华中师范大学的黎路林、武汉水利电力大学（后并入武汉大学）的陈锁柱和蒋北宁，以及华中农业大学的宛延等。加上桂建芳，在武汉读大学的就有六七个同学。

那会儿是先填志愿后考试，凭着一股激情和梦想，他的第一志愿填了全国最好的学校——北京大学，第二志愿填了湖北省最好的学校——武汉大学，还填了好多第三志愿和第四志愿。因为当时社会上普遍流行的是"学好数理化，走遍天下都不怕"，他填报了北京大学和武汉大学的数学系，结果如愿被第二志愿的武汉大学录取了。

最后桂建芳被录取到武汉大学生物系动物学专业，当时还不知道具体是做什么。周围老乡说，以后是去动物园做饲养员。动物学专业的毕业生以前也确实有人去了动物园工作，但也有做科研，并且取得了突出成就的。

桂建芳记得特别清楚，自己是1978年3月8日到武汉大学报到的。当时班上有26个同学，其中4个是在"文化大革命"期间高中毕业的，因此年龄要大他们七八岁，入学时已经30岁了。其他同学年龄大多数和他相仿，是1974年高中毕业的。大学生活令他印象比较深刻的是大家读书的激情非常高。因为在农村待过三四年，大家都特别珍惜能在校园里读书的时间。

武汉是著名的"火炉"，夏天特别热，当时也没有现在这么好的条件，尽管是40摄氏度的高温，大家读书的热情还是非常高，除了上课就是自习。晚上铺一个凉席睡在老斋舍或老图书馆的水泥地上，心中也是满满的幸福。

毕业20余年后，当他们返校时，当年的老师都说1977级和1978级的同学都是特别喜欢学习的一代。那个时候，大家尽管年龄偏大一些，但也没有人着急谈情说爱，最起码在刚开始读书的两三年几乎没有。大家都是以学业为重，非常珍惜读书的机会。

在武汉大学读书期间，他比较自豪的一点是考试成绩都不错，不仅得高分，而且基本上都能在前3名交卷，每次交卷大概都能提前半个多小时。他读大学这个时间点赶得很好，刚进大学国家就实行了改革开放，全国科学大会也召开了，"科学的春天"也到了，当时中国科学院的老院长郭沫若还专门写了一首诗。

他能获得读书的机会，由衷地觉得幸运，这是改革开放给他们带来的机会——只要你学习好，就有可能改变命运，也正是因为这样，他还想为国家做更多、更好的事情。于是他当时就建立起了一个信心，只要读好书，生活上任何的问题都可以迎刃而解。

在改革开放的大环境下，他坚定了继续学习、继续深造的理想。1982年1月，他大学毕业，作为应届毕业生，他想报考武汉大学余先觉教授的研究生，余老师当时是中国遗传学界的权威。那时一共有30多个人报考这个专业，最后只招了1个人，那就是桂建芳。

在接下来的3年里，他继续在武汉大学跟着余先觉老师和周暾老师攻读遗传学专业硕士，做淡水鱼的细胞遗传学研究。这3年硕士期间，他发表了不少文章，可能将近10篇，属于比较多产的一位。当时外校的老师常跟余老师夸他说："你们学校的桂建芳还是不错的。"硕士毕业后，桂建芳被分配到现在的工作单位——中国科学院水生生物研究所（以下简称"水生所"）。

桂建芳和武汉大学非常有缘分，他的爱人张奇亚是他在武汉大学生物系的同学。本科毕业之后，她被分配到中国科学院武汉病毒研究所工作，也就在那时，他们才确立恋爱关系。此外，他们的两个女儿也都毕业于武汉大学。可以说，高考不仅改变了他的命运，还让他收获了爱情，组建了家庭。作为一个出身农村的孩子，还当了4年农民，高考的确改变了他的命运，也因为高考，他建立了执着向上、多为社会和国家做一点事情的决心和信心。

因此，在之后这40年的学习、工作中，他始终保持着为国家、为社会多做一点事的初心。40年，很多事情都变了，但桂建芳认为，学习好、工作好始终是为人处世的真理。只要你把学习、工作做好，这个社会是不会亏欠你的，关键是要充分发挥自己的能量、才能。40年前，在农村做生产队会计的他绝对不会想到，自己有一天会成为中国科学院院士。后来的高考让他实现了人生更高的价值，大学时期把书读好，工作后把事情做好。这40年，他得到了很多支持，各种人才计划他几乎都有份，还获得首届中国青年科技奖、首届中国科学院青年科学家奖、首届国家杰出青年科学基金资助……

总而言之，只有认真学习，才能跟上这个时代的节拍；只要你勤奋，时代的机会就会变成你的机遇——毕竟机会是属于有准备的人的。

二、钻坚研微的科研态度

（一）科研综述

桂建芳的主要研究方向为鱼类发育遗传学和遗传育种工程。研究工作主要集中在两个方面，一是在鱼类生殖、生长和免疫相关基因的鉴定方面，试图揭示鱼类雌核发育和卵子发生的调控机理，阐述鱼类早期胚胎发育过程中基因的时空表达，鉴别鱼类抗病基因；二是在水产动物分子遗传标记的鉴定和应用方面，试图找到用于区分水产动物不同种群或不同品系的分子标记，并将其应用于生态遗传和遗传育种研究。此外，还致力于鱼类细胞工程技术研究，如细胞培养和基因组操作等。

（二）承担项目

截至2020年，桂建芳作为首席科学家，先后主持了"重要养殖鱼类品种改良的遗传和发育基础研究"和"重要养殖鱼类功能基因组和分子设计育种的基础研究"两个国家重点基础研究发展计划（973计划）项目。

（三）科研成果奖励

截至2019年，桂建芳先后获得国家自然科学奖二等奖和湖北省科技突出贡献奖等10多项科技成果奖。

（四）打破吉尼斯世界纪录

中科院水生所桂建芳院士团队培育出世界产卵次数最多的金鱼，金鱼产卵次数获吉尼斯世界纪录。

金鱼（Carassius auratus）又称金鲫鱼，是世界上最流行的观赏鱼之一，起源于中国的野生鲫鱼，堪称中国国粹。远在晋朝就有"赤鳞鱼"亦即金鱼的文字记载，距今已有一千多年历史。金鱼于16世纪从中国传入日本，17世纪传入欧洲，19世纪传入美国，后来逐渐走向世界。如今，金鱼以其丰富的表型和多变的色彩，成为当今世界最流行的一种观赏鱼。

表1　桂建芳部分获奖参考

时间	项目名称	奖励名称（担任职务）
1995年		中国科学院自然科学奖三等奖（主持人）
1995年		国家自然科学奖二等奖（参与）
1996年		国家"八五"科技攻关重大成果奖（主持人）
2003年	异育银鲫"中科3号"的培育与推广应用	湖北省自然科学奖一等奖（主持人）
2004年		湖北省自然科学奖二等奖（第二完成人）
2004年	多倍体银鲫独特的单性和有性双重生殖方式的遗传基础研究	国家自然科学奖二等奖（主持人）

金鱼除颜色外，其眼睛、鳍条、鳞片、鼻膜、体型、头瘤等诸多部位发生突变，这些突变经杂交重组，在人工选择下形成如今300多个金鱼品种。达尔文形容金鱼有着无限多样的颜色和非凡的表型结构变化。这些外形结构的突变使得金鱼成为研究发育生物学、遗传学和进化生物学的良好模型。早在20世纪初，中国科学院学部委员（院士）、动物学家、遗传学家陈桢先生就以金鱼为研究对象，对其起源、遗传与变异进行了长期而系统的研究，并首次证明鱼类的孟德尔氏遗传。

中国科学院水生生物研究所桂建芳院士团队对鲫鱼进行了40年的研究。金鱼作为四倍体鲫的突变体，20世纪80年代，桂建芳院士在金鱼的原始品种草金鱼中发现了体色透明的突变体（图3-a）。在此基础上，通过将这条突变体和红鲫杂交，其后代体色透明，内脏和骨骼清晰可见，且分布有不同彩色花斑，因而被称为"水晶彩鲫"（图3-b）。1986年，桂建芳院士团队用静水压的方法对"水晶彩鲫"进行多倍化诱导，创制出染色体加倍后仍保持有透明和鲜艳体色的人工合成六倍体"水晶彩鲫"（图3-c）。

进入繁殖期的雄性金鱼在鳃盖边缘和胸鳍上会出现白色的追星，这是辨别金鱼性别最准确的方法。辨别雌雄金鱼的另一个重要方法是泄殖孔，一般雄性的小而狭长，呈凹形；雌性的大而略圆，向外凸。对于金鱼的繁殖，采用自然繁殖方法操作最为简便，在大批量的繁殖生产中容易实施，并能避免亲鱼因人

a. 体色透明的突变体　　　　b. 水晶彩鲫　　　　c. 六倍体"水晶彩鲫"

图3 中科院水生所创制的人工合成六倍体金鱼"水晶彩鲫"（图片来自水生所）

工繁殖而受伤，大大降低亲鱼产后死亡率。人工繁殖方法相对复杂，工作量较大，但产卵量比自然繁殖明显增多，在人工繁殖的三种人工授精方式中，湿法授精方式能最大程度地减轻亲鱼受伤程度，受精率较高，而人工雌核发育受精率相对较低，现阶段人工雌核发育正处于研究试验阶段，但其得到的后代能很好地获得遗传母本的优良性状，具有较高的纯度，发展前景很好。

2022年，桂建芳院士团队余鹏博士又在金鱼高效繁殖技术上取得了突破。通过对金鱼进行精心的饲养和研究，最终实现金鱼雄鱼在3个多月时能够挤出精液，雌鱼在4个多月开始产卵，5个多月开始批量产卵，一条雌鱼能够产卵数十次。其中有一条黑色百褶裙泰狮金鱼在215天内累计产卵42次，产卵间隔5.2 ± 2.0天，平均产卵量8900 ± 3300粒。该技术为金鱼基因功能研究、分子设计育种、雌核生殖、核移植等依赖鱼卵的研究奠定了基础。同时，该产卵次数也创下了"产卵次数最多的金鱼"世界纪录。

这项研究成果将金鱼性成熟周期从1年缩至3~4个月，在产业上，提高金鱼持续产卵次数，可尝试更多种鱼组合，批量繁殖出优质金鱼子代，创造更高的经济价值；在科研上，能为金鱼基因功能研究、分子设计育种、雌核生殖、核移植等依赖鱼卵的研究奠定基础。

三、刮摩淬励的学术论著

截至2020年12月，桂建芳已发表研究论文430多篇，其中SCI刊源论文250余篇，出版专著和研究生教材8部（见表2），论著共被引用1万多次。

表2 桂建芳已出版著作表

出版日期	名称	作者	出版社
2021年6月	《水产遗传育种学》	桂建芳主编	北京：科学出版社
2016年9月	《异育银鲫"中科3号"繁养技术》	桂建芳主编	北京：海洋出版社
2012年10月	《水生病毒及病毒病图鉴》	张奇亚、桂建芳编著	北京：科学出版社
2008年1月	《水生病毒学》	张奇亚、桂建芳编著	北京：高等教育出版社
2007年7月	《鱼类性别和生殖的遗传基础及其人工控制》	桂建芳等编著	北京：科学出版社
2003年3月	《异育银鲫实用养殖技术》	桂建芳等编著	北京：金盾出版社
2002年8月	《发育生物学》	桂建芳、易梅生主编	北京：科学出版社
1998年8月	《RNA加工与细胞周期调控》	桂建芳编著	北京：科学出版社

桂建芳先后担任中国水产学会副理事长，湖北省遗传学会和湖北省生物工程学会副理事长，中国鱼类学会理事，中国遗传学会理事；国家水产原良种审定委员会副主任；湖州师范学院和华中农业大学特聘教授；武汉大学、南昌大学和海南大学兼职教授。他还兼任《水生生物学报》主编，Cell Research、Pakistan Journal of Zoology、《实验生物学报》《遗传学报》《遗传》《动物学研究》《海洋与湖沼》《中国水产科学》编委。

四、桂建芳院士《淡水渔业转型升级的战略思考》专题报告

（一）从"吃鱼难"到"食有鱼"，新中国确立"蓝色粮仓"的大国渔业地位

20世纪70年代末，邓小平同志提出，发展渔业"有个方针问题"，"应该以养殖为主"。三版中国淡水鱼类养殖学等著作及时总结淡水养鱼经验和成就，推动了产业发展。新中国"以养为主"方针的确立过程如图4所示：

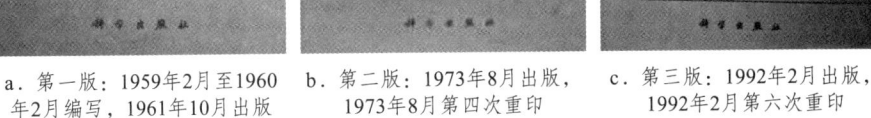

a. 第一版：1959年2月至1960年2月编写，1961年10月出版　　b. 第二版：1973年8月出版，1973年8月第四次重印　　c. 第三版：1992年2月出版，1992年2月第六次重印

图4　三版《中国淡水鱼类养殖学》

既得益于政策引领，又得益于科技驱动。20世纪60年代早期青、草、鲢、鳙"四大家鱼"人工繁殖技术的突破实现了水产养殖质的飞跃。

（二）从"追求高产"到"绿色发展"的新时代渔业技术与模式创新

新时代水产养殖的发展目标：生态优先，提质增效。

"可持续发展"与"生态文明建设"驱动水产养殖技术模式创新与变革，致力于生态、环保、绿色、有机、安全标准，打造田园综合体，助力美丽乡村和乡村振兴战略。具体技术模式有：

● 集装箱式循环水养殖技术模式；
● 鱼菜共生生态种养技术模式；
● 多营养层级综合养殖技术模式；
● 盐碱水绿色养殖技术模式；
● 大水面生态增养殖技术模式；
● 深水抗风浪网箱养殖技术模式；
● 稻渔综合种养技术模式；
● 工厂化循环水养殖技术模式；

● 池塘工程化循环水养殖技术模式。

（三）从"以养为主"到"长江禁捕"的"中国智慧"

为了让世界更广泛地了解中国水产养殖的现状，在中国科学院、中国工程院和中国水产学会的支持下，桂建芳院士邀约了100多个从事水产养殖的专家共同编汇了一本《中国水产养殖：成功故事和现代趋势》。

该书通过典型事例，广泛介绍了涉及主要养殖种类、主要养殖方法、饲料配伍和投喂技术、遗传育种和种业、病害发生和相关防控技术，以及水环境保护和修复等成功的故事。这本书的出版将使中国水产养殖的作用在世界产生更重要的影响。

2020年1月，农业农村部在官网发布关于长江流域重点水域禁捕范围和时间的通告，宣布从2020年1月1日0时起开始实施长江十年禁渔计划。通告称，长江干流和重要支流除水生生物自然保护区和水产种质资源保护区以外的天然水域，最迟自2021年1月1日0时起实行暂定为期10年的常年禁捕，期间禁止天然渔业资源的生产性捕捞。

十年长江禁渔是新时代"生态优先"的发展理念贡献的"中国智慧"。

五、潜精研思的指导思想

桂建芳结合自己多年科研路的感悟，给同学们提了三点建议：持之以恒才能不断进取；执着拓新是科研成果产出的必然路径；珍惜机遇、豁达行事是快乐幸福享受科研的金钥匙。他也勉励大家在学习和科研上应"不忘初心、谦虚谨慎、持之以恒、快乐前行"。

桂建芳认为：科研要取得突破，首先得具备扎实的基础知识和基本的实验技能，这是非常关键的，现在的媒体特别是一些科学媒体，太过宣传中国的创造力和创新，导致某些学生认为不具备一定的基本功底就可以做到创新，甚至故意摒弃那些传统经典的知识，这是万万不可的。作为研究生来说，首先要脚踏实地地掌握基本知识，要学好研究生的课程。科学发展到今天，你不可能知道所有的前沿动态，但至少应该知道你所在的研究领域已有的发现，以及还有哪些问题等着去解决。只有在全面了解的基础上，才能找出问题。有的学生在做出一个结果后以为是重大发现，但很可能他的实验结果别人早就做出来了。研究生的培养主要是训练研究生的科学思维，同时培养研究生掌握相关领域的主要内容和解决科学问题的本领，这个本领就是科学方法，结合大学已经具备的基础知识，再加上中国科学院或是大学等给研究生提供的科研平台，脚踏实地、刻苦钻研才有可能取得一定的成功。

桂建芳已培养毕业博士60多位，硕士8位，博士后8位，毕业的博士中有1人获中国科学院院长奖学金特别奖，1人获中国科学院院长奖学金优秀奖，1人的博士论文获湖北省优秀博士论文，5人获中国科学院其他各类奖学金。桂建芳曾两次荣获中国科学院优秀导师称号。

六、深稽博考的人物评价

桂建芳多年潜心于鱼类遗传学研究，取得卓越成绩，培育水产新品种2个，为鱼类遗传育种研究和中国渔业发展作出了重大贡献。

桂建芳作为鱼类遗传育种学家和一名奋斗在科学研究一线的研究员，多年潜心于鱼类育种生物技术相关的遗传、细胞和发育生物学研究，取得卓越成绩，是中国鱼类遗传育种与发育生物学领域知名专家。

参考文献

[1] 中国水产种业发展报告（1949年~2019年）[J]. 中国水产，2020（9）：11-21.

刘筠：
毕生"鱼痴"

刘筠（1929—2015），湖南省娄底市双峰县人。中国工程院院士、国家级突出贡献专家、湖南师范大学原副校长、第六、七、八届全国政协委员，湖南省科协原副主席，湖南师范大学生命科学学院教授。

刘筠于1929年11月17日出生于湖南，1953年毕业于湖南大学，是中国著名鱼类繁殖生理学家。长期从事鱼类及水生经济作物的生殖生理和人工繁殖及育种的研究，从理论上建立了系统的四大家鱼等中国主要养殖鱼类、中华鳖和食用性蛙类的繁殖生理学；研究提出了养殖鱼类和水生经济动物人工繁殖和育种的技术体系；率先应用细胞工程和有性杂交相结合的综合技术，在国内外建立了第一个遗传性状稳定且能自然繁殖的四倍体鱼类种群，成功地培育出了优质的三倍体鲫鱼和三倍体鲤鱼。

刘筠院士先后获得过20多项国家及省部级科技奖励及30多项国家发明专利。他主持的有关研究成果获得了国家科技进步二等奖、湖南省首届科学技术杰出贡献奖、国家教委科技进步一等奖，湖南省科技进步一等奖等20多项国家及省部级奖励；在Genetics、Aquaculture、Science in China等国内外刊物上发表论文100余篇；获得30多项国家发明专利，撰写专著《中国养殖鱼类繁殖生理学》。为国家培养了200多名优秀的博士、硕士研究生和成千上万的本科生。

一、书山有路勤为径

刘筠出生于湖南省双峰县青树镇一个小手工业商人家庭，父亲前半生当学徒帮人打工，后半辈子成为制帽手工业小商人。母亲是农村妇女。他们都没有受过教育，但对子女的教育却十分重视。刘筠5岁时，父母便送他上私塾。他天资聪颖，又勤奋好学，深受老师喜欢。他读书从不死记硬背，也不计较考试的分数。因此父母和亲友们常常夸他"会读书"。

1937年，刘筠随父母从双峰县农村迁移到武冈县城。他深知父母挣钱不容易，在社会上也没什么地位，便更加发奋苦读，常常废寝忘餐，学习成绩总是名列前茅。后来，他跳过初小，直接读高小。

1948年秋天，年仅19岁的刘筠以优异的成绩考入湖南省国立师范学院。一年后，湖南解放了，国立师范学院合并到湖南大学。从此，刘筠转入湖南大学生物系就读。由于师资不足，有些课程特别是专业课缺乏任课老师，因此，他先后到湖南医学院、广州中山大学等校借读过。当时，人们刚刚获得解放，革命热情很高，国家建设又急需大批人才，因此，大学校园里洋溢着一种催人奋进的风气，耳濡目染，刘筠不仅眼界大开，思想境界也随之升华。他为置身于社会主义革命和建设的洪流倍感振奋，一心想的就是好好读书，毕业后努力工作，为国家建设尽一份力。

1953年，刘筠离开中山大学，领取了湖南大学颁发的本科毕业证书。几十年后，刘筠当选为中国工程院院士。每当回顾这段往事，他总是满怀深情地说："我要感谢求学时期的老师，没有他们的教育，我不会有今天的成绩，是老师的教诲和勉励，使我对生物科学有了浓厚的兴趣。我也非常感谢和怀念我的父母，他们没受过教育，但却非常重视子女的教育，虽然家境不好，仍然让我们兄妹三人全部接受大学教育。"

二、四大家鱼走入寻常百姓家

刘筠从湖南大学毕业时，正遇上全国院系调整，湖南大学的生物系成为新成立的湖南师范学院的一个系，他被分配到湖南师范学院生物系任助教兼秘书。两年后，他登台主讲动物胚胎学。由助教到主讲一门基础课，在大学里是很不容易的。刘筠由于在念大学时打下了良好基础，经过认真备课，他的课受到了学生的欢迎，也得到了系主任董爽秋教授的赏识。1956年，经董爽秋教授推荐，学院批准，刘筠被保送到中国科学院实验生物研究所进修实验胚胎学，导师是我国生物学界著名的科学家庄孝惠和朱洗。俗话说，名师出高徒。在两位教授的悉心指导下，刘筠对胚胎器官的形成和诱导产生了浓厚的兴趣，开始专门从事这方面的科学研究。经过两年半的进修，他得到了导师正直为人、严谨治学的处世态度和专业知识两方面的真传。

青、草、鲢、鳙四大家鱼的人工繁殖是年轻的刘筠刚刚踏入水产科技研究大门做的第一件事，这件事对其大半辈子都有着深远的影响。

1959年9月，刘筠从上海学成归来，正赶上"大跃进"，他便随生物系部分师生下放到长沙综合农场进行"开门办学"。这与他当时担任鱼类生殖生理和人工繁殖的教学并不相悖。恰在这时候，国家水产部在湖南召开了一次水产会议，向全国水产生物研究人员提出为什么池塘养殖的青、草、鲢、鳙四大家鱼不能自然繁殖？到底能不能人工繁殖？这是前人未能回答的问题。29岁的刘筠主动向学校请缨，承担起四大家鱼的生殖、生理及人工繁殖研究工作。

刚接到课题的他，有着年轻人的闯劲，为了研究，他暂别了新婚妻子，深入36个县市的江河、池塘、湖泊采集了上千份实物样本。采样发现池养家鱼的生殖细胞能够发育，但雌鱼细胞只能发育到初级阶段就停滞不前了，必须进行人工催产，才能继续完成成熟分裂。这个结论为家鱼人工繁殖提供了科学的理论依据，最终宣告了中国四大家鱼不能人工繁殖的历史就此结束。1981年，刘筠的"草鱼等家鱼人工繁殖及技术推广应用"，获湖南省科技进步一等奖。

三、养鳖户眼中的财神爷

逐渐成熟的刘筠，在四大家鱼后，又继续开始新的征程。在20世纪90年代以前，甲鱼因为稀有，兼之营养价值高，有钱都买不到。在寻常百姓看来，是可望不可即的美味佳肴，是大富人家餐桌上难得的珍馐。而今天的甲鱼却是一般的小康家庭都能消费的水产品。

这一切，都有赖于刘院士对甲鱼人工繁育技术的成功缔造。20世纪70年代末，刘筠接到湖南省科委下达的"鳖的繁殖和人工养殖研究"课题后，立刻制定了课题的实施方案，他带着学生亲赴洞庭湖区，从采集原始标本开始，全面铺开实验。最后发现雌雄鳖在交配后，雄性精子可以在雌性鳖生殖道内存活并保持受精能力达半年之久，从而在人工繁殖上提出雌雄4：1的比例，为雌雄搭配的合理比例找到了科学根据，成为国内首创。

让甲鱼从富人的专享到摆上寻常百姓家的餐桌，刘筠再次创造了奇迹。随着鳖的营养价值和药用价值被人们认可，人工繁殖和养殖中华鳖成为许多农户的致富之道。1993年至1995年，汉寿饲养鳖的产值达到两亿多元，农民们尊称刘筠院士为"财神爷"。

在研究甲鱼人工繁殖的同时，刘筠院士还展开了对牛蛙人工繁殖的研究。他带领学生运用受精生物学、胚胎发育学理论，通过大量的实验，攻克了牛蛙在中国生态环境下科学繁殖的技术难关。

四、不孕不育的湘云鲤、湘云鲫

真正让刘院士走入人们视野的却是湘云鲫和湘云鲤。刘院士率先应用细胞工程和有性杂交相结合的综合技术，在国内外建立了第一个遗传性状稳定且能自然繁殖的四倍体鱼类种群，成功地培育出了优质的三倍体鲫鱼和三倍体鲤鱼。

这种杂交培育产生的三倍体物种，不但让刘院士的水产科技研究走上新的台阶，也让他在1995年获得中国工程院院士的称号。

说起湘云鲫、湘云鲤的由来，得从1979年的10月说起。当时湘阴县东湖渔场有人捕到了一条从来没见过的鱼。它个头特别大，像鲫又像鲤。"外行看热闹，内行看门道。"外行人对这一奇特鱼类有的只是看热闹的好奇心理，但对于毕生从事鱼类学研究的刘筠来说，却是一个难得的研究课题。原来这个物种是鲤鱼和鲫鱼偶然杂交而成的个体，从它身上，刘筠找到了新的研究方向。

通过努力，刘筠院士和他的课题组成功实现了鲫、鲤之间的远缘杂交，然后从极为有限的能育的杂交后代中选育，并经过细胞工程技术处理，产生具有自然繁殖后代能力的四倍体染色体后代。课题组利用这个宝贵的四倍体鱼资源和正常的二倍体鱼杂交，获得了三倍体鲫、鲤，从而创造了一个新的基因种群。这一发现震惊了国际鱼类研究界。

这两种被刘筠院士称为"不繁殖后代、专为人类贡献蛋白质"的湘云鲫、鲤（原名工程鲫、鲤），肌肉中蛋白质含量占到1/6，比起普通的鲫、鲤，体型大、生长速度快、抗病能力强、耐低温和粗饵，味鲜刺少。最难得的是，它们可以在任何养殖水域放养，不产生后代，不干扰其他鱼类资源。

这项研究被列为国家"九五"攻关课题和湖南省重点课题，1999年通过了国家"863"高科技项目验收，2001年获湖南省科技进步一等奖，且该研究具有年产2亿尾鱼苗的生产能力，拥有两项国家发明专利，被列为国家五十项高科技产业化项目。

五、尚未完成的第四件事

几十年间，从20多岁的青春岁月，到几近耄耋之年的刘老，即便青丝变银发，依然没有放弃他的研究。2009年，这位已需要借助拐杖行走的老人，依然在做他科学征程中的第四件事——人工繁殖大鲵。"这件事情做成了，不仅可以保护大鲵这一物种，老百姓也能吃得起啦！"这是一位壮心不已的科学"战将"的新追求。2015年1月21日凌晨，噩耗从湖南长沙传出：有"鱼院士"美誉之称的湖南师范大学教授、中国工程院院士刘筠，因病医治无效，在长沙逝世，享年86岁。

如今，大鲵也实现了人工养殖，虽然尚未能普遍走上百姓餐桌，但对刘老而言，应足以慰藉。

每当谈及取得的成就，刘筠总是谦虚地说："我最深的感受，一是勤奋。天才是不可信的，智慧需要后天的培养。我一直不认为自己比别人聪明，但不管求学还是工作，我都勤奋努力，牺牲休息时间投入工作。二是持之以恒，我一辈子都在从事鱼类及水生动物的研究，对事业孜孜以求、锲而不舍。"他一心扑在工作上，平时没有节假日，也没有寒暑假，一年365天，天天在与鱼打交道，以至于他的家庭也与鱼类结下了不解之缘。1959年，刘筠的大女儿出生，他正在进行鲢鱼的人工繁殖研究，便给老大取名刘白鲢。1960年，老二出生时他正在研究草鱼的人工繁殖，草鱼又名鲩鱼，于是给二儿子取名刘鲩。1962年，老三出生，刘筠又想取个带"鱼"的名字。由于妻子不同意，最后给小儿子取名"少军"。但正是这位没有带"鱼"名的儿子，成为刘老的"接班人"。2019年11月22日湖南师范大学教授刘少军当选中国工程院院士，这成就了湖南科学家中第一对"父子双院士"。

死，或轻于鸿毛，或重于泰山。湖南是鱼米之乡。"米院士"袁隆平解决了人们的温饱问题，"鱼院士"刘筠则让老百姓餐桌上多了一条鱼。刘筠没有上过战场，也没有可歌可泣的人生经历，毕生只有一个"鱼"字，却足以让水产养殖界铭记。

参考文献

[1] 海洋与渔业综合报道．"鱼院士"刘筠逝世他让中国餐桌多了条鱼[J]．海洋与渔业，2015（2）：18.

[2] 邹瑾．"鱼院士"刘筠的攀登人生[J]．湘潮，2016（7）：28-31．

[3] 陈国忠．"鱼王"——记中国工程院院士刘筠[J]．科学中国人，1996（2）：55-56．

[4] 《当代水产》编辑部．不唯上，不唯书，只唯实四事追忆刘筠院士[J]．当代水产，2015，40（2）：56-58．

[5] 知名学者刘筠院士简介[J]．湖南师范大学自然科学学报，2001（1）：4．

[6] 桂新秋．满腔心血注鱼乡——记中国工程院院士著名生物学家刘筠[J]．湘潮，1996（5）．

刘少军：
鱼类杂交领域带头人

刘少军院士1962年出生于湖南长沙。早年就读于湖南师范大学附属中学。1986年，从湖南师范大学本科毕业，获得学士学位。1989年，从湖南师范大学硕士毕业，获得硕士学位，之后留校在湖南师范大学生命科学学院任教。1998年至1999年，在法国从事鱼类分子生物学研究工作。2000年，获得中山大学博士学位。2007年，获得国家杰出青年科学基金资助。2019年11月22日，当选中国工程院院士。2023年，被聘为湖南农业大学战略咨询委员会委员、水产学科带头人。

鱼类遗传育种专家；现任湖南师范大学教授，省部共建淡水鱼类发育生物学国家重点实验室主任。长期从事鱼类遗传育种研究，在鱼类远缘杂交研究领域的理论—技术—产品方面作出了系统的创新贡献；攻克了种间生殖隔离难关，阐明了鱼类远缘杂交的主要遗传和繁殖规律；建立了一步法和多步法鱼类杂交关键育种技术；创建了一批源于远缘杂交的四倍体和二倍体鱼的可育优良品系；研制的4个优良鱼类品种获国家级水产新品种证书；首次证明鲤—鲫—金鱼杂交演化途径。获国家科技进步二等奖3项，以及湖南省科技进步一等奖、湖南省技术发明一等奖、全国创新争先奖状和湖南光召科技奖等奖励。

一、坚守初心，让中国人吃好鱼

刘少军院士20多年来保持初心，秉承着让中国人吃好鱼的心理对鱼类远缘杂交和染色体倍性操作开展了系统研究，提出了鱼类远缘杂交可形成两性可育品系的新观点，建立了系统的鱼类远缘杂交理论和技术体系。其研究成果为研制新型优良鱼类提供了新途径，也为证明鱼类可沿着这些可育品系的形成途径进行演化提供了重要证据；证明存在鲤鱼与团头鲂杂交形成鲫鱼的进化途径，首次证明了A物种与B物种杂交可以形成C物种。他主持研制出源于远缘杂交的同源四倍体鱼、改良异源四倍体鱼、同源二倍体鱼品系和异源二倍体鱼品系等可育品系，并用之结合染色体倍性操作技术研制了在生产上有重要应用价值的优良三倍体鱼和二倍体鱼，其中湘云鲫2号、鳊鲴杂交鱼和杂交翘嘴鲂3个新品种获得农业部水产新品种证书；用倍间交配方法大规模研制的具有不育、体型美观、肉质鲜嫩、抗逆性强、生长速度快、小刺少等优点的优良三倍体鱼在全国推广养殖，产生了显著的经济、社会和生态效益。

二、唯一的工作站

刘少军将自己的院士工作站设在位于广州市南沙区的诚一水产养殖有限公司。根据相关文件精神，每名未退休院士受聘的院士工作站不超过1个，这意味着刘少军将自己唯一的院士工作站设立在广州。"我们把院士工作站设立在广州市南沙区，其中主要原因之一是广州市委市政府、南沙区委区政府对渔业很重视，在院士工作站的建设中给予了多方面支持。"刘少军说。

刘少军其实很早就与广州结缘。他曾于2000年获得中山大学博士学位，中国工程院院士、中山大学生命科学学院水生经济动物研究所林浩然教授是他的老师。"我父亲和林老师都从事鱼类繁殖生理学研究，他们在科研方面有很好的科研交流，也是好朋友，这是一段珍贵的缘分。"刘少军说道。

而诚一水产科技公司的董事长阳会军也是林浩然院士的博士生。曾作为中山大学副研究员下海的阳会军非常注重科学养殖，已经将公司打造成为华南地区最大规模的鲩鱼养殖场。刘少军说，因为这层师兄弟的关系，自己才与阳会军相互认识、相互熟悉、相互支持、共同创业。"诚一水产有近7000亩养殖面积，为我国淡水渔业的发展作出了重要贡献，也是我们后续继续开展鱼类良种良养良销一体化系统建设的好的合作伙伴。"刘少军说。

在刘少军看来，广州市地理位置优越，珠江水系发达，水资源丰富，气候适宜，具有发展渔业的天然条件优势。他建议广州用有限的渔业土地资源发展水产种业、智慧渔业、生态渔业等重点板块，并且在广州扶持一批科技含量高、示范带动作用强的渔业总部企业。

"在水产业，在技术体系方面，我强调'良种良养良销'（良种+良养+良销）六个字；在产业化方面，我强调'政府企业团队'（政府+企业+团队）六个字。水产业的发展，需要党和政府的顶层设计、引导和大力支持；需要有大型企业的支撑作用，大型企业是产生经济效益的主战场。然而目前我国的农业企业是缺科技人员的，企业的发展需要专门的科研团队的持续支持，这样的企业才能持续地发展。广州已经有了一批代表性渔业企业，并且水产科研团队也非常雄厚。在党和政府的大力支持下，科研团队和企业尤其是大企业的合作，可以很好地推动广州水产业的发展。"他表示。

刘少军院士专家工作站广州南沙水产种业创新中心是诚一公司、南沙农业集团联合刘少军院士团队建设的，以鱼类种质保存、种质创新、种苗繁育和供给为核心的水产育种创新基地，项目规划占地约1 000亩。这里将打造成一流水产育种和高级人才汇聚地，一流的育种技术高地，一流的现代种业服务中心，水产科技创新产业基地。项目实施后，预计每年孵化草鱼、鲫鱼、黄鳍鲷、金鼓鱼、青蟹、斑节对虾等水产苗种400亿尾，培育大规格优质苗种6 800万尾。项目年产收入达5.08亿元，推广养殖面积100万亩，农户年新增收入20亿元。

"广州南沙具有气温适度偏高的气候优势，同时在科学研究及产业化方面具有很好的条件和相关支持政策。"刘少军表示，"在这些优越条件下，我们建立的科研工作站和水产种业创新中心的主要任务就是要在原来已有的良好基础上，进一步开展鱼类良种良养及产业化推广工作，建立好科研团队+大型企业+政府支持的大协作产学研合作体系。"

三、子承父志

"父子双院士，毕生为鱼痴"是科技界的一段佳话。刘少军的父亲，是已故的中国工程院院士、著名淡水鱼繁殖生理学家刘筠教授。在20世纪50年代，刘筠院士领导科研团队对草鱼性腺发育进行了系统研究，在此基础上突破了草鱼人工繁殖技术难关。长期以来，草鱼是世界上养殖鱼类中产量最高的鱼类，该重要鱼类人工繁殖技术的建立，为解决我国"吃鱼难"问题作出了重要贡献。

在20世纪80年代，刘筠院士还带领团队开展鲫鲤远缘杂交研究，对该远缘杂交后代的繁殖、遗传、外形等生物学特性进行了长期系统研究，发现杂交第一代的湘鲫具有生长速度快、抗病力强、肉质好的优势，对该优良鱼类进行了大规模推广养殖，产生了很好的经济和社会效益。此后刘筠团队继续对湘鲫后代进行了定向培育及系统研究，在世界上首次研究出人工制备的异源四倍体鲫鲤品系；利用这个宝贵的四倍体鱼品系，他们继续研制出三倍体湘云鲫和三倍体湘云鲤。它们比普通的鲤鱼、鲫鱼体型肥大，生长速度快，抗病力强，特别是谷氨酸含量高，味道鲜美。刘少军仍记得，自己5岁时，父亲把他们姐弟三人放在板车上，拉到长沙郊外的岳麓渔场，一边照看，一边搞科研。炎热的初夏时节正是四大家鱼的催产期，三个孩子睡在鱼苗孵化房的草垫上。而不远处的刘筠正和渔民们一起打网、抓鱼、摸索和交流技术。"父亲能够在水产事业中取得突出成绩，与他对水产业的热爱以及非常勤奋的作风是分不开的。受父亲的影响，我才步入鱼类遗传育种研究这一行。受父亲的影响，我才学会要努力地工作。"刘少军院士说道。

1986年，刘少军在湖南师范大学生命科学学院的鱼类发育生物学研究室读研究生，从事鱼类遗传育种的研究，也参加了刘筠院士领导的鲫鲤杂交及其他鱼类杂交的研究工作。这也为他此后三十多年都矢志不渝地从事鱼类远缘杂交研究奠定了好的基础。在刘少军院士看来，父亲攻克了"吃鱼难"问题，并在解决"吃好鱼"问题上取得了进展。而自己则应该接棒父亲，努力用科研成果让人们吃到更多、更好的优质鱼。

四、持之以恒

刘少军领衔的科研团队选择草、鲢、鳙、鲫、鲂、鲌、鲷、鲤、鳜等非常普遍的经济鱼类作为远缘杂交研究的亲本，开展了47个鱼类远缘杂交组合的实验，获得了155个群体或品系。在这些杂交后代中，每代至少需1年才能性成熟，有的需要2年，有的甚至需要4年及以上才能性成熟。而且，有些鱼类远缘杂交后代中可育的雌性和雄性个体数目非常少，从数以千计中能找出几十条便是幸事了。

刘少军带领团队每年开展1~2个杂交组合实验，在这些研究中，一个组合至少需要2~3年的连续研究才能做出取舍的决定。通过三十多年长期而系统的研究，刘少军以滴水穿石之功，水到渠成之力，积少成多，攻克了种间生殖隔离难关，探索出鱼类远缘杂交的主要遗传和繁殖规律；创建了一步法和多步法杂交育种的关键技术，用这些技术最终研制和培育了一大批具有优势性状的优质鱼类和可育品系，其中有的四倍体鱼品系已经历20多年繁殖及连续研究。一步法育种技术就是通过设计可以快速制备优质鱼类的技术，如合方鲫、鳊鲴杂交鱼等优质鱼类就是用一步法技术研制的。多步法育种技术就是把培育的可育品系作为亲本之一来进一步制备优质鱼类的技术，如他们用二倍体合方鲫品系进一步研制了合方鲫2号，用二倍体鲂鲌品系进一步研制了优质二倍体优质鳊鱼和鲌鱼，用同源四倍体鱼品系进一步研制了三倍体合方鲫3号和异源三倍体鲤鱼。

"室训"也是刘少军的写照。"门卫师傅悄悄跟我说，除夕他想'偷个懒'都不行，因为刘老师会来实验室工作。"实验室秘书汤陈宸说，每年排春节值班表，刘少军总说"我来值除夕和正月初一"。

同事们回忆，2008年，湖南遭遇特大冰灾。刘少军带着团队科研人员坚守在实验基地，每天带头破冰，许多鱼类杂交鱼品系等宝贵的鱼类资源才得以保留下来。

如今，刘少军带领团队研制的湘云鲫2号、杂交翘嘴鲂、鳊鲴杂交鱼、合方鲫等，已经获得国家级水产新品种证书，并通过"良种良养"进行产业化推广，产生了经济和社会效益。

"世界上有32 000多种鱼，许多人都认为这和杂交优势有关系，而我们找到了证据。"刘少军告诉记者，近三十年来，他领衔的科研团队揭示了鱼类远缘杂交的主要遗传和繁殖规律；建立了一步法和多步法鱼类杂交育种技术，形成了非常宝贵的新型鱼类种质资源，也修正了远缘杂交难以形成可育品系的观点。

"父亲一辈子都在琢磨，怎么解决老百姓"吃鱼难"的问题。而我们要攻关的，就是怎么让老百姓吃上更多更好的鱼。这是父亲交给我的使命，也是我要坚守终生的初心。"刘少军说道。

参考文献

[1] 罗红. 合方鲫2号育种和推广——专访中国工程院院士、湖南师范大学刘少军教授[J]. 科学养鱼，2023，402（2）：15-17.
[2] 科研"渔夫"刘少军[J]. 发明与创新（大科技），2019，781（12）：18-19.

刘建康：
鱼类学奠基人

> 刘建康（1917—2017），男，出生于江苏省吴江县（现江苏省苏州市吴江区），鱼类学家和淡水生态学家，中国科学院院士，中国淡水生态学奠基人、鱼类实验生物学主要开创者。
>
> 1938年，刘建康毕业于东吴大学生物系，获理学学士学位，1939—1945年，为"中央研究院动植物研究所"研究生、助理研究员、副研究员；1947年，毕业于加拿大麦吉尔大学研究生院，获哲学博士学位，1949年2月回国。1950年起，先后任中国科学院水生生物研究所研究员、副所长、所长、名誉所长。1980年，当选为中国科学院学部委员（院士）。1997年，获得何梁何利基金生命科学科技进步奖。2017年11月6日，在武汉逝世，享年100岁。
>
> 刘建康主要进行鱼类研究，提出了饲养鳙鱼鲢鱼治理东湖的生物操纵方案，东湖水质得到部分改善，该研究成果还在滇池、巢湖水污染治理中应用。

1917年9月1日，刘建康出生于江苏省吴江县一个银行小职员家庭。刘建康幼年时就读于上海毓贤小学，毕业后随家迁居苏州，入苏州中学，读完初中后考入东吴大学附属中学高中部。

1934年，刘建康考入东吴大学理学院生物系。该系徐荫祺、刘承钊等教授对刘建康有深刻的影响。

1935年，东吴大学生物系在上海举办淡水生物展览会，系里派正在上二年级的刘建康跟随刘承钊教授做展出工作。通过参加这次展览会，刘建康对淡水生物，特别是对淡水鱼类产生了兴趣，对他以后的学习和工作产生了很大影响。

1937年，日本军国主义加紧了对我国的侵略，刘建康随东吴大学迁往浙江湖州，后又到四川成都，借读于华西协和大学。

1938年，刘建康毕业于东吴大学，获东吴大学理学士学位。刘建康由于在大学期间一直被评为优等生，获得了国内和美国教会大学校际"BBB"（Tri-beta）荣誉毕业生奖章。

1939年，经刘承钊教授推荐，刘建康到内迁当时四川重庆的"国立中央研究院"动植物研究所当伍献文的研究生，从事鱼类学研究工作。在这期间除进行鱼类分类学研究之外，他还进行了鱼类形态解剖学、器官功能等研究工作。刘建康用烧灼鳝鱼全部鳃条的方法，研究鳝鱼的呼吸器官，证明鳝鱼靠口喉部上皮组织直接利用大气中的氧气，而非通过鳃利用溶于水中的氧。

1940年，在《"中央研究院"动植物所丛刊》第11期上，刘建康与伍献文教授联名发表了论文《口喉表皮是鳝鱼的主要呼吸器官》。

1941年，刘建康晋升为助理研究员。接着，他又进行了鳝鱼性转变的研究，揭示了鳝鱼始原雌雄同体现象。

1944年，在《"中央研究院"动植物所丛刊》第15期上，刘建康以个人署名发表了论文《鳝鱼的始原雌雄同体现象》。英国皇家学会W. S. Bullough在1947年世界著名的《自然》杂志上对刘建康的论文做了高度评价。

1945年，刘建康晋升为副研究员；当年秋天，刘建康经设在重庆的中英科学合作馆馆长李约瑟（英国生物化学家、科技史学家）博士介绍，到加拿大麦吉尔大学攻读博士学位。

1947年秋，刘建康获得加拿大麦基吉大学博士学位。此后，应美国伍兹霍尔实验细胞学实验室主任R. 钱伯斯教授聘请，刘建康赴美国任该实验室副研究员。一年后，应麻省北安普敦史密斯学院罗斯教授聘请，任该学院研究员。

1949年2月，刘建康返回祖国，到上海任"中央研究院"动物研究所研究员。刘建康心系中华，认为自己的事业在祖国，出国深造是为了更好地为祖国服务。学成之后，即刻提出回国。钱伯斯教授和罗斯教授都很赏识他的才干，劝他留在美国，许诺给予优厚待遇，提供良好工作条件，并主动提出将他的未婚妻接到美国安排工作。刘建康婉言谢绝了他们的好意，于1949年2月返回祖国，到上海任"中央研究院"动物研究所研究员。

1950年1月，中国科学院水生生物研究所成立，刘建康被聘为研究员。同时，兼任苏州东吴大学教授。

1951年，刘建康发表论文《鳝鱼雌雄性别转变过程中生殖腺的组织学改变》。

1954年，刘建康随水生生物研究所迁往到武汉，先后任鱼类学组组长、湖泊水库研究室主任，对淡水鱼类学进行了多方面研究。

20世纪50年代初，刘建康在江苏省进行池塘养鱼高产的研究，创出亩产超1000斤的成果。

1955年，刘建康发表论文《养鱼池单位面积产量试验》。

1957年，刘建康主持进行长江鱼类生态调查。历时3年之久，总结出一套系统资料，填补了我国淡水鱼类生态学的空白。

1980年，刘建康当选为中国科学院学部委员（院士）。

2017年11月6日，他因病在武汉逝世，享年100岁。

一、科学研究

青鱼、草鱼、鲢鱼、鳙鱼是中国四大淡水鱼类，被习惯性地称作"四大家鱼"。刘建康通过调查长江宜昌江段鱼产卵场的分布情况，成功进行了草鱼和鲢鱼的人工授精和孵化。他们给未充分性成熟的青鱼注射鱼类脑垂体催情，使其提前产卵，为日后中国"四大家鱼"人工繁殖打下了基础。

刘建康跟水打了一辈子交道，和鱼做了一辈子朋友。

第一条鱼，是鳝鱼。1944年，27岁的刘建康在论文中揭示了"鳝鱼卵刚孵出时全是雌性，长大后逐渐变成雄性"这一奇特现象，被国际生物学界评论为"打开了一个新颖研究领域之门"。

第二条鱼，是武昌鱼。1954年至1957年，刘建康在梁子湖调查期间，得知湖中有团头鲂，而此前并无文献记载。这种鱼后被确认为新种，定名为"团头鲂"，即武昌鱼。

第三条鱼，是"长江鱼"。在梁子湖进行鱼类生态调查后，刘建康将调查范围扩展到了整个长江流域，在长江上、中、下游设立调查站，经过20余年研究，《长江鱼类》一书于1976年问世，共40余万字，记录了200多种鱼类的生长习性。这是中国第一部淡水鱼类生态学专著，为日后论证葛洲坝和三峡大坝对鱼类生态影响提供了科学依据。

第四条鱼，是"东湖鱼"。新中国成立后，为解决人民吃鱼难的问题，他把研究方向从鱼类实验生物学转向鱼类养殖学和生态学研究。为解决百姓吃鱼难，1972年，刘建康主持开展东湖渔业增产和稳产高产试验，提出调整放养对象、提高鱼种规格、改进拦鱼设施、控制凶猛鱼类和改革捕捞技术五项措施，东湖鱼产量连续7年平均每年以23.5%的幅度递增，1971年180吨，到1978年达到801吨。

第五条鱼，是"生态鱼"。生活在东湖边的刘建康提出了饲养鳙鱼、鲢鱼治理东湖的生物操纵方案，东湖水质得到部分改善，该研究成果还在滇池、巢湖水污染治理中应用。在东湖渔业增产和稳产高产试验工作获得成功之后，刘建康的科研工作又向更深层次发展，提出了"东湖生态系统结构功能与生物生产力的研究"。开展生态系统的研究，是刘建康由来已久的学术思想。20世纪70年代，他就提出，中国鱼类区系和形态学研究已有较好基础，今后应该转向鱼类的个体生态学、种群生态学和生态系统的研究。上述两个课题正是他学术思想的体现。1979年，刘建康提出了"人类经济活动对湖泊生态系统的影响"的研究课题，被联合国教科文组织列入国际"人与生物圈"科研项目中。20世纪80年代，他又开始了东湖富营养化的研究。刘建康关于淡水生态学的学术思想不断发展和成熟，成为中国科学院水生生物研究所的主要科研方向，创建了"东湖湖泊生态系统实验站"及"淡水生态和生物技术国家重点实验室"。"东湖湖泊生态系统实验站"是中国淡水生态系统研究最早、最系统的站，是"中国科学院生态系统研究网络"的重点站。

二、主要论著

伍献文，刘建康. 口喉表皮是鳝鱼的主要呼吸器官[J]. "中央研究院动植物研究所"丛刊，1940（11）：221-239.

刘建康. 斗鱼的渗透压调节与"氯化物分泌细胞"[J]．"中央研究院动植物研究所"丛刊，1942（13）15-20.

刘建康. 鳝鱼的始原雌雄同体现象[J]．"中央研究院动植物研究所"丛刊，1944（15）：1-8.

刘建康，伍献文. 鲤鲫的人工杂种[J]．"中央研究院动植物研究所"丛刊，1945（16）：27-30.

刘建康. 养鱼池单位面积产量试验[J]．水性生物学集刊，1955（1）25-43.

刘建康. 梁子湖的自然环境及其渔业资源问题[M]//太平洋西部渔业研究委员会第二次全体会议论文集．北京：科学出版社，1959.

刘建康. 从生物生产力角度看湖泊渔业增产的途径[J]．海洋与湖泊，1964（6）：231-235.

刘建康. 关于淡水生物学发展的方向[J]．水生生物学集刊，1979，6（4）：465-470.

刘建康. 东湖渔业增产试验综述[J]．海洋与湖泊，1980，11（2）：185-188.

刘建康，陈敬存. 加强对水面资源的开发利用[M]//中国国土整治战略问题探讨．北京：科学出版社，1983.

刘建康，陈洪达. 对武汉地区渔业发展战略的探讨[J]．水库渔业，1984（1）：2-5.

刘建康. 东湖生态学研究（一）[M]．北京：科学出版社，1990.

刘建康，何碧梧. 中国淡水鱼类养殖学[M]．3版．北京：科学出版社，1992.

三、科研获奖

"东湖生态系统结构功能与生物生产力的研究"获1982年中国科学院科技成果奖二等奖。

"转向鱼类的个体生态学、种群生态学和生态系统的研究"课题获1988年中国科学院科技进步奖二等奖。

刘建康在担任中国科学院水生生物研究所所长期间，更是从国家经济建设和环境保护需要出发，把水域的生态学研究确定为水生所的长期主攻方向，受他直接指导、推荐、使用的一大批科研骨干和学生，已经成长为中水生生物学各个领域的中坚力量，中国科学院水生生物研究所蔡庆华是他的学生之一。1980年，刘建康当选为中国科学院学部委员（院士）。1997年，刘建康获得何梁何利基金生命科学科技进步奖。

四、人物评价

刘建康先生充满爱国情怀，是一位勇于创新、善于掌舵、提携后辈的科学大师，同时他也是优秀共产党员楷模，是中国科学家的杰出代表。从事科学研究七十余年来，他始终把追求真理、报效国家作为人生目标。他为中国淡水生物的资源利用和可持续发展，为揭示淡水生物与环境的科学规律，为淡水生物学的学科建设，殚精竭虑，呕心沥血，直到生命的最后一刻。中国科学院水生生物研究所评价："他的一生是中国科学界自强不息、奋力拼搏，努力跻身于世界科学之林的缩影和光辉写照。"

五、后世纪念

2017年11月12日，刘建康先生遗体告别仪式在武昌殡仪馆举行，中共中央总书记、国家主席、中央军委主席习近平通过中国科学院对刘建康院士逝世表示哀悼，并向其家属表示慰问。[①]

百年人生，碧水丹心。刘建康院士是中国科学家的杰出代表。从事科学研究七十余年来，他始终把追求真理、报效国家作为人生目标。在《院士治学格言》中，他写下的治学格言是："重视科学实验，着眼社会实践；不唯上，不唯书，不唯权威；独立思考，敢于创新。"这一格言是他70多年科研历程写照，也是他赠送给我们的宝贵财富。

[①] 孙慧. 刘建康先生逝世 习近平等表示哀悼[EB/OL]．（2017-11-12）．http://ihb.cas.cn/xwdt/zhxw/202011/t20201105_5738242.html．

参考文献

[1] 央广网. 武汉百岁院士刘建康驾鹤西去：一生研究"五条鱼"年过九旬仍工作[EB/OL]. （2017-11-08）. https://www.cnr.cn/hubei/jmct/20171108/t20171108_524016549.shtml.

[2] 孙慧. 刘建康先生逝世 习近平等表示哀悼[EB/OL]. （2017-11-12）. http://ihb.cas.cn/xwdt/zhxw/202011/t20201105_5738242.html.

[3] 凤凰网. 武汉百岁院士刘建康逝世 他让亿万中国人吃鱼不再难[EB/OL]. （2017-11-07）. https://news.ifeng.com/a/20171107/53046016_0.shtml.

赵法箴：
对虾养殖先锋

> 赵法箴，1935年出生于山东省掖县过西镇赵家村（现莱州市三山岛街道），海水养殖学家，中国工程院院士。现任中国水产科学研究院黄海水产研究所研究员、名誉所长。他为我国成为世界第一养虾大国作出了突出贡献。赵法箴还指导、参与完成农业科技跨越计划、国家科技攻关计划等项目的研究，推动了中国对虾养殖的"二次创业"。

赵法箴获得2012年度青岛科技最高奖后接受记者采访时身穿西服、领带，很正式地对待这次采访。黄海水产研究所办公室工作人员告诉记者，赵院士平时基本不接受采访。的确，网络上关于中国工程院院士赵法箴的相关报道也很少。低调，似乎是赵法箴给人的固有印象。

几十年的科研，赵法箴一直在和对虾打交道。谈起他的工作经历时，一会儿在日照，一会儿在即墨，一会去了文登……他说，自己一直在养殖池子边上边实验边生产。从最初解决对虾能不能养，到人工育苗取得突破，再到大规模工业化养殖，这些科研课题的产生，均来自养殖池边。所以，赵法箴最常说的话是：搞科研一定要与生产实际结合。

1935年5月，赵法箴出生于山东省掖县过西镇赵家村，那里离海很近，童年的赵法箴和小伙伴们常常到海边玩耍，捉些小虾、小鱼、小蟹养在沙坑内，回家时，再把这些可爱的小生灵放归大海，这样与海为伴的日子陪伴了他的童年和少年时光。

一、苦难求学，心怀报国

赵法箴少年求学之际，正是家国动乱、社会动荡、民不聊生的抗日战争时期。在这样时局动荡的环境下，父母含辛茹苦地咬紧牙关供他上学，希望他长大有所作为。读中学时，赵法箴每天要步行到离家35里路远的县城上学，生活的艰辛没有让他退缩，他的学习成绩一直名列前茅。

1951年，年方16岁的赵法箴，背着行李，步行300多里路到烟台，进入了他梦寐以求的水产技校。他立志要掌握这门深奥的海洋科学知识，将来攀登海洋科学巅峰，报效祖国。从水产技校毕业后，赵法箴因表现优秀和成绩优异被保送至山东大学水产系继续深造。按理说，中专就读于烟台水产学校的赵法箴，似乎天生就是干水产养殖的命。但他的经历并非如此。如果不是一次次"意外"，赵院士要么是一名水产品加工工人，要么就在边疆地区当一名老师。

"我们中专毕业的时候，大学已经招生完毕，本来我们就是等着分配工作。"赵法箴说，自己很"不幸"一直没有落实就业单位，全班只剩下十几人，"我们当时急得直找校长。"

祸兮福之所倚。当年适逢山东大学水产系扩招，招生老师来到赵法箴所在的学校。虽然招收的不是他所学的水产加工，而是水产养殖，但赵法箴没有放过这个机会，通过考试，他成了山东大学水产系的学生，并因此来到了青岛。

1958年，从山东大学水产系毕业时，赵法箴的去向是青海或新疆，"因为当时西北地区没有学这个专业的，很多同学都去了，有的现在还在那里"。赵法箴的行李打包完毕，就等着出发了，结果分配去向改成了青岛黄海水产研究所。从此，赵法箴的人生最终与水产养殖捆绑在了一起。

二、攻坚克难，勇挑重担

随着我国海水养殖时代的到来，研究人员关注的目光转向了对虾养殖领域。1958年，黄海水产研究所朱树屏所长课题组开始了对虾人工养殖的研究工作，刚刚走出大学校门的赵法箴加入了该课题组，并以极大的热情投入到这项工作中。

进入黄海所后，赵法箴去了动物养殖室，一开始，他的研究目标就放在了中国对虾上。

"中国对虾营养价值高，口味好，是世界上最有经济价值的对虾种类之一。"赵法箴说，当时，他们面临的第一个问题是：中国对虾能不能养？

在河北省当时水产部的实验场，还是实习生的赵法箴参加了著名海洋学家朱树屏领导的"对虾人工育苗"课题，从最基础的研究做起，一年的时间，他们人工培育出了虾苗，虽然产量不高，但这证明了中国对虾可以人工养殖。通过科学研究，他们基本弄清了对虾从产卵孵化到虾苗发育中所需要的条件，同时，他还有幸参与了朱树屏先生领导的对虾幼体发育生态研究，为以后的我国对虾全人工育苗打下了坚实的理论基础。

此后，他们又连续攻克了虾苗养殖、越冬等难题，但有一个问题一直横亘在赵法箴和同事们面前：人工育苗成活率太低，大面积养殖无法推开。

1967年，对赵法箴来说是印象深刻的一年。已是对虾养殖组组长的他和同事来到日照养殖基地，琢磨着怎么破解人工育苗的难题。

当时，海水养殖没有人工饲料，虾苗的喂养全靠捕捞海里的浮游生物。通过长期仔细观察，研究组发现，浮游生物中蟹子幼体的存在，是影响虾苗存活的关键因素。"同样是幼体，蟹子身体比虾要强壮，在一个池子中，蟹子会吃掉幼虾。"赵法箴和同事加大捕捞网的网眼密度，清除蟹子幼体，虾苗成活率果然大幅度提升。

三、心系产业，披荆斩棘

20世纪60年代初期，赵法箴在日照石臼所试验场开展对虾育苗实验。对虾育苗需要无数个日日夜夜的精细观察和细心看护，他经常熬得双眼红肿，人也消瘦不堪，白天顶着炎炎烈日，夜间还要忍受蚊子、跳蚤的叮咬，可是紧张的工作不能有丝毫懈怠。

解决了人工养殖的最大难题，中国对虾养殖得以迅速推广。赵法箴说，他们因此成了当时山东省"抓革命、促生产"的典型。为了推广对虾养殖，研究组8个人东奔西跑，忙得不可开交。他积极推动召开对虾养殖现场会，现场传授养虾技术，举办对虾培训班，使对虾人工养殖首先在山东沿海得到普遍推广。对虾养殖事业从无到有，从一个县到一个省，并由山东省迅速发展到我国沿海其他省市，至20世纪70年代初仅山东省对虾养殖面积就达万亩以上。

为了提高群众养虾的积极性，确保对虾养殖事业的顺利发展，他经常步行或骑自行车到一百多里外的养虾场检查指导。最让他揪心的是遭遇台风或暴雨等恶劣天气。每逢风雨之夜，为了第一时间查看虾苗情况，他总是披着雨衣，拿着手电筒，整夜在虾池边巡查，以便及时应对突发状况。

随着我国对虾养殖兴起，虾苗供应仅靠人工养殖无法满足，养殖户基本上还是依靠从大海中捕捞自然苗。"这种方式对自然资源的损害太大，不能持续。"赵法箴深感这个问题的重要性和严重性：若不及时解决对虾工厂化育苗技术，必将严重阻碍我国对虾养殖事业的发展。

"文化大革命"结束后，赵法箴将工作重点放到了虾苗大规模养殖上。在1979年底召开的全国对虾养殖工作会议上，他就对虾育苗攻关问题作了重点发言，提出用2~3年的时间，攻克对虾工厂化育苗技术关。

1980年，他联合青岛的中国海洋大学、中科院海洋所、山东海洋渔业所等单位，对"对虾工厂化人工育苗技术"进行攻关。经过两年的艰苦努力，提前一年使对虾工厂化育苗技术获得成功。

最直接的成果是，全国对虾养殖产量从1978年的450吨猛增至1991年的22万多吨，从根本上改变了我国长期依赖捕捞天然虾苗养殖的局面。据不完全统计，仅1982—1992年，全国养殖对虾直接产值累计超过400亿元。[①]这是我国掀起的第一次海洋水产动物养殖浪潮，更证明了搞科研要与生产相结合。

赵法箴说，自己所有的科研课题与项目都来自生产实践。"我的科研，都是与生产紧密联系的。因为我们都是边实验边生产，生产中的问题马上通过实验来解决，所以我们的成果出来后，推广得非常迅速。"

在他看来，科研人员尤其是以应用型研究为方向的科研人员，一定要与生产相联系，"搞科研不和生产联系，怎么能知道技术在生产中遇到哪些问题？"

"现在有些科研人员，为了成果而成果，成果出来后就放在那里，也不去推广转化，这有问题。"赵法箴说，他一直告诉自己的科研团队，不能离开生产一线。

---

① 侯艺兵. "对虾"院士——赵法箴[J]. 中国科技信息，1998（2）：10-11.

四、辛勤耕耘，硕果累累

20世纪60年代初，赵法箴首次完成了中国对虾幼体发育形态研究，系统阐述了中国对虾早期发育生物学和生态学特征，为突破对虾全人工育苗技术奠定了理论基础。

60年代中期至70年代中期，赵法箴率领他的团队经过长期的艰苦努力，先后完成了"对虾人工育苗养殖和开发饵料""对虾人工育苗和养殖技术""对虾人工育苗及精养高产技术"等研究，创立了一套对虾优质精养高产技术，在全国范围内掀起了中国对虾的养殖热潮，开创了中国对虾养殖业的新纪元。

进入80年代，赵法箴主持国家攻关项目"对虾工厂化全人工育苗技术"研究，创立了中国对虾工厂化全人工育苗技术体系，实现了高效、稳定、有计划、大批量苗种的生产，为我国成为世界第一养虾大国奠定了坚实的基础。在他的支持下，黄海水产研究所科研团队成功培育出我国第一个海水养殖动物新品种——中国对虾"黄海1号"，填补了我国海水养殖动物选择育种研究的空白。

时光荏苒，岁月无声。赵法箴在自己热爱的工作岗位上辛勤耕耘了60多年，将辛勤的汗水、满腔的热情和全部聪明才智奉献给了国家。正如他所言，"我所做的一切，都是为了国家水产事业的发展，变科技为生产力是我最大的愿望"，他对祖国的赤诚热爱、对科学的不懈追求、对事业的执着坚守，成为激励广大年轻科研工作者奋发实干、聚力前行的榜样。

参考文献

[1] 任光莉. 中国对虾养殖科技与产业的开拓者——记中国工程院院士赵法箴[J]. 党员干部之友，2021，357（6）：40-41.

[2] 殷华，杨冬赓. 一剑五十年 折铁海洋渔业——访中国对虾养殖开拓者赵法箴院士[J]. 世界农业，2008，356（12）：62-63.

[3] 侯艺兵. "对虾"院士——赵法箴[J]. 中国科技信息，1998（2）：10-11.

陈松林：
鱼类育种种质先行者

> 陈松林院士现为中国水产科学研究院水产生物技术领域首席科学家、山东省海洋渔业生物技术与遗传育种重点实验室主任、青岛海洋科学与技术试点国家实验室海洋渔业科学与食物产出功能实验室副主任。兼任中国水产学会水产生物技术专业委员会主任委员、中国农业生物技术学会常务理事、《水产学报》编委会副主任委员、国际重要刊物 Marine Biotechnology 编委。
>
> 陈松林研究员从事鱼类生物技术（工程）研究工作30余年，破译了我国首个鱼类基因组，揭示其性别决定机制，创建分子性控技术，实现我国鱼类基因组序列图谱从0到1的突破，推动鱼类育种进入基因组时代；建立鱼类种质冷冻保存技术体系，奠定了鱼类种质冷冻保存与种质资源冷冻库建设的基础；发现我国首个海水鱼类性别特异分子标记，突破遗传性别分子鉴定技术难题，推动国内外鱼类性别特异分子标记的发现；以鲆鲽等鱼类为代表，解析抗病和变态性状的分子机制，创建我国鱼类抗病基因组选择育种技术，研制抗病育种基因芯片"鱼芯1号"，育成高产抗病新品种3个，推动鱼类育种技术的更新换代和种业发展，为我国海水鱼类生物技术和遗传育种研究跻身国际前列作出突出贡献；连续七年被Elsevier评为中国高被引学者，为该学科快速发展和国际竞争力提升作出重要贡献。

陈松林院士是我国著名的鱼类科学家，2021年11月18日，中国工程院公布了2021年院士评选结果，中国水产科学研究院黄海水产研究所陈松林研究员当选为中国工程院院士，成为该所继赵法箴、唐启升、雷霁霖后产生的第四位中国工程院院士。众所周知，水产界由于其发展的特殊性，能够当选为院士可谓是难上加难，陈松林先生能够当选为中国工程院院士，说明其在水产科学研究方面取得了巨大的成就，这也是对其在水产界所作出的贡献的极大肯定与褒扬，是我们水产相关行业以及学术界应该大力弘扬和学习的榜样。

一、兢兢业业的水产人

鱼类是我国重要的水产养殖品种，也是广大人民群众获取蛋白质必不可少的来源，随着人们生活水平的不断提升，市场的需求也越来越大。尤其是海水鱼，因为其味道鲜美，极受消费者喜欢。近几十年以来，我国的鱼类产业得到飞速的发展，但是在快速发展的背后，一些问题也日益暴露出来。首先，环境的日益破坏导致鱼类的生存环境受到极大影响。其次，由于长时间的种质资源没有得到更替，导致鱼类种质资源退化严重、资源减少、缺乏种质资源保护技术、病害频发等问题影响了我国鱼类产业养殖的健康以及可持续发展，成为迫切需要解决的难题。为探寻这些问题的解决之道，30多年来，中国水产科学研究院黄海水产研究所研究员陈松林始终战斗在水产科研第一线。

二、鱼类精子银行建设的先行者

种质资源是鱼类养殖和遗传育种的物质基础。鱼类精子库、细胞库是保存鱼类种质的重要手段。在20世纪80年代中期，我国在鱼类精子、胚胎冷冻保存和细胞系建立上相当薄弱，缺乏鱼类种质冷冻保存的有效技术和精子库、细胞库。

大学毕业后的陈松林进入中国水产科学研究院长江水产研究所从事鱼类生殖生理和繁殖技术研究，主要参加国家科技攻关项目"淡水鱼类精子冷冻保存技术"的研究。他作为骨干力量完成了淡水鲤科鱼类精液冷冻保存和精子库建立的课题研究；研制了主要鲤科鱼类精子冷冻稀释液，创新了冷冻保存方法，建立了我国第一座鱼类精子银行。

2000年，陈松林作为访问学者完成了在德国3年的合作研究后来到黄海水产研究所工作，将他们建立的淡水鱼类精子冷冻保存技术应用到海水鱼类上，又成功建立了花鲈、大菱鲆和半滑舌鳎等十余种海水鱼类精子冷冻保存技术和精子银行。在此期间，陈松林还在国内率先开展了鱼类胚胎干细胞培养的研究，建立了花鲈、真鲷等鱼类胚胎干细胞系，以及牙鲆、大菱鲆、半滑舌鳎等十余种海水养殖鱼类胚胎和组织细胞系共计25个，成为建立鱼类细胞系最多的实验室。

2006年以海淡水鱼类精子和胚胎冷冻保存及细胞系建立等为重要内容的鱼类种质低温冷冻保存技术的建立和应用成果获国家技术发明奖二等奖，陈松林为第一完成人。迄今，鱼类精子冷冻保存和细胞培养技术已广泛应用在全国各地的鱼类精子冷冻保存和精子、细胞库建设中，推动了我国鱼类种质保存和细胞培养的研究进程。

三、水产科学高峰的探路人

脊椎动物性染色体的起源和进化以及性别决定机制一直是生物学界的研究热点，半滑舌鳎的雌性比雄性大2~4倍，是目前发现的雌雄生长差异最大的鱼类之一。为什么雄鱼长不大？是否存在雄性决定基因？雄鱼比例为何高达80%？带着这些问题，陈松林及其团队开展了半滑舌鳎雌鱼和雄鱼全基因组测序和精细图谱绘制工作。

在中国工程院院士唐启升的支持和推动下，陈松林牵头、联合深圳华大基因研究院和德国Wuerzburg大学经过4年多的联合攻关，完成了国际上第一种比目鱼类——半滑舌鳎全基因组解析。

他们通过雌雄鱼基因组序列比对，发现了性别连锁微卫星标记，采用这个标记发现半滑舌鳎养殖苗种中存在少数遗传上雌性、表型上雄性的伪雄鱼。通过伪雄鱼家系和正常雄鱼家系后代遗传性别和生理性别比例的比较，他们发现伪雄鱼后代中95%的鱼为雄鱼，表明伪雄鱼后代更容易变成伪雄鱼。他们通过全基因组甲基化分析发现伪雄鱼后代继承了伪雄鱼的甲基化模式，揭示了性逆转的表观遗传调控机制，阐明了养殖苗种中雄鱼比例高的奥秘和形成机制；进一步发现dmrt1基因是半滑舌鳎Z染色体连锁、精巢特异表达的雄性决定基因；

建立了半滑舌鳎基因组编辑技术，采用该技术将雄性决定基因敲除后提高了雄鱼的生长速率，使雄鱼接近雌鱼的大小。

为了研究牙鲆体型不对称的分子机制，陈松林带领研究团队与上海海洋大学教授鲍宝龙等合作，开展了牙鲆全基因组测序与组装，他们发现了一些变态发育相关的基因在有眼侧和无眼侧的表达存在明显差异，系统揭示了甲状腺激素和视黄酸信号通路在比目鱼眼睛移动过程中的拮抗作用；发现视蛋白在鱼类皮肤中也有表达，揭示了比目鱼体色左右不对称形成的分子机制。这项发现不仅为达尔文进化论关于不对称的进化起源提供了新的注解，同时为理解脊椎动物形态发育提供了新的线索。

四、成果服务产业的执行者

科研成果只有在推动经济发展中发挥作用，才能开花、结果。尽管半滑舌鳎人工繁殖和苗种规模化培育已经成功，但半滑舌鳎雌、雄个体生长差异巨大，雄鱼生长缓慢且比例高达70%~90%的问题严重限制了半滑舌鳎苗种的推广和养殖产业的发展。产业的需求就是科研人的研究方向，渔民的难题就是科研人的研究课题。

在研究早期，陈松林团队发现在人工养殖条件下有少量遗传雌鱼会性反转为生理雄鱼（即伪雄鱼）。通过半滑舌鳎雌、雄鱼全基因组测序和比对，他们又筛选到半滑舌鳎性别连锁微卫星标记，发明了遗传性别鉴定的分子技术，建立了高雌性苗种制种技术，将苗种的生理雌鱼比例提高了20%左右，比原来翻了一倍，将养殖产量提高了20%以上。同时，陈松林团队还率先突破了半滑舌鳎人工雌核发育技术难关，发展了人工催产和雌核发育诱导等技术方法，为性别控制和单性育种提供了技术手段。他一边进行创新性研究、一边进行成果推广应用。近几年来，他们的技术发明在全国沿海地区半滑舌鳎养殖场进行了产业化推广应用，并产生了40多亿元的经济和社会效益。

牙鲆是我国另一种重要的海水养殖鱼类，其养殖业年产值达20多亿元。针对牙鲆存在生长较慢、病害严重、缺乏高产、抗病优良品种等问题，陈松林主持开展了牙鲆高产抗病分子育种技术的研究，通过杂交和家系选育培育出我国鲆鲽鱼类首个新品种——"鲆优1号"快速生长牙鲆，其生长速度比普通牙鲆提高20%以上、成活率提高20%，现已在山东、福建和天津等沿海省市实现了产业化养殖，产生了巨大的经济和社会效益。

30多年来，陈松林围绕我国鱼类种业发展和种质保存中的重大科学与技术问题，先后主持承担了国家"973""863"、公益性行业科研专项和国家基金重点等项目30多项；取得多项创新性成果，培育新品种2个，获国家发明奖二等奖2项、国家科技进步奖二等奖1项。这些成果推广应用后累计产生约70亿元产值。展望未来，陈松林表示，鱼类性别控制和抗病分子育种仍然是他工作的两大主题。

"一方面还是以鲆鲽鱼类为材料，继续开展性别决定基因筛选和分子性控技术的研究，同时，将我们的技术应用到其他鱼类，建立分子性控技术，培养生长快速的单性苗种。另一方面就是抗病分子育种，现在我们建立了牙鲆基因组选择的抗病育种技术，接下来就是进行产业化应用，规模化培育抗病高产苗种并进行推广应用，同时将这个基因组选择育种技术推广到其他鱼类上，为我国鱼类抗病高产良种培育和种业发展提供新的技术手段。相信在未来几年我国将会有更多的抗病高产鱼类良种问世。"他说。

五、祖国是游子唯一的母亲

陈松林院士在德国留学期间取得了很大的成就，当时有很多国内和国外的研究机构邀请他加盟，但是他却拒绝了高额的待遇以及更加便利的科研条件，选择回到祖国的怀抱，选择了中国水产科学研究院黄海水产研究所。他在德国留学期间，经常会将一首《我的中国心》挂在嘴边，因为他时刻没有忘记自己是一名堂堂正正的中国人，在德国期间有时候路过中国大使馆，看到鲜艳的五星红旗，那种自豪感就油然而生，他说这种感觉在国内有时候体会不到，但是在国外，作为一个离家的游子，这种感觉越发浓厚。1999年底，还在德国的陈松林接到了黄海水产研究所的邀请函，邀请他加盟该研究所负责海洋鱼类生物技术方面的研究工作。当时，国内的其他单位也发出邀请，国外也有单位邀请他去工作。但陈松林认为，"国内的环境更适合我发展，青岛的海洋渔业科学和海洋生物技术研究对我有特别的吸引力"。当问到德国方面给出的待遇，陈松林笑了笑："那些就不要说了，待遇不错，不过搞科研不能只看到待遇这些功利的东西，不只我一个人这样做。"陈松林一口气说出许多的名字，有钱学森、曾呈奎、郑守仪等著名科学家，还有他的同事，默默奋斗在科技战线上的青年人。

陈松林院士在科研成果上取得了巨大的成就，但是本人依旧非常低调，甚至有些抠门，在购买一些实验仪器设备的时候，总是和对方讨价还价，节省大批的经费从而来进行其他更多的实验。陈松林院士的一言一行值得我们每一个人去学习。

参考文献

[1] 任光莉. 陈松林：耕海牧渔踏浪行[J]. 党员干部之友，2022，369（6）：42-43.

唐启升：
耕海牧渔者

唐启升，1943年12月25日出生于辽宁省大连市，海洋渔业与生态学家，中国工程院院士，中国水产科学研究院名誉院长，黄海水产研究所名誉所长等。1961年毕业于黄海水产学院，1981—1984年赴挪威、美国访学。

现任中国水产科学研究院黄海水产研究所研究员、博士生导师、名誉所长，中国水产科学研究院首席科学家、学委会主任、名誉院长，农业部科技委副主任，山东省科协主席、工程院主席团成员等。1999年当选为中国工程院院士。曾任中国科学技术协会副主席，中国水产学会理事长，国家863计划专家委员会委员，联合国环境规划署（UNEP）顾问、全球环境基金会顾问团（GEF/STAP）核心成员、北太平洋海洋科学组织（PICES）学术局委员、渔业科学委员会主席等。

他长期从事海洋生物资源开发与可持续利用以及发展战略研究，是中国海洋系统动力学和大海洋生态系研究的奠基人，为我国渔业科学与海洋科学多学科交叉研究进入世界先进行列作出突出贡献。在渔业生物学、资源增殖与管理、远洋渔业、养殖生态以及战略咨询等方面有多项创新性研究，"我国专属经济区和大陆架海洋生物资源及其栖息环境调查与评估""海湾系统养殖容量与规模化健康养殖技术""渤海渔业增养殖技术研究"3项成果均获国家科学技术进步二等奖，"白令海和鄂霍次克海峡鳕渔业信息网络和资源评估调查"1项获国家科技进步三等奖，6项获省部科技奖励。

一、青青之鱼，灼灼华光

20世纪60年代末，青岛临海的太平路上，一抹蓝色的银光引起了唐启升的注意，从小在海边长大又从事渔业科学研究的他竟认不出这种鱼。出于对知识的好奇和渴望，唐启升一头扎进了对黄海鲱（青）鱼的研究之中，开始了为期13年的、系统的渔业生物学研究。每年早春他都会在山东威海和石岛之间进行为期40多天的鲱鱼生物学资料收集和调访工作，他主持了28个航次的黄海中央部、40米以下深水域鲱鱼分布的探捕调查，揭示了太平洋鲱（青鱼）在黄海的洄游分布和种群数量变动规律，推动了新渔场的开发和渔业的快速发展。每一次探寻都是新的征程、新的相遇，他毫不懈怠。要判断鲱鱼的年龄，需要根据鲱鱼的鳞片和耳石来看年轮特征。当时科研条件有限，唐启升就利用投影仪将鳞片上的轮纹投影到墙上，再一一手绘下来，以便确认年轮特征以及和伪轮的区别。这需要耗费大量的时间，但功夫不负有心人，当时关于黄海鲱鱼研究的文献资料，一半以上都出自唐启升之手。

二、国际视野，知鱼知渔

正在研究硕果频出的时期，唐启升却有了"研究的路越走越窄，由于渔业资源的波动原因，有很多问题找不到答案的困惑"。恰在此时，他考取了改革开放后国家第一批公派出国进修人员的资格，1981年，他作为访问学者被教育部派往挪威、美国等国家的研究所进行"环球访学"，他发现自己的"困惑"也正是"世界的困惑"，欧美学者进行了数十年的种群动态、资源评估和渔业管理研究之后遇到的困惑，与他进行了十几年研究后所提出的问题如出一辙。

1982年，他转赴美国学习途中期望顺访欧洲渔业研究机构，由于留学资金有一定的局限性，他争取到了挪威海洋研究所副所长欧勒·J. 欧斯特维德特的全力支持。这次顺访他用3天的差旅费用度过了10余天，虽然旅程很辛苦，但却收获颇丰。唐启升先后访问了丹麦渔业研究所（今丹麦国家水生资源研究所）、德国联邦渔业研究中心、荷兰渔业研究所（今荷兰瓦格宁根海洋资源与生态系统研究所）等研究机构，由此受到启发，他开始转向海洋生态系统研究领域。

在美国马里兰大学的进修经历，让唐启升找到了新的研究方向，他从梭子蟹种群数量与环境之间的关系入手，成功地将环境影响因素添加到亲体与补充量关系研究中，他所发表的论文立刻引起了国际同行的广泛关注，这是国际上首次将环境影响因素嵌入渔业种群动态理论模型中，值得一提的是，该理论模型至今也并未再有更大的实质性的突破。这是他在黄海鲱鱼的相关研究之后，在海洋渔业相关领域获得的又一重大成果。借此，他踏进了世界渔业科学新研究领域的探索行列中，新的动力、新的方向促使唐启升加倍努力。

三、耐心研究，勤于实践

1993年，唐启升率"北斗"号调查船赴白令海、鄂霍次克海等水域调查，一直都很晕船，低头写报告就会头晕、呕吐，因此他大部分时间是头靠着墙角、手压着放在天花板上的报告，仰着头写的。之后，提起这件事，唐启升自嘲道："我也不是一上船就晕，一般是等调查完了，把记录本一扔，马上就晕得不行了，典型的阿Q精神。"通过70天的海上颠簸，唐启升获取了狭鳕仔幼鱼在白令海公海海盆区分布的最权威资料，并得到国际组织的公认，使我国在海洋可持续发展研究领域有了发言权。此项研究成果为中国在国际捕鱼谈判中赢得了主动，并使北太平洋远洋渔业从无到有，形成了我国第一个真正意义上的远洋渔业；同时取得了显著的经济效益，年产量15万吨，产值3亿元以上，渔业增收总额达10多亿元。海洋生态系统动力学，是世界渔业科学和海洋科学交叉发展起来的国际前沿新学科。唐启升作为首席科学家，自1999年起主持了"973"国家重大基础性研究项目——"东、黄海生态系统动力学与生物资源可持续利用"，并与物理海洋学家苏纪兰共同完成了长达50万字的《海洋生态系统动力学》一书。此书的出版，也标志着唐启升科研生涯高峰时代的开始。

在项目实施过程中，唐启升特别关注第一手资料的采集，组织团队进行了31个航次、391天的海上调查。经过5年的努力，该项目于2004年底通过了科技部的验收，被评为资源环境领域优秀项目，进一步推动了国际"海洋生态系统动力学"的发展，唐启升也因此被评为国家级项目研究先进个人，并被遴选为新一届国际"海洋生态系统动力学"科学指导委员会委员。

2006年，唐启升院士再次成为第二个国家973计划项目"我国近海生态系统食物产出的关键过程及其可持续机理"首席科学家。该项目共组织实施了20个航次的黄、东海典型生态区调查，历时302天；28个航次的典型海湾调查，历时183多天；培育出2人成为新973计划项目的首席科学家；在973计划2010年项目结题验收中，该项目再次被评为"优秀"。该项目初步建立了具有显著陆架特色的我国近海生态系统动力学理论体系，在世界海洋生态系统动力学研究中占据重要地位。

唐启升院士和他的团队还首次对我国专属经济区、大陆架生物资源，以及其栖息环境进行了大面积同步调查评估。总调查面积达202万平方千米，总航程15.1万千米，历时714天，数据录入量达224.5万个。此项调查和评估，提高了对我国专属经济区和大陆架生物资源及其栖息环境现状的认识水平，为实施海洋生物资源保护和渔业管理作出了重大贡献，该成果获2006年国家科技进步奖二等奖。

四、大海筑梦，逐浪前行

访问学者的经历让唐启升在找到新的学术方向的同时，也使他意识到海洋生态系统研究将是渔业科学一个新的研究领域和重要的发展方向，并由此开启了"大海洋生态"梦想的倡导之路。他提出开展渔业生态系统调查，并将大海洋生态系研究引入中国，着眼整体，结合我国海洋生态，创造性地发展了大海洋生态系概念；他倡导建立黄渤海大海洋生态系研究模式，使我国成为较早介入大海洋生态系研究的国家之一，为我国渔业科学与海洋科学实现多学科交叉，以及生态系统水平的海洋管理基础研究进入世界先进行列，作出了突出贡献。

2001年，唐启升与赵法箴两位院士一起给时任国务院副总理的温家宝提交了关于主张"加强海洋渔业资源调查和渔业管理"的建议。建议中指出，要想解决我国渔业资源承受的巨大压力以及迎接新的国际海洋制度实施后我国沿海经济发展所面临的重大挑战，前提是要进行渔业调查。他们的主张得到了国家的重视，建议被批转给农业部、国家海洋局、发改委、外交部等部门，其最直接的成果之一是"南锋"号渔业科学调查船的面世，这条船在西沙群岛邻近海域的首航，为"科技兴海""渔权即海权"战略的实施作出了贡献。此后，唐启升院士又有了新的兴趣领域——碳汇渔业。

五、心系国家，建言献策

为了保障食物安全和解决海洋生态系统的承载力与水产品巨大需求之间的冲突，唐启升提出了"蓝色海洋食物发展计划"及其相应的发展战略，积极推动海洋生物产业由"产量型"向"质量效益型"和"负责任型"的战略转移。目前，为应对全球气候变化，他正在积极推动我国碳汇渔业的发展。

2001年，唐启升与赵法箴院士联名致函国务院总理温家宝，建议"加强海洋渔业资源调查和渔业管理"；此后他又联合19位院士、专家向国务院提出"尽快制定国家行动计划，切实保护水生生物资源，有效遏制水域生态荒漠化"。温总理对两个建议作了重要批示，最终形成了《中国水生生物资源养护行动纲要》。该《纲要》使中国迈出了注重生物资源养护行动的第一步。[①]

六、耕海牧渔，绿色养殖

2000年，唐启升第一次参加院士大会，会上他讲了一句话："让百姓吃上更多更好的鱼。"这是唐启升的科研初心，也是他的大海洋之梦更加具体的追求目标和动力。围绕着从海洋中获取更多的优质蛋白的目标，他从一名科技工作者成长为战略科学家，为海洋强国建设出谋划策。

[①] 搜狐网. 中国工程院院士唐启升：我每做一件事，都要花大约十年功夫 [EB/OL]. (2017-09-24). http://www.sohu.com/a/194160530_99896183.

唐启升说："1950年，中国的人均水产品占有量仅有1.7公斤。现在，世界3条水产养殖鱼中有2条是中国的。"这些年渔业发展的成就，一直是唐启升非常自豪的事情。但是如何实现水产养殖的绿色、可持续发展，成为萦绕在唐启升心头的大问题。

围绕国家重大需求开展战略咨询研究，唐启升多次向国家提出具有前瞻性和战略性的建议报告，先后提出"实施海洋强国战略"等院士专家建议10项，促成《中国水生生物资源养护行动纲要》《关于促进海洋渔业持续健康发展的若干意见》等有关文件的发布。

唐启升接受采访时说过："中国渔业绿色发展的探索从20世纪80年代就开始了，我们在2017年提出关于促进水产养殖业绿色发展的建议，一方面是为了解决水产养殖持续发展与生态环境协同共进的矛盾，另一方面也是希望新时代渔业能有更大的发展。"让他欣慰的是，2019年，农业农村部等十部委发布了《关于加快推进水产养殖业绿色发展的若干意见》，成为当今指导我国水产养殖业绿色发展的纲领性文件，为新时代渔业绿色发展指明了方向。这些关系国计民生的政策建议，凝聚着唐启升"十年磨一剑"的心血。他始终不忘初心，砥砺前行，用一生的奋斗推动着现代渔业绿色高质量发展。

七、一生钻研，硕果累累

从事科学研究50多年来唐启升取得多项具有重大应用价值的研究成果，其中3项成果获国家级科学技术奖励，6项成果获省部级奖励；先后在20多个国际和国家科学组织担任学术职务，发表论文230余篇，出版专著20余部；先后获"国家中青年突出贡献专家""全国农业教育科研系统优秀回国留学人员""何梁何利科学与技术进步奖""全国杰出专业技术人才奖""中华农业英才奖""国家973计划先进个人""中华农业科教奖"和"山东省科学技术最高奖"等16项国家和省部级荣誉称号，为整个中国乃至国际海洋科技事业的发展作出了突出的贡献。

2011年6月24日，唐启升院士荣获青岛市"十佳优秀共产党员"称号，是青岛市十佳优秀共产党员中唯一来自科技界的代表。

碧波蓝天抒长志，心怀大业奋终身，海域科研频捷报，但做航标引后人。

如今已是花甲之年的唐启升院士仍旧将祖国和人民的利益牢记心中，身体力行并带领一个由多学科、多部门专家学者组成的优秀团队继续在研究海洋生态系统的道路上探索着、耕耘着。

参考文献

[1] 唐启升简介[J]. 中国工程科学，2014（9）：2.

[2] 中国工程院院士. 唐启升[J]. 山东政报，2010（9）：49.

[3] 京雁. 唐启升. 著名海洋渔业资源与生态学家[J]. 中国渔业经济，2008（3）：113.

[4] 王圣媛. 中国海洋"粮食基地"的开拓者——记著名海洋渔业与生态学家、中国工程院院士唐启升[J]. 科技创新与品牌，2011（7）：14-15.

包振民：
中国扇贝之父

包振民，汉族，1961年12月生，山东烟台人，教授、博士生导师，主要从事扇贝遗传学与育种研究。1978年9月—1982年7月，在山东海洋学院（中国海洋大学前身）海洋生物学专业就读；1982年8月留校任教至今。其中，1993年9月—1997年7月，在青岛海洋大学水产学院就读，获水产养殖学博士学位；2007年任中国海洋大学海洋生物遗传学与育种教育部重点实验室主任。现任中国海洋大学海洋生命学院院长，兼任国家基金委生命学部第七届专家咨询委员会委员、国务院学位委员会第七届生物学科评议组成员、全国水产原良种审定委员会成员、中国海洋湖沼学会常务理事、中国动物学会贝类分会副理事长、山东遗传学会副理事长、中国水产学会水产生物技术专业委员会副主任委员、中国海洋学会海洋生物工程专业委员会副主任委员等职务。2017年11月，当选中国工程院农业学部院士。

包振民教授先后主持和承担了国家重点和重大项目20余项。发表SCI收录论文160余篇，CSCD收录论文120余篇，主编和参编专著9部。获授权发明专利30件，国际发明专利2件，育种软件著作权8件。成果获各级奖励20余项，其中国家科技进步二等奖1项，省部级一等奖4项、二等奖2项。自2002年以来，连续3届获青岛市技术拔尖人才称号，2003年获评全国优秀水产科技工作者，2004年获青岛市优秀教师称号，2006年获国务院政府特殊津贴荣誉称号。

一、只身投入脱贫攻坚

"蓝色海洋是神秘的,地球上71%是海洋,海洋是重要的生态圈和生物圈,要关心海洋、认识海洋、经略海洋。"中国工程院院士、中国海洋大学生命学院教授包振民指出,海洋开发是一个系统工程,要开展交叉学科、多维度的蓝色生命解码,才能更好地开发海洋资源。近30年来,包振民教授与团队成员一起,系统评价了我国主要养殖的扇贝种质资源,阐明其遗传格局演化机理与进化适应机制,完成多种扇贝的基因组图谱绘制,使我国成为国际扇贝基因组资源中心,为扇贝种质资源开发奠定了基础;解析了扇贝重要经济性状的遗传基础与调控机理,为探讨海洋无脊椎动物复杂生命现象和过程提供了新思路。他组织创建了国际上首个基于最佳线性无偏预测(BLUP)的贝类遗传评估系统,成为支撑我国水产种业发展的核心技术之一;发明了成套低成本全基因组基因分型新技术,突破水产生物高通量基因组分析的技术瓶颈,建立了扇贝分子标记辅助育种和全基因组选择技术,引领了水产育种技术的发展趋势。他构建了扇贝育种网络平台,30多年来潜心扇贝研究,先后育成"蓬莱红""蓬莱红2号""海大金贝""獐子岛红""海益丰12"等扇贝新品种,扭转了我国扇贝养殖业长期依赖野生苗种的局面。30多年来,包振民和他的团队以"让扇贝产业旺起来、养殖户的腰包鼓起来、老百姓的餐桌靓起来"为己任,持续创新,在脱贫攻坚路上谱写了一曲曲向海图强的华美乐章。

二、十年磨剑育新种

家乡近海,海洋的广阔与深邃令人神往,丰富的海洋生物让人着迷。"好奇心是最好的向导,兴趣是最好的老师。"包振民说,他自小就有海洋情结,1978年报考大学时,毫不犹豫地选择了山东海洋学院生物学专业。自1982年毕业留校任教至今,包振民始终孜孜不倦地在海洋领域进行探索耕耘。20世纪90年代后期,扇贝养殖业暴发了大规模的流行病害,一度成为制约我国扇贝养殖业发展的大难题。因此，培育高产抗病良种被提上日程，包振民和他的团队开始投入课题攻关，十年磨一剑。2006年，凝聚着包振民无数心血和汗水的栉孔扇贝新品种"蓬莱红"通过新品种审定。作为我国科学家自主培育的第一个扇贝新品种，"蓬莱红"具有生长速度快、产量高、肉柱大、抗逆性强、壳色鲜红、遗传性能稳定等特点，一经推出，就赢得水产养殖户的喜爱，先后获国家海洋局创新成果一等奖、教育部科技进步一等奖、国家科技进步二等奖。"煮熟了，红彤彤的，既喜庆，又诱人，这个品种最早是在蓬莱培育的，就把它命名为'蓬莱红'。"包振民说。

三、探索海洋暗生命系统

近年来，国际海洋生物普查计划（Census of Marine Life，CoML）、微生物组计划被多个国家列为重大研究计划实施。根据最新研究成果，栉水母基因组解码表明它是比海绵更早的多细胞动物；深海新发现的异涡虫基因组以及数十种异涡虫的转录组数据解码发现，异无腔动物是原口和后口动物的姐妹，同属两侧对称动物；在海鞘中发现神经嵴细胞，可以将其从脊椎动物推进到脊索动物；扇贝"化石"基因组HOX家族基因分段共线性表达；癌细胞可在不同贝类间进行横向传递……包振民认为，这些研究成果不仅让人类进一步认识海洋，而且海洋暗生命系统也拓展了人们对生命的认识。他进一步举例，深海生物的物质能量来源，在深渊漆黑的世界中，化能自养细菌利用来自地球内部的还原性物质（甲烷、氢气、硫化氢等）做能量，而化能共生具有很高的多样性，从传统认知的甲烷拓展到石油烃、金属等。其中发现马里亚纳海沟万米水深优势菌为烃类降解菌（25%），验证和解析了烷烃可能是深渊生命的主要"燃料"。

四、多维度解码海洋生命

包振民指出，当前海洋生命科学技术研发主要包括：第一，开展海洋生物大普查，获取DNA条形码序列；第二，研究生命系统与演化，发育与进化；

第三，关注大生态系统，包含微生物系统、特殊海区微生物群落、珊瑚礁系统；第四，进一步研究渔业科学，包括渔业资源、育种养殖等；第五，探索海洋药物与材料，研发抗老年痴呆、癌症、心血管等疾病的海洋药物。其中，海洋是创新药物研究开发的重要源泉。全球共发现3.5万余个海洋天然产物，2007年以来平均每年发现超过1000个。在已发现的海洋天然产物中，60%满足"Lipinski"类药五原则，而其他天然产物的比例是40%。因此，海洋生物资源被认为是最具新药开发潜力的领域之一，海洋创新药物的研发已成为国际新药研发的竞争热点。包振民还提到，当前应重视的几个重要生命科学技术发展方向。第一，组学技术和高通量分型技术为深度解析重要生物学基础提供了新手段；第二，基因编辑技术为修饰改造物种的遗传性能提供了新工具；第三，干细胞技术的飞速发展为生命发育操作提供了新途径；第四，系统生物学，特别是AI技术的突破，为遗传分析和信息挖掘带来了新模式。包振民介绍，在海洋交叉研究方面，我国已经取得一定的成果。比如，利用宏基因组学首次勾画出全球海洋病毒种群及分布状况；海洋生命独特性同新型电镜等前沿技术交叉发展；海洋医药领域捷报频传；新型高效全基因组标记筛查型技术推动了分子育种的发展；基因组选择技术引领了水产育种技术发展。

"海洋是地球最大的生命系统，形成了特色鲜明的蓝色生命现象和繁衍方式。然而，人类对蓝色生命的生物学认知大多是空白。"包振民建议，针对海洋生物独特的生命过程、环境适应和演化机制等关键科学问题，从遗传、发育、免疫、进化和生态等多维度解码海洋生命，开发海洋生物资源。"海洋开发是系统工程，蓝色解码需要多方力量的集成。"包振民表示，海洋开发主要包含了海洋渔业、海洋生物、海洋生态、海洋药物等多个学科。目前，他们正在开展基于深度学习的深蓝海洋组学技术与数据库研究，将支撑我国海洋分子生物技术高端研发、支撑大海洋生命学科深度交叉融汇，并提供整体解决方案和共享服务。值得注意的是，包振民指出，海洋健康管理也是必不可少的，其中包含了海洋生物资源养护、生态修复、科学管理等，而最重要的是要做好生态灾害预警和防护。

五、突破技术引高产

"我们的目标是建立一个高效率、高水平的扇贝育种技术体系,使扇贝养殖业高效平稳健康地可持续发展。"包振民说。全基因组选择是目前育种领域的前沿技术,包振民带领团队率先在水生生物育种领域开展了这一技术的研发。要进行全基因组选择,就要掌握高通量分型技术。在国际上,对畜牧动物进行高通量基因分型时,需要用基因芯片进行检测,但芯片价格昂贵,高昂的检测成本给水生生物全基因组选择育种技术的实际应用造成了阻力。直面挑战,打破惯性思维,包振民带领团队进行研发,大幅降低了检测成本。这一低成本、高通量全基因组分型技术的创新,不仅为扇贝的全基因组选择育种插上了腾飞的翅膀,而且还被推广应用于水稻、土豆、蜜蜂、家猪等80余个物种的育种分析,成为引领种业创新发展的颠覆性技术,为国际同行所瞩目。除了突破低成本高通量的基因分型技术难关,包振民携团队还完成了多种扇贝的基因组图谱绘制,解析了扇贝重要经济性状的遗传基础与调控机理,为扇贝种质资源开发奠定了基础。在2019年国家科学技术奖励大会上,包振民领衔完成的成果"扇贝分子育种技术创建与新品种培育"获技术发明二等奖,成为该年度水产科学领域唯一的国家技术发明奖。随着我国扇贝养殖技术和良种培育技术的创新,扇贝产量已经从20世纪70年代初的年产20多吨,上升为现在的190多万吨。产量的增长,带来的是价位下行,曾经的海珍品,如今已走上寻常百姓的餐桌。"这也是最让我感到欣慰的地方,通过我们的努力,给中国老百姓提供了大量高品质的蛋白质。"包振民说。

六、保持丹心以报国

"为学应须毕生力,攀登贵在少年时。"这是包振民最常对学生们说的一句话。在教学中,他倡导的是"穷理、极致、执着、精美"的治学品质。"学术上,包老师非常严谨,要求我们'不做则已,做必完美',有时会为了一个小问题和我们一起通宵达旦地研究。"包振民的学生、现任职于中国科学院生态环境研究中心的战爱斌回忆说,"我跟着包老师学习的时候,他的日常工作已经非常繁忙，但无论多忙，他都坚持带我们到一线去，到条件艰苦的海水养殖场进行实地学习和调研。"中国海洋大学海洋生命学院教授王师说，这种热忱及治学精神，让学生们受益终身。截至目前，包振民已经培养了120余位硕士、博士研究生，他们大多已经成长为我国水产种业领域的领军人才和骨干力量。"在未来的人生道路上，无论是狂风暴雨还是艳阳高照，都要保持初心，将人生奋斗同党和国家的事业发展相统一。"这是包振民给2019届毕业生上最后一次党课时的寄语。这句温暖又励志的佳话，留在了许多中国海洋大学毕业生的微信朋友圈里，引来点赞无数。

参考文献

[1] 刘艳杰，冯文波．保持初心　丹心报国——中国海洋大学海洋生命学院院长包振民的科研人生[J]．智慧中国，2020（7）：44-45.

[2] 廖静．中国工程院包振民院士解码海洋生命开发海洋资源[J]．海洋与渔业，2018（12）：63-64.

[3] 海洋生物遗传学与育种专家中国工程院院士包振民[J]．湖北农业科学，2018，57（16）：146.

[4] 包振民，孔令玲，史姣霞，等．双壳贝类积累转化麻痹性贝毒的研究进展[J]．中国海洋大学学报（自然科学版），2021，51（10）：1-11.

[5] 梁峻，包振民，孙欣，等．虾夷扇贝"獐子岛红"[J]．中国水产，2016（9）：72-74.

林浩然：石斑鱼之父

> 林浩然，海南省文昌市人，1934年11月生，中国共产党党员。1954年7月毕业于中山大学生物系动物学专业。先后任中山大学生物系系主任，国际比较内分泌学会理事，亚洲水产学会理事，水生经济动物繁殖、营养和病害控制国家专业实验室主任，亚洲和大洋洲比较内分泌学会理事，中国动物学会常务理事，中国动物学会内分泌学会理事长，广东省动物学会理事长。1997年当选为中国工程院院士。现任中山大学生命科学学院教授、博士生导师，水生经济动物研究所所长，校学术委员会委员、校学位委员会委员和生物学分委会主席，广东省水生经济动物良种繁育重点实验室主任。
>
> 长期从事水产养殖研究，系统而创造性研究调控鱼类繁殖和生长的理论和技术，其学术成果获国家教委科技进步二等奖，国家科技进步三等奖，光华科技基金二等奖，广东省科技进步一等奖和两项教育部科技进步一等奖，广东省科学技术突出贡献奖和南粤首届创新奖等。

一、以患难时心居安乐，以屈居时心居广大

1934年，林浩然出生在文昌的一个小村庄里。在4岁的时候，日本人侵华的战火烧到海南岛，为了躲避战乱，当时在外的父亲将他与哥哥放在箩筐里，一路担着从文昌接了出来，一家人背井离乡，坐帆船渡过琼州海峡，来到了广州湾（湛江前身）。当时正值抗战时期，他们在广东、广西、贵州、四川、

重庆等地辗转。父亲是毕业于国立北平大学（北京大学前身）的高材生，一生从事教书育人的工作，是中国典型的知识分子。不管生活多么颠沛，父亲始终不放下对兄弟俩的教育，每逃到一个地方，父亲都坚持为他们寻找学校读书。即便是在逃难的途中，两兄弟也没有停止学习。林浩然清楚地记得，为了躲避日军轰炸，他们躲进了防空洞，在洞中，父亲捧着书本亲自教他认字。洞外战火连天，洞内却是求知的海洋。家国山河的情怀早早就在林浩然心中埋下了种子。因为逃难的原因，学校与班级经常更换，所以导致林浩然小学、初中、高中都念得不完整，但即便如此，也没有影响他的学业，在昏暗的桐油灯下，他自学完了所有的课业。抗日战争胜利后，林浩然随着家人又辗转到南京、香港，在1949年新中国成立之时，林浩然正在香港读高中。那时他的父亲决定要到南洋教书谋生，但林浩然一心想着报效祖国，所以选择回大陆读大学。经过了重重波折，1950年，林浩然进入当时的广州岭南大学读书。父亲想让他学医，但他阴差阳错地进了生物系，接触到了脊椎动物学。在学习的过程中，种类繁多和经济价值高的鱼类引起了他的兴趣。1952年，岭南大学并入中山大学，1954年，林浩然从中山大学毕业，毕业后他选择留在中山大学教书育人做研究。这个选择，可以说是父亲一直以来对他的影响，他早就决定留在学术这方海洋中为国家、为人民多做贡献。林浩然历经过炮火连天的战乱，也见识过动乱中的民生疾苦，他从旧社会而来，又历经了改革开放的春风。深植于心的家国情怀是这代老科学家们的时代情怀，林浩然一生的科研之路中也持有这样的情怀，他怀揣理想，但也装有生活；他放眼宇宙，但也装有国家和人民；他仰望星空，却从不曾忘记低头看路！那浩瀚的星空，终是照亮了脚下的路！

二、行而不舍若骥千里，纳无所穷如海百川

20世纪60年代，随着上山下乡运动的展开，林浩然也被下放到英德去劳动，养猪、种田、开拖拉机，他什么都做过。那时，父亲在新加坡教书，他有海外背景，所以处处受限，但他始终乐观，相信黎明总会到来，总有一天，他还会返回讲台，返回他的学术家园中。他的判断是正确的，几年后，他结束了

在乡下的劳动，又回到了中山大学。很快一个机遇就来临了。1979年，改革开放让国际交流越来越频繁，国家开始派遣学者去国外学习。林浩然的英文基础很好，经过重重选拔后，他以优异的成绩入选为我国第一批赴加拿大留学的访问学者。当时的加拿大是鱼类生理学研究水平最高的国家。林浩然怀抱着一个坚定的信念，即将西方国家先进的知识与理念学到手，为祖国争气！在加拿大期间，林浩然以扎实的基础理论，在不列颠哥伦比亚大学和阿尔伯塔大学学习，得到了国际一流的鱼类生理学家D. J. 兰德尔、R. E. 彼德、E. 唐纳森等的亲自指导。在1982年，林浩然学成归国，并与R. E. 彼德教授获得了加拿大国际发展研究中心（IDRC）经费资助，展开了一段长达十年的合作研究。新中国成立之初，我国淡水养殖所需的鱼苗鱼种仍然仰赖长江、珠江、湘江。伴随淡水渔业的迅速发展，淡水捕捞产量逐年提高，开始出现江河水产资源枯竭的苗头，形成四大家鱼苗种供需的巨大缺口。这时我国的鱼类养殖生产面临着三大难题：苗种不足、饲料欠缺以及病害流行，影响了养殖的产量与质量。林浩然认识到了鱼类人工繁殖和苗种培育的重要性，他决意专注于这个方向来研究。1958年后，钟麟、朱洗、廖翔华等科学家虽然实现了淡水鱼类的人工繁殖，但技术稳定性和苗种质量不理想。鱼类在天然环境下可以顺利成熟产卵、繁衍后代，但在人工养殖条件下，许多鱼类不能正常成熟产卵，需要人工注射催产激素。当时在世界各地，对于鱼类人工繁殖，使用的还是传统的鱼类催产剂（即鲤鱼脑垂体和人体绒毛膜促性腺激素），这种催产剂不仅成本高、供不应求，而且用它们来繁殖鱼类的效率亦不尽如人意。如何提高人工繁殖鱼类的产量，研制出新型鱼类催产剂成为林浩然的目标。他与R.E.彼德教授以我国主要淡水养殖鱼类为研究对象，论证了鱼类促性腺激素的合成与分泌受神经内分泌双重调节的作用机理，发明了多巴胺受体拮抗剂和促性腺激素释放激素类似物诱导鱼类产卵的新技术，将此应用于国内外的鱼类人工繁殖中，极大地提高了鱼类人工繁殖的产量。这一研究成果在世界上属于首创，被誉为鱼类人工催产的第三里程碑，为我国水产业创造了数百亿元的经济产值。在合作研究的过程中，林浩然所起的作用更是得到R.E.彼得教授的高度赞赏和肯定："这项合作研究的成功是建立在林教授作为一名领军者和科学家的杰出能力之上的，他在诱导鱼类产卵方面所做的研究工作为这个领域的许多科研工作者树立了国际标准。"在1987年的"诱导鱼类繁殖"国际学术会议上，该项技术被命名为"Linpe Method"（林彼方法），直到目前，全世界采用激素对鱼类人工催产，几乎都受益于"林彼方法"所开创的基本原理。"Linpe Method"获国家教委科技进步二等奖，国家科技进步三等奖，光华科技基金二等奖，列入国家科委1995年国家科技成果重点推广项目。1993年起，林浩然采用新型高活性催产剂解决了鱼苗匮乏的状态，使得我国养殖鱼类的产量大幅度提高，有力促进了渔业经济的发展，引发了淡水养殖业的一场革命性变革。在2012年的阿根廷布宜诺斯艾利斯举行的第七届国际鱼类内分泌学学术会议上，林浩然荣获"终身成就奖"。

除了"Linpe Method"的发明，他的研究成果还有很多，例如：诱导鳗鲡性腺发育成熟新技术、石斑鱼繁殖与生长调控和苗种规模化繁育技术、罗非鱼优质品种选育及产业化关键生产技术、中国大鲵子三代全人工繁殖与苗种规模化培育技术等。他将产、学、研紧密结合，实现科技成果产业化，由这些科技转化而获得的经济价值十分显著！对我国水产行业的健康可持续发展产生了重要的意义！同时，他主持完成包括10项国家自然科学基金、1项中国与加拿大合作基金在内的30多个研究项目，在国内外发表学术论文350多篇，论文被他引近千次。他编著了《鱼类生理学》《鱼类生理学实验技术和方法》《动物生态学》《比较生理学》等教材，培养了80多名硕士、100多名博士，对我国鱼类生理学的学科发展和人才队伍建设起到了积极的促进作用！

林浩然并未满足于已有成就，他敏锐地观察到随着内分泌学和激素基础研究的深入，基因工程技术不断发展与创新激素的基因工程研究将会更加活跃，更多有经济价值的动物激素基因将会分离纯化并引入原核细胞或真核细胞中表达而获得大量基因重组激素。鱼类的激素研究亦不会例外。因此，他领导研究团队持续开展了一系列调控鱼类生殖、生长、免疫等相关激素与神经内分泌分子功能基因的克隆重组和作用机理研究。前路漫漫，诸多难题依旧存在。林浩然，一个科学研究的拓荒者，继续在充满障碍的道路上为年轻人的顺利前行披荆斩棘。

三、捐出积蓄，鼓励莘莘学子科研

林浩然说，在岭南大学读书时，因为家境贫困，他曾忐忑地找到当时的校长陈序经，希望学校能减免学费。没想到陈校长当场答应，这让他铭记至今。2005年，林浩然院士被海南大学聘为兼职教授，学校每年拨给他10万元的津贴，次年他就用这笔钱在海南大学设立了奖学金，帮助那些家庭困难的学生完成学业。2009年11月29日，在林浩然75岁生日和从教55周年之际，他捐出个人积蓄50万元，并倡导成立林浩然院士奖学基金，该奖学基金旨在关心青年学者、年轻学子的成长，鼓励品学兼优的学生学者潜心科研。至今，林浩然院士个人累计捐赠150万元，基金规模近300万元。"把一些奖励和奖金捐出去，把社会给自己的回报给社会，虽然这些钱是有限的，但更重要的是对这些孩子的鼓励，让他们知道学习的重要性。"林浩然院士这样说。

四、传道授业薪火相传，耄耋之年恭敬桑梓

勤奋努力，谦虚好学，持之以恒，甘于寂寞，乐于学习新知识，具有创新精神，这是林浩然用多年来在学术研究上的身体力行向后辈们传达的学术精神。多年来，他坚持七点起床，运动和早餐后便开启一天的研究，日复一日、年复一年都是如此。"现在年轻一代的条件比我们那个时候好很多，但是面临的诱惑也多，希望他们静下心来，不执着于名利，潜心去做学问，坚持不懈，自强不息，克服一切困难！"林浩然说道："正如马克思说的，在科学的道路上没有平坦的大道可走，只有不畏艰险沿着陡峭山路勇敢攀登的人，才有希望达到光辉的顶点。这是我从年轻至今的座右铭，只要选择了做学问这条路，就要坚持下去！"路途辛苦，但林浩然从不觉得辛苦。"我的毕生都在为科学的发展做努力，为培养更多优秀的学生，扶持年轻一代做努力，这是我的理想！"他谈到，一代科学家的能力是有限的，但是一代传一代的力量却是无穷的，中国正处于科学研究最好的年代。"作为院士，一方面要继续做好高水平的研究工作。另一方面也要从国家的大局着想，考虑整个国家的发展，也着眼于局部地区的发展，比如说大湾区的发展和海南的发展等。"

谈到家乡海南，林浩然掩饰不住一片游子深情。他从四岁离开文昌，至今已有80多年的时光，他无时无刻在牵挂着家乡。对于海南岛的建设，林浩然一直怀着一颗热切之心，希望家乡有更好的发展。他谈到，如今海南面临着建设国际旅游岛、自由贸易试验区和中国特色自由贸易港的重要时机，应建立高标准：首先是在社会经济建设方面设高标准；其次是在环境生态方面设高标准，这两方面并重发展。关于教育，他认为人才与教育的发展息息相关，所以当务之急是要创造条件，吸引人才。而引进人才，需要有一个完整的计划逐步实行。在2005年，林浩然被聘为海南大学的双聘院士。在迄今的15年间，他为了家乡海洋渔业的发展、优秀人才的引进等孜孜不倦地做努力。海南是渔业大省，但海洋经济并不发达。近岸岩礁常年生活着一种叫作石斑鱼的鱼类，因其肉质细嫩鲜美、营养价值丰富，素有"海中鸡肉"之称，是华南珍稀名贵的海水经济鱼类。在以前，因其鱼苗种的供应不足，产量极低，因此价格昂贵到只有少数人吃得起，海南养殖户要到外地购买石斑鱼的鱼苗。在林浩然的努力下，他带领研究团队和企业实行产学研合作，成功实现了石斑鱼雌雄亲鱼同步成熟和自然产卵，培育出大批量大规格种苗，把海南打造成为名副其实的石斑鱼繁育中心，使石斑鱼苗种的规模化生产，产量明显上升，"游到"了普通家庭的饭桌上，现在，全国85%的石斑鱼鱼苗出自海南！这对海南渔业发展，无疑起到了重要的推动作用！而他，也成为一只经常往返于琼州海峡两岸的"候鸟"。"海南有丰富的海洋生物资源、优质的海洋生态环境，海南在海洋渔业方面的发展有无限的潜力，并且，这些特点对于专业人才有重要的吸引力。我们应该利用好这些优势资源。"林浩然身体力行促进海南人才建设工作。他帮助海南申报建设国家重点实验室，参与三沙"院士工作站"建设。同时，在他的牵头之下，组织了海南大学研究生到中山大学交流学习的活动，他还鼓励学生毕业后返琼工作，充实海南的科研人才队伍。

五、言传不及身教，身教莫过于此

像鱼类洄游一样，每年11月底，中山大学水生经济动物研究所毕业的研究生们都会回到康乐园开展学术交流活动，同时也向他们的导师——林浩然院士祝贺生日。自1979年招收研究生至今，林浩然的弟子已近200名，每年的聚会也已打上林浩然一贯风格的烙印，低调、简约、"学院派"，且聚会已经成为海内外弟子们学术交流的重要机会，而不只是一般意义上的生日聚会。2017年11月29日，60多位来自海内外的弟子再次欢聚在中山大学。林浩然给每个弟子准备了礼物——一部他认真签赠、中山大学出版社刚出版的《鱼类神经内分泌学》。学生们手捧着这部厚达508页、总计102万字的新书，并注意到译者就是年已83岁高龄的导师。林浩然介绍说，尽管做了数十年鱼类神经内分泌学方面的研究，发表了数百篇论文，带动了淡水养殖和海水养殖产业的发展，但还没有时间撰写一部高水平的基础理论方面的专著供教学和研究使用。几年前他已注意到，这部专著内容充实、系统全面、概念新颖、论述清晰，学术水平非常高，希望通过它的译著出版发行带动学科发展和人才培养，从而创造条件，日后编著一部有我国特色和创意的鱼类内分泌学专著。于是，2017年初他亲自动手翻译该书，译稿由秘书录入电脑。林浩然的秘书陈菊桂回忆说，那半年里，林浩然每天下午、晚上都在家里翻译，甚至出差途中也在翻译，半年多就完成了全书的翻译。林浩然译书不但速度惊人，而且手稿上几乎没有改动的痕迹，字迹工整隽秀，可见他中、英文造诣之深厚！这部凝结着林浩然心血的译著在当年8月交给出版社，11月正式出版，作为他当选院士20年的纪念品送给弟子们。闻知这些情况，弟子们心中的景仰、敬佩之情可想而知！已经是北京农林科学院冷水鱼类专家的胡红霞谈及此事，仍很激动，"他那么大的年龄，还时刻追赶着科研的前沿，我们这些年轻人都赶不上！这次最让我们感动的是，他83岁过生日，给我们一人一本签名的书，就是《鱼类神经内分泌学》，美国最经典的教材，是在这一年的时间里他一个人独自翻译的！我们想想大院士，那么大年纪了，实在值得敬佩！而且他都是手写的。这次来了以后，包括我的师兄弟、姐妹里面，业绩突出的专家很多，还有申评院士的，知道以后都很汗颜。他很忙，还能抽时间来翻译这么厚的一本专著！"

六、勤奋严谨成习惯

在一次采访中,林浩然的严谨和细致给记者留下了深刻的印象。为了给记者指路,他专门拿出一张便签纸,写明了从哪个校门进入,走多远会见到怎样的标志性建筑,在哪一个路口向哪个方向转弯……最后还写上了家里的电话和妻子的名字。说起未来几年的目标,林浩然直接拿出了一张打印得清清楚楚的工作设想,里面写道:第一,研制和开发应用鱼类基因重组促性腺激素产品;第二,诱导花鳗鲡性腺发育成熟、产卵和孵化、幼苗经变态而成为幼鳗……每个目标都非常具体明确。严谨细致的习惯,源于大学里的一次经历。在大学勤工俭学期间,林浩然常常要帮忙核对和印讲义。当时教科书用的是英美原版教材,要仔细核对刻好的蜡版。几次出错之后,负责该工作的老先生很严肃地对他说:"核对好每一份讲义是你的责任,这是你的工作,年轻人要对自己的工作负责,就是对自己的人生负责。"此后,林浩然认真地对待每一个字、每一个标点符号。他这样要求自己,也这样要求学生,并且一直秉持"严师出高徒"的理念,他提出科学研究的"三严"原则,即严肃对待、严密设计、严格要求,是其指导一代又一代学生从事学术研究的信条。林浩然自1954年7月毕业后,就没有离开过讲台,始终站在教学第一线。在学生眼中,林浩然做学问非常严谨、要求严格,讲究实事求是,眼里容不得半点虚假。学生每次发表文章前,他都要严格把关,论文中的一些细小错误,都会被他一一勾画出来,对于文中的关键数据,他还会亲自去查看原始数据,一点都不含糊。林浩然受聘于海南大学之后,每年在海南大学招收一名硕士生。因为距离的原因,他对海南大学的学生照顾有加。学生周雯伊有一次和林浩然说起对寻找鱼类耳石的试验还有不明白的地方,70多岁的林浩然立刻带她到养鱼室,亲自抓来一条鱼,手把手地教她解剖。她的硕士论文开题需要做文献综述,林浩然给她写了一封长信,并附上以前学生所做的文献综述给她做参考。她的硕士论文从摘要到参考文献,林浩然连标点在内全部一字一句地改过,修改的地方标记得清清楚楚。

七、育人育己，良师益友

林浩然坚持认为，育人先育己。他与夫人卢爱平数十年相濡以沫，互相支持，共同走过了半个世纪。他的家庭还获评为广州市文明家庭。有人说，林浩然是一棵根深叶茂、福荫世人的大树。他至今仍能完整背出苏联小说《钢铁是怎样炼成的》中保尔说过的话："人的一生应当这样度过：当回忆往事的时候，他不至于因为虚度年华而痛悔，也不至于因为过去的碌碌无为而羞愧；在临死的时候，他能够说，我的整个生命和全部精力，都已经献给世界上最壮丽的事业——为人类的解放事业而奋斗。"他说："青年时代的理想实现了，人生的追求有所达成，为国家、为社会做了一点贡献。生命的意义不就是这些吗？"生活中，林浩然思路清晰，态度和蔼，有使不完的劲头。他的生活是丰富多彩的，每天早晨起来要打上一段时间的网球。众多学生对林浩然的最初印象，都是那位骑自行车往返于中山大学西区和水生所的老师。直到2014年膝关节置换术后，林浩然才不得不告别"骑士"生涯。除了真实的家，实验室也是他的家，实验室的人也都是他的家人。弟子吴金英副教授深情地回忆道："许多小事影响我的一生，每每想起还会让我感动。还记得1997年深秋，我们得知林老师当选为院士，实验室的人都十分骄傲，大家提议要开庆祝会，好好庆祝一下。林老师还是保持他一贯的低调做法，只是在实验室范围内开了个小庆祝会。林老师还专门邀请了已经退休多年的、早年专门为林老师实验室养鱼的陈朝及其太太参加。我当时很感动，深刻体会了什么是感恩，什么是分享快乐。"林浩然就是这个大家庭的良师益友。他生活中的点点滴滴对其他师生的工作、学习、生活起到了良好的示范作用。

广东省海洋渔业试验中心负责人张海发向南都记者回忆，2001年，他刚就读林老师的博士才半年时间，就不幸患上了早期鼻咽癌。"当时林老师和师母都给了我莫大的支持和鼓励，生活上也是关怀备至，师母还亲自给我找药。"在林老师的关心和鼓励下，张海发在与病魔抗争的同时坚持学习与实验，最终圆满完成学业并顺利获得博士学位。受林浩然的熏陶和影响，张海发在此后的石斑鱼繁育及育种工作中业绩卓著。

作为资深院士的林浩然老先生虽然不能再继续在一线冲锋陷阵，但却换了一种方式继续发挥自己的光和热。

参考文献

[1] 诺亚. 让更多鱼更大众化　中国工程院院士、鱼类生理学家林浩然[J]. 湖北农业科学，2011，50（7）：1288.

[2] 陈曦，江月. 植林于江海造福百姓　存浩然正气为祖国立功——记鱼类生理学及鱼类养殖学专家、中国工程院院士林浩然[J]. 中国高新科技，2019（3）：4-6.

[3] 李剑. 林浩然：大道致远[N]. 中国科学报，2018-10-08（008）.

[4] 于泳. 中国工程院院士、鱼类生理学家和鱼类养殖专家林浩然——水到鱼行自从容[J]. 今日科苑，2012（24）：25-29.

[5] 卢育辉. 正气"浩然"乐为"渔夫"[N]. 广东科技报，2010-05-07（002）.

徐洵：
中国水产界唯一的一位女院士

> 徐洵，女，1934年10月11日出生在福建省建瓯市，中国海洋与环境生态技术专家，国家海洋局第三海洋研究所研究员。1957年在中国医科大学毕业。后曾任中国科学院生物系教授、博士生导师。20世纪80年代运用DNA重组技术，最先从海洋低等生物中找到了人功能蛋白的原始基因。在90年代初期，建立了中国首个海洋基因工程技术研究室，并率先把基因技术运用到了海洋环境科学领域，海洋病毒污染的快速检测问题得到了解决。她最先在中国克隆了海鱼的基因，并顺利构建了中国首个具有知识产权的海洋基因工程菌；最先在国内外破译了迄今为止对养虾业构成了严重威胁的最大动物病毒——对虾白斑病病毒基因组密码，为对该类病毒的预防和控制奠定了基础。

一、致力于解开海洋生物之谜

徐院士说："谁能夺得深海生物资源开发先机，谁就能推动经济快速发展。"深海的物种多种多样，是一个特别的生态系统，这个生态系统作为生物基因资源宝库，极其庞大。它是由深海水体、各类沉积物、神秘的海底平原、海沟、冷泉以及海山等各类物质组成，令人神往。经年累月，在徐院士的带领下，研究小组开创了很多个第一，例如海洋低等生物中的人功能蛋白的原始基因第一次被探寻到，这是运用了DNA重组技术得到的成果；中国第一个海洋基因工程实验室成功建立；首个海洋基因工程菌（拥有知识产权）顺利构建，使对虾养殖业惨遭损害的对虾白斑病病毒基因组密码第一次被攻破。种种成就，无不体现了徐院士对海洋生物基因工程研究的全身心投入。

二、毕生追求只为祖国

1934年10月，在福建省的建瓯市的一个大家庭里，徐院士出生了。她家里一共有六个兄妹，徐院士是年龄最小的。这个大家庭生活不易，几乎全靠父亲来养活，父亲的收入很少，他在建瓯市的一所中学里教书育人。抗战胜利的初期，徐院士正在念中学，那时的社会动荡不安，徐院士有着顽强的意志力，很多课程都是自己独立学习的。读完中学之后，她以华东地区第一的优异成绩成功进入了中国医科大学学习。那会儿，中国医科大学的著名教师具备良好的学术技能和严谨的学术理念，而且他们待人一团和气，为人处世低调，这让徐院士深受影响，至今都铭记于心。

在这所著名的大学里，通往"科学殿堂"的大门被徐院士打开。在1957年毕业后，徐院士选择了留校，她作为助教，在学校的教研室研究酶的活性在代谢调节中的功能。徐院士在1978年迎来了她科学研究生涯中一个非常重要的转折点，在这一年，她去了中国科技大学的生物系继续工作。三年后，为了得到更好的学习，中国科技大学生物系派徐院士去美国部分高校进行交流。在此次访问中，徐院士遇到了她人生中的一位莫逆之交——杜立德，一名生物化学教授，在美国加州大学圣迭戈分校工作。为了让徐院士能够学习更多的东西，杜立德教授发了两次邀请给徐院士，以便她到美国一起交流学习。在美国研究交流的那阵子，被搁置多年的分子生物学问题得到了解决，这个问题是高等动物重要功能蛋白的原始基因的成功克隆，是在徐院士的多重努力下，通过运用DNA重组技术，在海洋无脊椎动物中第一次克隆出来的，这成为蛋白质开发领域的一个全新发现。徐院士的学术成就吸引了许多美国科研机构，他们不约而同地向她发出工作邀请。当时，相比于国外，国内的工作环境条件有些恶劣，相关技术含量不够高，机械设备性能不够优良，这个待遇对研究者来说可遇而不可求，但徐院士说："美国终究不是我的国家，在祖国搞研究，才是我的追求。"这个想法早已深埋于徐院士的内心。

三、全神贯注，硕果累累

1990年底，徐院士不远万里回到祖国。她在国外从事海洋研究的经历使她深深地认识到，中国的海洋生物学研究水平远远低于国际的整体水平。从那时起，为了解决中国海洋产业方面产生的一些难以解决的问题，徐院士致力于国际先进的基因技术的研究，终于探寻到了解决这些难题的途径。后来，徐院士去了她科研生涯的新天地——第三海洋研究所，她在该研究所主要从事海洋生物学方面的学习。

20世纪90年代初，甲型肝炎在我国的毛蚶养殖中传播得快且广，该类病毒感染问题给经济带来了极大损失，非常严峻。由于监测该类病毒的方法检测周期较长，为期六至八周，不利于进行防控工作。于是在徐院士的研究小组成员的齐心协力下，他们研究出了一种快速检测技术，这种技术对于检测贝类中的甲型肝炎病毒成效显著，用该快速检测技术进行检测，仅需一天就能得到结果，这有效地提高了检测效率，甲型病毒污染问题得以成功处理。徐院士说："我相信，做任何事只要全身心投入、认真执着、坚持不懈，就一定会有收获。"与此同时，水产养殖业的经济遭受着严重的经济损失，因为对虾病害的防控不理想，对虾感染病害严重，死亡率较高。如此情况下，徐院士致力于对虾的病原学研究，她带领实验小组进行对虾白虾杆状病毒的全基因组序列的测定，功夫不负有心人，这一研究成功了，同时这也是世界上该领域研究的第一次成功。该研究成果不但使得中国对虾病毒研究水平得到显著提高，并且在1999年和2000年，该研究项目荣获了中国的"十大基础研究新闻"与"十大科技新闻"的美誉。对虾白斑杆状病毒基因技术应用广泛，我国将其运用于中国东南沿海对虾养殖区，这正是实验小组在这一研究基础上继续研究出的成果。彼时，"虾自然免疫的分子基础"的研究得到了充分的证实，这是以徐院士为首的研究团队所付出的努力。含有抗病毒作用的虾免疫基因第一次在抗病虾组织中被检出，对虾免疫效果得以首次揭晓。这些研究结果有助于了解对虾抗免疫性疾病的分子机制，为对虾疾病的防治提供了一条新的途径。对对虾免疫抗病的分子机理的深入了解得益于实验小组的种种研究成就，对对虾病害的控制也有了新的治理方法。除了这些成就之外，鱼的生长激素基因克隆成功，中国促进鱼类生长速度大大提高的首个拥有知识产权的高效表达基因工程菌的成功构建，都得益于徐院士的精心带领。

四、责无旁贷地栽培海洋精英

我国有一个微生物"银行"，即中国大洋微生物菌种库。这个"银行"库藏量很高，所含的微生物种类多种多样，是我国微生物菌种较为齐全的一个菌种库。值得称赞的是，该微生物菌种库对公众是全面开放的，这为国内的深海微生物研究和开发奠定了充实的样品基础。据统计，该微生物菌种库所含大洋生物样品约2 600份以及海洋微生物菌种2.6万株，这个数量是令人难以想象的。[①]

20世纪90年代初期，我国内海洋生物技术落后，资源和人力严重短缺。为推动中国深海生物资源的研究和开发工作的深入发展，徐院士到处奔波，只为将研究经费和仪器购买费用筹齐。终于，有志者事竟成，第一个参与深海遗传资源研究和开发的实验室至此在我们中国建立了起来，不仅如此，还先后建立起了海洋微生物菌种保藏中心和中国大洋深海生物及其基因资源研究开发中心，这一项项精彩的成就，都离不开徐院士和研究人员的艰苦奋斗。

今天，我们可以看到，中国深海生物的研究事业在不断深入地发展，海洋基因资源权益维护工作有条不紊地进行着，深海生物学研究、深海生物资源开发利用工作顺利，深海生物多样性得到有效保护，这都得益于徐院士的海洋基因工程实验室，该实验室的深海微生物菌种库为中国深海科学研究提供了强有力的支撑。对此，徐院士认为，在她的有生之年，作为一名老师、一名院士，培育海洋人才是她应尽的职责，她要为国家海洋事业的发展贡献自己的力量。

一直以来，徐院士都悉心栽培研究人员。为了让科研人员们学到更多的专业知识，徐院士时常与研究者们进行学术交流，这不但能开阔研究者的视野，还能帮助其理清科研思路，一举两得。除此之外，为了让新引进人才申请到科

---

① 数据来源于自然资源部第三海洋研究所科学研究简介。

研项目，徐院士总是不吝赐教，这极大鼓舞了新引进人才。在这样一个良好的学术氛围下，徐院士所带的创新团队人才辈出，他们不但高学历、高职称，有三位还荣获了国家杰出青年科学基金。如今，得益于实验室所有人的共同付出，海洋基因工程实验室被评为自然资源部海洋生物遗传资源重点实验室，该实验室人才济济，徐院士功不可没。

五、地球的"新世界"——深海海底

在层层探索下，深海海底成为地球的"新世界"。深海海底极端微生物资源非常富饶，有嗜冷的、嗜压的、嗜碱和抗重金属的，它们都有着自身独一无二的多样性与代谢机制。经探究，这些极端微生物都是新结构天然物质的一个重要源泉。为什么这么说呢？这是因为深海海底这一生长环境极其特殊，导致生物的生命演化进程较为特别，这使得深海极端微生物有着很大的发展潜力。当今，科研界的一大热点便是探寻深海生物基因资源，对深海生物进行研究，我国在这一方面走在了国际科学研究的前沿。深海极端微生物不仅应用于生物技术，在医药卫生等研究领域也很受关注，由此可见深海极端微生物发展前景不容小觑。

如今，新技术在不断地发展，人们逐渐认识到深海是一个大宝藏库。深海中的各类生物不但可以作为药引，增强疗效，还可开发为工业原材料，用途极广，其开发利用价值非常可观。从科学研究的角度来说，如果我们想要找到全新的物质和生命机制，我们就必须深入海洋，探索深海里的生物资源。如果人类将所探测到的深海进行探测开发，那么深海资源将得到更好的发展。即使探测到的面积只有百分之十，其开发利用价值相对来说也非常可观。所以徐院士说，深海海底将会是地球的一个"新世界"。自2000年以来，徐院士带队开创了中国深海生物遗传资源研究开发的新领域，通过分子生物学以及极端酶的克隆等相关技术手段，对深海微生物进行筛选并研究其适应性。徐院士有着这样的一个观点：因为存在薄弱环节，这一环节不利于我们对生物资源进行开发，我们会处在一个相对艰难的研究阶段。若想突破这一局面，我们就必须从各个方面出发，如提高采样设备和生物培养设备的性能，完善采样工具，提高设备对接技术以及增加微生物富集系统等，这样我们才能在深海里勘探到高品质的样品。徐院士认为，当前，我们遇到了一个很好的发展机会，即对深海生物资源进行开发利用。

参考文献

[1] 澎湃网. 科技创新人物 | 院士徐洵：致力求解深海生物之谜路[EB/OL]. （2020-08-10）. https://www.thepaper.cn/newsDetail_forward_8664733.

[2] 化学加网. 五一致敬：盘点从中国医科大学走出的多位院士名人校友[EB/OL]. （2021-05-02）. https://www.163.com/dy/article/G91EHRO80511CTRH.html.

朱作言：
鱼跃龙门

> 朱作言院士1941年出生于湖南澧县，中国科学院院士，第三世界科学院院士。曾在英国南安普敦大学、伦敦皇家肿瘤研究所和美国波士顿遗传所进修，曾任美国马里兰大学海洋生物技术中心教授研究员，英国阿伯丁大学高级讲师、博士生导师、科学荣誉博士，先后担任中科院水生生物研究所研究员、中国科学院水生生物研究所所长，国家淡水生态与生物技术重点实验室主任，国家自然科学基金委员会副主任，《科学通报》执行主编，中国国际科技合作协会会长。主要从事遗传发育生物学及生物技术方面的研究。取得了多项具有开创意义的重要成果，为鱼类基因育种奠定了理论基础，发表相关论文100多篇，其中3篇已成为转基因鱼领域公认的经典文献，先后6次获得国家和部级科技成果奖。

一、人物故事

我们看到的不只是朱作言院士的辉煌之旅，更是他辉煌之旅背后做人的一腔正气。在2008年，他强调对论文质量的评价要看具体引用的次数；2009年，他强调科技期刊不能成为科学发展的软肋；2012年4月，他指出科技奖励要引进海外专家评审，体现最大限度的公正公平；同年10月，他炮轰国内科研爱跟风；12月，他再次抛出重磅炸弹，他说："国家需求是'973'计划的应有之义，但不应成为基础研究工作的'包袱'，科学家应着眼长远，切不可操之过急。"

朱作言在接受《中国科学报》记者采访时，强调了国家实验室未来建设中的关键问题。并且指出，政府提出建设国家实验室的设想后，很多地方都表现出了极高的热情。他认为，未来国家实验室的建设，应该充分考虑如何利用好中科院多年来积累下的宝贵科研资源和经验。此外，朱作言还提出了另一种实现途径。"国家目前有上百个国家重点实验室，我们可以把那些运转得好的、学科内容相近的实验室组合起来，成立国家实验室，强化它们的功能。"当然，个别情况也还存在。"比如在大科学装置领域，如果需要新建一个国家实验室，这是完全可以的。"朱作言说。

朱作言院士在版纳园讲述中国科学研究发展状况时说，中国近代虽然条件艰苦，但诞生了一大批利国利民的高水平研究，如两弹一星、大庆油田、青蒿素、人工牛胰岛素，还有版纳园的橡胶引种育种等。近30年来，中国科学更是迎来了前所未有的新局面，科技论文数量激增，SCI数量已达世界第二；科研队伍也不断壮大，科技人员达5 700万人，研究与发展人员总量居世界第一；2011年的科研经费更是达到8 687亿元，年均增长19.2%，国际影响力不断提升。但中国科学发展仍存在许多问题，如"两头在外"，即仪器在外，文章标准在外；中国科学总体"跟踪接轨主导"，鲜有如竺可桢、李四光那样的独立学派；PI（科研团队负责人）追逐热门，缺少源头创新，或"不接地气"（包括很多农业院校）；青年研究人员受"影响因子驱动"，忽视科学问题等。朱作言总结说："现阶段诺贝尔奖成了全社会的追求，但也别把诺奖看得很神秘，诺奖是开创新概念和新领域的研究，是科学的历史突破，并非天才专利，同时也是可遇不可求的，只要我们坚持百折不挠地实践，诺奖是对自信、执着、诚实开放的。"最后，朱作言以"关于庞加莱猜想的故事"结束了在版纳园的讲座。他以俄罗斯数学鬼才佩雷尔曼的传奇故事为例，讲述了杰出科研工作者的不凡精神。佩雷尔曼一生非常清贫，仅在网站上"贴了几个帖子"，便给出了庞加莱猜想的答案，最终却拒绝了数学界的最高荣誉——菲尔兹奖。朱作言院士还表示，他非常钦佩蔡希陶先生，在这么边远、窘迫的环境之下，为了自己的科学理想贡献了一生。他说，大科学家的这些精神是非常值得向中学生传授和讲述的。

自20世纪50年代我国取得四大家鱼人工繁殖的成功,之后又取得遗传育种和养殖技术等一系列突破后,淡水鱼类在我国人民的动物性食用蛋白中占有重要地位。70年代,世界范围内悄然兴起了一股基因工程的旋风。当改革开放的大门刚刚打开,朱作言敏锐地意识到这一前沿研究所蕴藏的重要科学意义和巨大应用前景,开始构思和探索鱼类基因工程育种。起初,朱作言在70年代中期曾尝试将耐寒雅罗鱼的总DNA转移到土鲮鱼受精卵中,以期提高土鲮鱼的耐寒特性。在当时的历史背景下,这项朴素的研究可称为鱼类基因工程研究的可贵探索。那时,仅限于欧美等极少数实验室有能力进行基因克隆。1981年,在时任水生所所长的刘建康先生的鼎力推荐下,朱作言被中国科学院遴选公派至英国进修,系统学习了基因克隆等分子生物学技术。1983年,他回到水生所,在一栋职工筒子楼的2间各12平方米的陋室中,展开了转基因鱼研究。

转基因操作仪、显微注射针、工作台等设施都由水生所的工人和朱作言等人手工制作完成。没有超净工作台,用酒精棉球将办公桌反复擦拭后,那跳动的酒精灯焰的周围俨然形成一个可以利用的"无菌空间"。朱先生清楚记得,当时的实验室仅有他从国外带回的3支移液器、2 000个塑料"枪头"和1 000个离心管,这种一次性使用的耗材在朱作言开始转基因鱼研究的时候都被当作宝贝反复使用。朱作言和他的两名助手每天轮流清洗、烘烤和回收这些小东西。胡炜、孙永华两人起初听到这些故事,真是唏嘘不已,感到难以置信。

1984年3月的武汉,春风吹拂大地送走了严寒,江河湖泊开始苏醒,蛰伏了一个冬季的鱼儿喧嚣而躁动,鲫鱼产卵了。朱作言和同事们着手进行转基因操作。但是,外源基因如何转移进鱼类受精卵?要用多少外源基因进行转移?转移外源基因后的胚胎如何培育?外源基因在鱼类能否发挥功效?……一连串的疑问缠绕着朱作言。庆幸的是,朱作言曾经跟随童第周教授学习,掌握了过硬的鱼类胚胎显微操作技术。经过反复摸索,他和同事们终于实现了人生长激素基因向鱼类受精卵的转移。当小心呵护的转基因鱼苗在鱼池中经过几个月的生长,他惊喜地发现,有一些鲫鱼个体显著较大——是人生长激素基因在鱼体中发挥作用了吗?他要立即重复试验验证这一重要发现。然而,鲫鱼的繁殖只在每年的春季进行。已到仲秋时分,在没有斑马鱼那样的模式动物的年代,如何获得转基因操作的鱼类胚胎?朱作言灵机一动:泥鳅不是一年有多次繁殖吗？于是，水生所附近菜场的泥鳅成了朱作言和同事们眼中的宝贝。他们又很快获得了快速生长的转基因泥鳅。1984年，在震撼世界的"超级鼠"问世后不久，中国科学家也正式确认了具有快速生长特性的转基因鱼。

由于早期的转基因鱼研究使用的重组基因元件来源于人类和小鼠，出于食品安全的考虑，朱作言随后提出了以"全鱼"基因构建体进行转基因的构想，并于1991年获得了全部由我国鲤科鱼类基因元件组成的"全鱼"基因构建体。他选择了我国四大淡水名鱼之一的黄河鲤进行育种研究。这种鲤养殖历史最悠久，历史上就曾有"洛鲤河鲂，贵于牛羊"的美誉。《诗经》中称"岂其食鱼，必河之鲤"。将"全鱼"基因导入黄河鲤受精卵后，获得的转基因黄河鲤表现出明显的生长速度快、饵料转化效率高的优良养殖性状。

时至今日，世界范围内已成功研制了30多种转基因鱼。这些转基因鱼包括许多水产养殖重要品种，分别转入生长激素、抗冻蛋白、抗菌肽和溶菌酶等不同基因，或促进生长，或提高抗逆性。还有转基因观赏性鱼类，表达荧光蛋白基因，形成奇妙的体色。转基因鱼技术已开始进入商品性应用阶段。2004年初，新加坡的转荧光蛋白基因斑马鱼获准进入美国宠物市场，成为世界上首个实现商品化的转基因鱼。朱作言领导研制的快速生长转基因黄河鲤，已通过一系列的环境生态安全、食品安全评估，技术上做好了市场化的准备。他带领的团队还成功开展了不育转基因鱼的研究，试图彻底解决生态安全问题。

"出丙穴而赴水，度禹门而化龙。"鲤鱼跃龙门的故事千古流传，寓意着中华民族不断开拓和进取。这些年来，跟随朱作言先生学习和工作，使胡炜和孙永华有一种自信：插上了高科技翅膀的转基因鱼，一定会谱写一曲鱼跃龙门的新传说。

朱作言的研究进一步揭示了鱼类胚胎中外源基因整合的动力学过程，发现转植基因在基因组中整合的位置效应和在不同细胞中整合的嵌合体效应，为鱼类转基因研究构建了一个完整的理论模型；阐明了转生长激素基因对内源垂体分泌生长激素的代偿作用，以及转生长激素基因鱼饵料利用的蛋白质节省效应和合成代谢的蛋白质积累效应，为快速生长转基因鱼育种研究奠定了理论基础；克隆了鲤鱼和草鱼的肌动蛋白基因和生长激素基因，构建了"全鱼"转基因载体，发现了鲤鱼种特异的DNA分子标记以及鱼类GH基因结构对研究脊椎动物早期演化的特殊意义。

近10年，他所领导的研究工作在以下领域取得重要进展：

第一次发现鱼类克隆过程中特定基因的不完全再程序化行为，阐明了克隆胚败育的分子机制；获得转基因鲤鱼的属间克隆鱼，阐明克隆鱼的核基因组完全来源于供体鲤鱼，成体克隆鱼线粒体DNA仅来源于受体金鱼；揭示了母源因子对克隆胚早期发育图式形成的重要作用。

培育具有完全自主知识产权、生长速度快42%、饵料转化率高的转基因"全鱼"生长激素基因鲤鱼家系，阐明了转植基因的整合行为及其分子机制，构建了转植基因靶位整合的模型，创建了人工模拟湖泊的生态安全实验体系，建立了安全、高效的养殖模式，为首例转基因动物商品化准入提供了充分的科学和材料储备。

领导组建北京大学模式生物发育遗传研究中心，以斑马鱼为模型取得如下研究进展：应用假型反转录病毒对斑马鱼基因组进行随机插入突变筛选，获得400多个潜在的基因插入突变体，研究心血管系统和胰腺等内脏器官的发育；证明脊椎动物的Max-1与Ephrin B3相互作用，调控斑马鱼的血管新生过程；发现一个脊椎动物特有的新基因exdpf，证明它作为Ptf1a的靶基因为胰腺外分泌腺细胞的增殖与分化所必需的因子。

二、主要成就

合作完成了鲤鲫间的细胞核移植；

领导开创了鱼类基因工程研究新领域，培育出首批快速生长2.3~4.3倍的转基因鲤、鲫和泥鳅；

在揭示外源基因整合的镶嵌性和不稳定性的基础上，提出了转基因鱼模型理论和克隆纯合转基因鱼品系对策；

阐明了转GH基因鱼饵料蛋白利用的高效性和鱼体组成的高蛋白低脂肪品质；

克隆了鲤科鱼类4个基因，首次提出并构建了"全鱼"重组基因表达载体，为鱼类基因育种奠定了理论和实用化基础；

首次发现鲤种的DNA分子标记；

揭示了鱼类GH基因结构对研究脊椎动物早期演化的特殊意义。

参考文献

[1] 胡炜. 鱼跃龙门——转基因鱼的故事[EB/OL]. （2003-09-23）. http://www.ihb.cas.cn/sq90/Photostory/201911/t20191127_5444024.html.

[2] 中国科学报. 朱作言院士：国家实验室建设不能"平地起高楼"[N/OL]. （2016-06-15）. http://news.sciencenet.cn/htmlnews/2016/6/348650.shtm.

[3] 新湖南网. 从澧县一中走出来的三位院士[EB/OL]. （2017-02-17）. https://m.voc.com.cn/xhn/news/201702/14449100.html.

管华诗：
海洋强国梦奋进者

> 管华诗院士1939年出生于山东省夏津县，1995年被评为中国工程院院士，还曾担任国家海洋药物工程技术研究中心主任，以及青岛海洋生物医药研究院院长。主要成就有1987年获山东省科技兴鲁劳动奖，十五届国际博览会新发明金牌，1990年获全国高校先进工作者称号，1992年获美国世界成就奖，1995年获全国先进工作者称号等国家和省部级科技奖励十余项。2002年至2005年担任中国海洋大学校长。主持编撰了《中华海洋本草》《多彩的海洋生命》《海洋知识经济》和《蓝色的国土书籍》，其中《中华海洋本草》是中国第一部大型海洋医学经典著作，为中国海洋传统医学的研究和发展奠定了坚实的数据基础。

管华诗出生后，管华诗的父亲管躬立邀请了一位族里的老秀才为他的儿子取名："华"既有中国、中华、华夏之意，又有精华、辉煌、才华、华彩之说，又在管氏家族的第四代族谱中排"诗"字辈。人如其名，冥冥之中管院士的一生注定与国家兴衰休戚与共。

1943年，中国冀鲁边区的日军对抗日军民进行了大扫荡，管华诗的家乡管辛庄也没有幸免。这次日军扫荡的路途中，当时刚年满4岁的管华诗落在了人群最后，幸运的是他被同族的老人救下，老人将管华诗放入一个箩筐，箩筐沿着运河漂流而下，这才让管华诗得救。当时国家困苦，民不聊生，幸运的是，他们有运河，管华诗经常随长辈去捕鱼。在一次外出捕鱼中，管华诗抓到了一条小鱼，很可惜由于不懂怎么样养鱼，最终鱼还是死了，管华诗很是伤心。

"鱼有鱼的生活方式，虾有的生存之道，各自有各自的生活方式，你改变了鱼的活法，它便死了。"这是管华诗父亲对他说的话，这也使他对管华诗的态度发生了变化，之后管华诗在家用各种奇怪的容器，比如坏掉的锅碗瓢盆，来养多种多样的水生动物，如鱼虾蟹贝等。他特别喜欢收集有药用价值的水生动物，如鳖壳、鱼鳔，等等。"正是童年的经历，让我对水生动物产生了浓烈的好奇心，那些曾经做过的幼稚的事，也让我对江海充满了敬畏之心，让我之后能从事这方面的科学研究，有所成就。"管华诗回想起童年，颇有感触。

1959年，他刚刚高中毕业，由于当时国际风云巨变，一心想为祖国的国防事业作出贡献的他在高考填报志愿时将哈尔滨工业学院放在了第一志愿。虽然管华诗成绩达到了要求，可惜由于政审未通过，以第二志愿被山东海洋学院录取。相信这也是最好的安排，这也注定了管院士的一生将和海洋结下难解的情缘。山东海洋学院的前身是私立青岛大学，1988年改名为青岛海洋大学，2002年更名为现在的中国海洋大学。中国海洋大学自建校以来就有众多学界名流担任名誉董事或教授，比如，梁启超、蔡元培、梁实秋等。更是培养了一代又一代的能人志士，罗荣桓、臧克家、庄孝德都是山东海洋学院的学生。从迈进山东海洋学院大门的第一天起，管华诗的命运就已经和学院紧密地联系在一起了。

一、寻海问药，追逐梦想

1964年，管华诗在校期间成绩优秀，积极参加各种比赛，有机会留校任教。在校科研期间，中国爆发了碘危机，当时中国的碘十分缺乏，因此解决碘危机成了当时国家的重要任务，当然科研工作者们也要担负起这项重任。尽管当时山东海洋学院的实验条件简陋，但管华诗仍带领着自己的团队毅然决定开启了提碘工艺的研究。

1972年由管华诗向石油化工部申请了课题——"海带提碘联产品褐藻胶、甘露醇再利用研究"。经过一系列的刻苦研究，管华诗带领着课题组先后研究出了农业乳化剂、油破乳剂、食用乳化增稠剂、生物增稠剂、褐藻酸钠代血浆等多项成果。在研究的过程中，管华诗也得到了新的启发，在一次硫酸钡工艺制剂实验中，由于硫酸钡制剂浓度高，为了降低制剂浓度，管华诗提取了海藻表面的活性剂，加入之后，粘结现象瞬间消失。它既然能解决硫酸钡的粘结现象，是不是有可能将它运用到解决心脑血管疾病中血液黏稠甚至导致血管堵塞的问题中呢？这种海藻的表面活性物质有没有可能成为治疗心脑血管疾病的药物呢？为了进行更深层次的研究，1980年4月，由管华诗申请的海洋药物研究室正式成立。由管华诗带领的团队通过科研设计，以褐藻胶为原料，加上表面活性剂的指引，做了一系列实验，对多糖类分子进行了分子结构的修饰，并在进行了药物的基础研究上，更进一步进行了药物的药效毒理实验，以将药物毒性降到了最低，药效提升到最大。

1982年，PSS（藻酸双脂钠）克服了重重实验难题和研究窘境，最终得到了批准。正式立项之后，管华诗又带领着海洋药物研究室和青岛第三制药厂、青岛大学附属医院相关研究人员构建了海洋药物课题研究组。它的建立，让PSS的研究，拥有了一个集基础、应用研究及产业化生产的完整技术体系。1985年8月，PSS经过山东省科学委员会和山东省卫生厅组织的专家考核，成为山东省重点推广的科技项目，并得到了大量投资，进行生产。在此后的7年，课题组对使用了该药物的1 195例病人进行了数据统计，治疗效果良好的病例达到了93%，治疗高原地区凝血性疾病的有效率达到了78%，并且没有发现任何毒副作用，和临床试验结果一致。

PSS研究的成功，使海洋药物的研究开启了新的纪元，同时也提醒了我们海洋生物的药用研究价值，从此海洋药物的研究也加入到了国家计划中。"新药的研制需要做大量的基础工作和大量的研究实验，是一项工作量极大且复杂的工作。"管华诗说。

二、言传身教，以海育人

管院士一直和自己的学生强调："海洋药学是一门综合性和应用性极强的学科，和其他的基础研究学科不同，海洋药学要求我们创造更多实用高效的产品，来推动社会的生产力的发展以及经济的发展。开发新药是像我们这样的药物工作者的最终目标和最大理想，而当下大多数研究院重文章，轻成果，导致创新药物少，这也是当下海洋药物研究领域的突出特点。目前最重要的是，如何突破科技成果的转化瓶颈，如何将科学技术和市场资本等因素综合应用，相应地，需要更多的科技工作者突破传统的实验研究，开发更多新的研究方向和课题，开创新的实验成果。"正因为存在药学科技成果很难转化成应用产品的难题，管院士和中国海洋大学医药学院与国家海洋药物工程技术研究中心合作，在2014年7月，管院士筹备建立的青岛海洋生物医药研究院开始运营，建立它的目的就是解决海洋药物研究进程中成果难以转化为能真正得到推广的药品的问题，并且聚集了一批有志向、有抱负的高水平、高层次的青年人才。

管院士在培养博士后的工作中，注重的不是任务完成的好坏，而更注重思维方式的多元和对待问题的思考方式，以及解决问题想法的独特性。他最不希望的就是"重理论轻应用"，只停留在对发表论文数量上的追求，且发了之后也不管论文创新点的应用情况，导致研究理论性强，而实际应用性却特别低。虽然发表高质量论文是研究人员高能力水平的体现，但他认为科研更重要的目的是将科研成果推向社会，为世界和人民作贡献。此外，新药的研究和开发必定涉及许多相关学科的融合应用，这就要求科技工作者有开阔的视野，海纳厚为，乐于对更多相关领域的知识进行探索和研究，只有这样才能更有效地推进海洋药物的健康发展。每当博士后进行选题时，管院士要求选题必须是人们生活所需，能够带来实际的社会效应的选题，以保证每一项课题的进行都会对社会的发展有真真切切的推动作用。

三、恩泽后辈，海济苍生

一直从事海洋药物研究的管院士说过："海洋在一定程度上主宰着国家的兴衰，世界强国都曾走过兴海强兵之路，维护国家权益，建设海洋强国，海洋科学技术的作用不可替代。"铸就海洋强国梦，海洋药物科学的重要性无可替代，管院士深知，这需要培养一代又一代的科研人才，才能将科研延续下去。在他担任中国海洋大学校长期间，他开始主持编撰《中华海洋本草》，该书是由将近50个单位和300多位科技工作者历时5年集结出版的，因为当时这方面的资料非常稀缺，不知经历了多少个不眠的夜晚，科研工作者们夜以继日地整理，才完成了书籍的出版。《中华海洋本草》是我国第一本权威的海洋药物研究和海洋生物潜在药用价值的记录书，记载了可利用的海洋药味613种，可能具有潜在药用价值海洋生物1 479种，这本书还详细记录了这些物种的形态特征和生物、化学特征。同时，还记载了15种矿物质和海洋资源环境的保护利用方法，开创了海洋药物领域研究的先河，为以后的海洋药物研究打下了坚实的基础，提供了大量的有效数据，有巨大的历史价值和学术价值，为海洋资源的可持续发展和高效率利用奠定了基石。

　　管院士从事科学研究以来获得许多荣誉，这些荣誉背后都凝聚了管院士这么多年来的辛苦付出。在管院士的带动、良好的科研氛围和优秀的平台的支持下，许多优秀的青年科技工作者也开始着手海洋药物的研发工作，并且有大量的成果产出，对海洋药物的研究工作有极大的促进作用。

　　尽管如此，国内高校、研究机构和企业对于开发新药，特别是对于海洋药物研究，开放新药的态度都比较谨慎，海洋药物研究存在开发成本高、风险大、开发难度大、失败率高等现实问题，往往更多机构趋向于开发风险小、难度低且容易成功的仿制药物，以至于海洋药物开发的瓶颈很快出现。于是管院士带领着许多年轻学者直接参与从研发到生产再到成药的全过程，期间也取得了大量成果，先后完成了抗心血管、抗心血管药物、抗肿瘤药物、抗老年痴呆药物及治疗慢性结肠炎和肠腺瘤等一系列新药研制的前期工作。目前研究仍在进行，管院士带领着许多优秀工作者，以推动海洋药物的研制和产出为目的，一路向前。

　　管院士深知，新一代的青年工作者需要尽快成长起来，不然如今的科研事业该如何继承和发展呢？管院士对自己的学生，从来都是严厉要求，希望他们能在不断地学习和实践中，磨炼自己，提升自己。他会尽可能把学生可以自己做的项目交给学生，锻炼他们独自处理问题的能力，以提升学生的创新思维能力。遇到家境贫寒的学生，他更是不遗余力地帮助他们，甚至拿出自己工资里的一部分去资助他们。2008年，管院士出资30万，用于激励广大学子和青年教师投身于海洋药物的研究，这也在一定程度上推进了药物研究和相关领域的进程。如今已经是耄耋之年的管院士，仍承担着数十个领域新药的研究，就像他的名字一样，继续撰写海洋药物华丽的篇章。

参考文献

[1] 李曼. 探秘海洋药物的管华诗[J]. 科技创新与品牌, 2020（5）: 8-11.

[2] 张玉香, 梁纯生. 情系"海洋强国"梦——访中国工程院院士、中国海洋大学教授管华诗[J]. 山东教育（高教）, 2019（Z1）: 46-50.

[3] 李满意. 维护海洋信息安全 助力海洋强国战略——访青岛海洋科学与技术国家实验室学术委员会主任、中国工程院院士管华诗[J]. 保密科学技术, 2017（4）: 6-9.

[4] 张善文, 黄洪波, 桂春, 等. 海洋药物及其研发进展[J]. 中国海洋药物, 2018（3）: 77-92.

[5] 魏伟. 解码"蓝色药库"[J]. 走向世界, 2020（10）: 50-53.

李爱杰：
中国水产动物营养与饲料研究的奠基人

> 李爱杰（1921—2018），山东省历城县人（现山东省历城区），是我国水产动物营养研究与饲料学研究的奠基人，也是2011年水产风云榜年度终身成就奖获得者。他曾建立了中国对虾营养需求和营养生理学的理论基础，填补了我国虾营养研究的空白。他自编教材、主讲，为国家培训了1 500多名水产动物营养与饲料学方面的专业人才。他的研发成果先后转让给16家企业，创造产值超过100亿元。

在中国，水产养殖这个专业具有相当久远的历史，春秋末期，范蠡就已经编撰了全世界首部养鱼专著《养鱼经》。从1978年改革开放至今，我国水产畜牧业在国家政策制定的相关优惠政策的引导与现代科学技术的带动下茁壮成长，获得了举世瞩目的伟大成果。我国已经变成了国际上数一数二的水产饲养强国，并且是世界饲养生产远超过捕鱼生产的唯一大国。我们水产饲养的迅速发展，也推动了我国水产动物营养研究和饲养产业的迅速发展。但由于我国水产畜牧动物营养研究和人工配制的饲料发展起步晚，饲养产业落后已成了抑制我国水产饲养迅速发展的因素之一。而长期以来，大多数采用饲料原料、低质饲料以及冰鲜小杂鱼等当作主体动物饲料的放养方法，对中国水产养殖的可持续性也形成了影响。新中国成立以来，许多中国水生动物营养方面的先驱者在这一问题上都做出了很大的努力，并战胜了各种障碍，同时根据国情对饲料行业进行了改造，这才让中国在水产动物营养研究和配套饲养研究等方面都达到了现如今的成果。在这些先驱者中,李爱杰老先生绝对是我们每一个营养人都不能忘记的巨人。

一、基本情况

1921年李爱杰先生出生于山东历城县,1950年毕业于山东大学水产系。毕业以后留校,长期从事生物化学等若干门实验基础课的教学工作,并在1961年发表了《生物化学》为基本学科讲义。1979年,他重返中国海洋大学。之后就一直担任渔产动物营养与饲料研究的教育与科学研究管理工作,兼我国水产学会水产动物营养与饲料科学研究会副主席、全国粮油学会理事和中国饲料分会常务委员。同时,李先生还是我国知名的海洋生态化学家、海藻化学专家,1993年其获国务院政府特殊津贴。李爱杰先生的一生都在水产行业从业,其培养硕、博士研究生时要求学生打牢基础,注意创新,多做实验,多出成果。李爱杰教授学生遍布全国各地,有各个行业的中流砥柱,更培育了管华诗、麦康森两位博士。李爱杰先生勤劳朴实、淡泊名利的品德,至今影响了一大批学子。李爱杰老先生的业绩已经被载入《青岛人才榜》《世界名人录》一类图书中。李爱杰先生于2018年2月病逝,终年96岁。李先生从教至今,已超过了60年的悠长岁月,也正因为李先生和水产专业的前辈们的正确领导、科学谋划和积极建设,才为我国海洋大学水产专业长期稳居国内的龙头地位,打下了扎实的、不可动摇的人才基础。

二、花甲之年改行

在1980年初,中国对虾养殖业才刚起步。而我国近代海洋科学的重要发展阵地,必属青岛。对虾的饲养产量在对虾人工育苗技术有了质的突破之后,在近几年迅速增长了数十倍。而尽管中国对虾养殖业的发展速度很快,但饲料产品领域基本上还是空白。面对这一基本空白的科研领域,年过花甲的李爱杰博士瞬间燃起了研究热情,他最终按捺不住心中的激动,毅然决然地"改行"开展致力于水产营养技术与配套饲料产品的研发工作,在简陋的环境和艰苦的生活条件下，他领导着一群开拓者摸爬滚打。功夫不负有心人！很快，李爱杰的团队不仅研制出了对虾生长所需要营养素的合理配比，而且弄清楚了促使对虾生长发育所需要的营养素成分。上述成果，为日后配合饲养产品的发展创造了良好的经济效益。李爱杰先生在30年间，为我国水产饲料业的蓬勃发展做了大量开创性意义的实际工作，并目睹了我国水产饲料业从无到有、由弱到强，直至跻身全球第一的蓬勃发展历史。所有的先行人，最开始都是从充满困难的条件中一步步走来的。中国工程院院士、李爱杰老先生的首位学生麦康森教授深情地回忆自己和老师在极其简陋的实验条件下，进行水产类养殖饲料的开发工作的日子。"一个天平、两把刀、一些瓶瓶罐罐，还有在水产楼地下室的几排水族箱，就是所有的实验工具"。由于经费不足，李老师就拿了自己的积蓄垫上。在接下来的将近30年的时间里，李爱杰博士又在鲤鱼等几种主要海洋营养动物的营养学研究与饲料研制等方面做了大量开创性的工作。由他所撰写的《水产动物营养与饲料学》直到现在都还被各大专院校水产与畜牧学科广泛采用，他的研究成果已交给了16家公司，所创价值已突破一百多亿元。

三、先生与世华会

1980年后，尽管我国的水产饲料技术有了一定的进步，但与欧美等国相比技术水平还是差了一截。在学术考察方面，不论是在科研的方法上，或是在科研观点思路上，都仍处在初步进展的状态。只有与外界交流，方可撞击出科学思维的火花。由李爱杰老先生提出并发起，建议并组成了"中国水产动物营养与饲料研究会"（后称"中国水产学会营养与饲料专业委员会"）。

在与中山大学的林鼎博士、台湾海洋学院的庄健隆教授的进一步交流之后，三人意见相合并兴奋地提出，要把国外的一些前沿学术研究成果带回中国本土，并与国内的研究人员共同分享讨论。因此，在他们的商讨与努力之下，首届"世界华人鱼虾营养学术研讨会"（简称为"世华会"）于1992年在广州成功举办，国外和中国台湾的华人专家教授也被邀请来作报告。可以说，没有李爱杰教授，就没有世华会的今天了。"据庄健隆先生的回忆，在1992年举行了第一届世华会之时,正是台湾水产行业兴盛的时刻,因此资助活动当仁不让地由台湾的大多公司来进行。可是到了1995年,要举行第二次活动时,台湾的水产行业已经开始衰败了,从何处去筹钱或找资助,都令人们很是头痛,以至于李爱杰老先生一直有暂时停止或者将活动延期的念头。"但是李爱杰先生的信心又很大,坚信肯定要办,他出面找了许多国内外的公司支持,这才使得第二次世华会得以在青岛市如期开展。到了2011年时,第八届全球华人鱼虾健康营养会议在成都圆满举行。李老先生在知道《农财宝典》要为世华会出专辑时,感到颇为兴奋,亲自为专题题字"汇世华会二十年"。而且,他还在不断地查找以前的图片和材料。回忆起以前举办世华会的一点一滴时,他还在为有些没有做好的事情感到后悔,比如说没有出钱让一个国家的专家学者代表前去北京参加研讨会,又比如说没有让台湾专家学者代表坐上卧铺票前往湖北等。一个九十多岁的高龄先生,虽然功名众多,受人尊重,却依然记得着这些过往细节上的疏漏,这种善意和质朴着实让人动容。

四、主要贡献

李爱杰老先生为中国水产业蓬勃发展作出的巨大贡献,主要是因为他使中国的水产业经过了数次从无到有,以前从来也未有过"水产动物营养素与饲料学"这种课程。在20世纪80年代,李爱杰先生以他年逾花甲之年"改行",依据本国水产养殖蓬勃发展的巨大需要走向了这个学科;原来也没有《水产动物与饲料学》这本教材,是李老先生主编出版了这本书;原本也没有"水产动物与饲料学"的国际上的交流平台,是李老先生与其他同行发起创建了"世界华人鱼虾营养学术研讨会"。现在,世华会已经度过了三十余年,并成功举行了十四届,作为国内水产业界的顶级盛事之一,也将一直伴随着中国水产饲料产业共同发展下去。李老师这系列的首创性管理工作促使中国的"水产类哺乳动物营养素与动物饲料学"的学科基础建设迅速地缩小了和发达国家的距离,而且还不断进行着突破,同时培育了一批在该领域的高级人才。正是由于这一连串的开创性管理工作,成就了中国水产饲料产业在短短三十年间,经过了一个从无到有、从小到大、由弱到强,到最后雄踞全球首位(占世界的60%以上)

的波澜壮阔的发展过程！所以，李先生也无愧于中国水产动物营养和饲料研究学科的主要先驱和创始人之一的崇高荣誉！

五、名师出高徒

名师出高徒，李爱杰博士不但证明自己在专业上贡献卓绝，而且他所教育出的学子们也都成为中国水产饲料健康营养界的中坚力量。除麦康森博士之外，国内海洋药物的开创者、中国工程院院士管华诗，北京市黄海水产研究院海水哺乳动物养殖生态及生物容纳量研究所副组长陈四清，中国农业科学院动物饲养所水产哺乳动物营养素与动物饲料研究部主任薛敏，以及北京市英惠尔生物科技公司总裁任泽林等在业界具有名望的学者与企业家，也都是师从于李爱杰门下。在李爱杰老先生执业六十余年来，为国人栽培了一千五百余名水产哺乳动物营养素和动物饲料学领域技术方面的人才，遍及大江南北，桃李满天下。

在李老先生学生的印象里，李老先生就像他们的父亲，他不仅教授学术上的内容，而且用自己的言行举止和高贵的品格，影响着大批学生；李老先生读大学时可以做到一星期不说话，专注于学习。但是李老先生就是这样，虽然沉默寡言，但是却有无限的亲和力。李爱杰老先生的学生们曾经向他请教长寿的奥秘，李老先生说道："喝稀饭，不生气！"一天两天喝稀饭，不生气可以，但是一辈子喝稀饭，不生气却很难，这不正反映出李爱杰老先生"淡泊名利，宁静致远"的人生态度吗？李老先生也很喜欢芥末油，他就像芥子一样，既无旖旎张扬之貌，更无艳丽华贵之色。

李爱杰老先生的一辈子都献给了水产行业，他不图名利，不论环境多么艰苦，他始终将自己的一腔热血都浇铸到水产行业中，最终他的一切辛苦也都没有辜负他——李爱杰老先生带领中国水产行业前进了一大步。虽然李爱杰老先生已经去世，但是他对水产行业的贡献大家会一直记得，他的高尚品格也会一直影响更多的人。如今在水产行业的人都应该学习李爱杰老先生的种种精神，不论是他在科研方面的热爱与坚持，还是他高尚的品格。我们现在缺少的不正是他这种敢于钻研、不怕困难、不计得失的精神吗？现在的技术条件和科研环境好了许多，我们更应该去努力向李爱杰老先生这样的先辈学习，去创造更多有价值的东西，为国家献出一份力量。

参考文献

[1] 麦康森. 水产动物营养与饲料学[M]. 2版. 北京：中国农业出版社，2011.

[2] 农财宝典. 巨星陨落！沉痛悼念中国水产动物营养与饲料研究奠基人李爱杰教授[EB/OL]. （2018-02-17）. https://static.nfapp.southcn.com/content/201802/17/c976511.html.

[3] 搜狐网. 痛别！青岛海洋大学李爱杰教授离世，享年96岁，水产业痛失巨擘！[EB/OL]. （2018-02-18）. https://www.sohu.com/a/223104053_174909.

[4] 麦康森. 李爱杰先生印象[J]. 海洋与渔业（水产前沿），2015（7）.

廖翔华：
中国鱼类寄生蠕虫种群生物学的奠基者

> 廖翔华，1918年10月22日出生于福建省。长期从事水产科学研究和教育事业，系中国鱼类寄生蠕虫种群生物学的奠基者。1943年毕业于福建协和大学，1948年赴英国利物浦大学攻读博士学位，1951年回国执教。先后在岭南大学、中山大学、暨南大学（借调筹建生物系）、中山大学任教。20世纪50年代以来，廖翔华教授先后任国家科委水产专业委员、中国鱼类学会副理事长、中国鱼病研究会副主席、中国动物学会副理事长、广东省动物学会第三届至第六届理事长、广东科协委员、中国科学院水生生物研究所和南海海洋研究所学术委员，《水生生物学报》《动物学报》《水产学报》编委，曾被选为广东省人民代表大会第三届、第五届、第六届人大代表，任广东省六届人民代表大会常委等职。于2011年5月13日在广州病逝。

一、心系故土，突破险阻

廖翔华自小生活清贫，依靠父亲教书得到的微薄工资生活，家里还有众多弟弟妹妹，生活甚是艰苦。在1930年迁家到福州后，他考入了英华中学，并借助奖学金读完中学。1937年，日本侵略福州后，他逃难回到闽北山区，深深感受到了中国农民生活的艰难。1939年，他以优异的成绩考入福建协和大学，师从郑作新教授研究鸟类生态，在寒暑假期，他经常独自深入山区观察和研究高山鸟类生活，同时也经常随渔民一起沿江捕鱼，对鱼类的种类、分布及生活习性萌发了浓厚的兴趣，也促使他未来致力于鱼类方面的研究。

1943年，他在大学毕业后到厦门大学生物系任助教，课余经常翻山越岭，研究鸟类区系分布，基于教学需要，还会在海滩采集无脊椎动物标本。由于经常在海边进行工作，他目睹了渔民遭受渔霸的残酷剥削与欺凌，渔民贫穷、悲惨的生活也让廖翔华决定放弃鸟类研究，转向鱼类研究，决心有朝一日能帮助渔民过上美好的生活，使他们生活富足。之后在1947年受聘任清华大学生物系助教，1948年通过面试获得英国文化协会奖学金，到英国利物浦大学学习海洋生物学，在研究院学习期间，他勤勤恳恳、积极向上，1年后因成绩优异，受到导师推荐为荣誉生，免修硕士课程，直接攻读博士学位，在努力两个暑假后，提前完成学位课程的论文答辩，并取得博士学位。

1951年，在取得博士学位后，他的导师著名海洋生物学家J.H.奥顿教授希望廖翔华能继续研究淡水生物学，留在学校进行工作研究。与此同时，美国密歇根大学淡水生物研究中心也想聘请廖翔华成为该中心的研究员，他有意前往发挥自己才干，并提升自己的水生生物学基础水平，但在驻英的美国使馆办理签证时，美方向廖翔华提出，在美方工作研究后不能返回中国，美方这一无理要求深深刺痛了廖翔华一颗爱国赤诚之心，他毅然放弃了这份他十分感兴趣、待遇优厚的工作，决心回国服务。过港时，他又拒绝了港英政府和英国文化协会让他到加拿大、澳大利亚或留在香港工作的邀请。他时时刻刻记着旧中国渔民衣不蔽体、食不果腹的悲惨生活，怀着振兴中国渔业科学的抱负，坚决携眷踏上了报效祖国的归途。

廖翔华归国后，被岭南大学生物系聘为副教授。当时正处于新中国成立初期，百业待兴，广东尚不具备海洋科学研究条件。根据国家经济发展的需要，他毅然转向淡水养殖业的研究。20世纪50年代，正是养鱼业恢复初期，鱼的病害威胁着渔业生产的发展，他深入研究广东省育苗期严重危害幼鲩的"干口病"，通过夜以继日的研究发现了病因，采取有效的生物防治措施，从而控制了病害。在20世纪50年代后期，家鱼天然种苗又遭受到丰歉不定的威胁，他开始着手研究四大家鱼的人工繁殖，于1958年取得突破性进展。20世纪70年代初期，淡水鱼业处于重新恢复和发展的时期，这时他发现鱼饲料的不足阻碍了渔业的生产发展，于是积极组织力量研究鱼类营养和饲料，并在草鱼营养和饲料配方上取得重大成果，于1990年获国家科技进步奖。他急渔农和国家水产业之所急，在鱼类生物学的鱼病、繁殖和营养这三个重要领域作出了突出贡献。与此同时，他一直始终将学习到的生态学知识贯穿在他的研究领域，尤其是对鱼病的研究。从20世纪50年代幼鲩"干口病"（绦虫病之一）的研究、扁弯口吸虫生活史和中国舌状绦虫分布及其种群数量变动等的研究，可以说都旨在揭示鱼类寄生蠕虫种群变动的规律，因此，他是中国鱼类寄生蠕虫种群生物学的奠基者。

二、勇于开拓，勇于创新

廖翔华回国后，在进入中国南大门——广州时，即被广东省所挽留。广东省海岸线绵长，海洋渔业急需渔业方面的人才，省有关领导说服他取消了拟北上就业的安排，答应日后将筹建海洋研究所，并暂时安排他在岭南大学生物系任教，后于中山大学任教。1年后，他发现广东省淡水养殖业有着极大的潜力，决定转向淡水养殖生物学的研究，接受广东省水产局委予兼任筹办水产研究所的重任。当时，一无人员配备，二无所址，三无足够的经费和仪器设备，在重重困难之中，廖翔华勇敢地挑起重担，满怀信心地开展了筹办工作。他认为水产研究所首先必须深入养鱼区，并扎根渔农之中，在鱼塘的生产方面进行生物学研究。1952年，他带领2名大学毕业生和3名中专毕业生，带着几部显微镜和解剖镜扎到南海九江大正的省水产公司水产鱼苗试验场建所，当时的"所"，就是在公路边一高叠的"炮楼"里布置了一间可供几个人学习工作的小室，周围都是连片的小鱼塘，场里有着有经验的养鱼技工和渔农，有取之不尽的研究材料和许多亟待解决的问题，他早期发表的《九江头槽绦虫生活史及其防治研究》就是解决当时危害家鱼育苗成活率的"干口病"的研究成果。经过5年的艰苦创业，广东省水产研究所（珠江水产研究所的前身）终于成功创办，跟随他建所的几个人，20世纪50年代后都成长为该所的骨干研究力量，活跃于广东水产战线上。

1956年廖翔华兼任中国科学院水生生物研究所副研究员，筹办了设于中东大学的鱼类生理实验室，开展家鱼的人工繁殖研究，1958年夏，他成功地获得了首批人工繁殖的鲢鳙鱼。

1958年秋，广州复办暨南大学，廖翔华被调往筹办水产系（生物系前身），担任系副主任。此时他又是白手起家，艰苦创业。为了贯彻党的教育方针，水产系养殖专业筹办海水和淡水两个教学、生产基地。淡水养殖基地选址在珠江边磨碟砂约300亩低洼蔗地建场，他带领年轻助手勘察选址、规划、绘制蓝图，系党总支组织该专业教师学生在他带领下，搭茅棚，睡地铺，住在扎蔗地边，劈蔗挖鱼塘，经过两个季节的奋战，建起了棋盘化的配套鱼塘的教学科研基地，占地面积约300亩，水面70余亩。之后，他带领师生利用基地开展现场教学，继续开展家鱼的人工繁殖研究，并成功人工繁殖草鱼；他组织师生深入各村渔场，为推广普及和提高家鱼的人工繁殖技术作出了积极的贡献。由于科学研究和办学的成绩，暨南大学生物系被评为全国先进单位，廖翔华被评为全国教育战线积极分子，出席全国群英大会，于1964年应邀参加北京的国庆观礼，上了天安门。随后他在生物系创办了水生生物研究室（教育部部属），"文化大革命"前已初具规模。这段创业、兴业的艰辛和甘甜，曾引起他不时地追忆。

1970年暨南大学被撤销，生物系也并入了中山大学。在1978年暨南大学复校之后，磨碟砂基地也被暨南大学收回，而廖翔华却被留在中山大学，此时他作为"开荒牛"又只好再次白手起家，重新在中山大学校内挖鱼塘，建设刚成立的鱼类研究室的试验基地及组建研究队伍。饲料不足和利用不当是当时养鱼业恢复和发展中面临的艰难阻碍，但是这方面研究尚未得到有关领导的足够重视。廖翔华提出饲料是高产的物质基础，迟早必须研究解决，并用已取得的研究成果去呼吁，去唤起有关领导的重视。之后他亲自组建了鱼类营养组，并加强研究力量，争取了省及国家鱼类营养和饲料的有关项目，并领导科研小组完成了国家的"六五""七五"科技攻关项目。在"六五"攻关项目中，"草鱼营养需要量和饲料配方研究"项目，于1989年获得国家教委科技进步二等奖，1990年获得国家科技进步三等奖。他们的成果也得到了国际的重视，草鱼营养的研究项目曾获得加拿大"国际发展研究中心"（IDRC）的资助。

三、一丝不苟，严谨治学

廖翔华的成功，不仅仅取决于他的爱国主义精神和高度的事业心与责任感，还取决于他长期以来勤奋、一丝不苟、严谨治学的态度。

实验研究结论基于大量的数据，廖翔华一贯十分重视他的研究记录，在他的办公桌、书柜中，可以发现他整齐摆放的几十本记录，这些记录本反映了他一生一丝不苟的研究历程。他至今还保存着大学时代鸟类研究、留英时鳕鱼食性的分析及回国初期九江头槽绦虫生活史等研究课题的原始记录，无论是野外的还是实验室的，翻开记录本映在眼前的都是整整齐齐、端端正正、密密麻麻的数据。他经常说没有足够的数据支撑难以做出正确的判断，尤其是在生态学研究方面，没有足够的数据难以分析和找出事物间本质的联系。他几十年如一日，从不潦草、马虎，对待研究生也是如此。

研究的结果要对后人负责。廖翔华在科学研究上一直坚持着一个习惯，就是从不轻易发表论文，他认为科研工作者要勇于攻坚、承担难度大的课题，要刻意认识研究客体的本质，绝对不能满足表面现象；科学研究千万不能追求发表文章的篇数，要追求的是论文的质量。他认为，研究结果是要告诉人们科学的真理，而不能给后人制造假象和混乱。例如，他在1954年开始扁弯口吸虫的研究，虽然取得不少成果，但他保持审慎的态度，反复验证，直至满意为止才同意发表论文。在《扁弯口吸虫的生物学》文章中，第一部分是"生活史"论文，在中国著名寄生虫学家唐仲璋教授86岁寿辰的学术讨论会上，廖翔华以此作为献给他老师的寿礼。此外还有第二部分"扁弯口吸虫雷蚴在螺内繁殖力与种群增长"、第三部分"光和温度对扁弯口吸虫虫卵发育和尾蚴穿出的影响"、第四部分"温度对扁弯口吸虫虫卵发育的影响"。这一研究历时20多年。

大自然是生态工作者最好的实验室。廖教授的第一代弟子，中国水产科学研究院南海水产研究所陈毕生教授用八个字形容恩师的治学品质：认真，负责，细致，严谨。廖教授做事非常认真，在廖翔华开始"中国鱼类绦虫区系、分布和结构"课题研究时，已是年近花甲，他每年寒暑假还亲自跋涉于青藏高原、高寒地带的水库、湖泊，采集标本，解剖分析，不少人劝说野外工作可由助手代劳，但他认为野外采集不是简单的劳动，应自己亲临现场，掌握第一手资料，才更能从中得到不少启示，发现事物间的复杂关系，这绝不是别人所能代劳的。

廖翔华认为科学研究一定要超脱名利思想，更不能有半点傲慢自满，即使在自己的领域里取得惊人的成绩，也不必以权威自居，在科学真理面前，个人不过是沧海一粟，人的一生在宇宙间是如此短暂，而所知的又是如此有限。他时时以此律己，教育年轻一代，因此，几十年来他在科学道路上能取得一个又一个的成果，他的成就是这种谦虚和从不自满的美德所促成的。

四、向自然界学习，在实践中学习

廖翔华从教50多年，在生物学教育中，他时刻启发学生对自然界的兴趣和培养他们的探索精神，强调不要把"生物"学成"死物"。在他担任暨南大学生物系主任时，他热情帮助学生组织生物兴趣小组，清晨时他手拿望远镜带领兴趣小组在校园观察鸟类，分析、比较它们的飞翔、鸣叫、觅食和筑巢的特点，从而引起学生的浓厚兴趣；他带领师生沿西樵山的山沟，采集水生生物标本，讲解水生生物如何适应环境；他也时刻进行室内生物学技能的训练，鱼类实验课之余，他鼓励学生多动手解剖不同鱼类，把特征用生物语言——绘图语言记录下来，他经常取出他的生物绘图让学生观摩，教育学生要把自然界作为自己学习研究的课堂。

他提倡教育与生产相结合，认为这是体现理论联系实际的重要方面。在教育中，他主张专业课要多进行现场教学，让学生既能学到书本理论知识，又能学到生产技能，并从中发现问题。20世纪60年代，他带领师生驻扎地处西樵山根的省水产养殖试验场（现南县养殖场），以此为大本营，组成师生小分队到当时的均安、勒流、桂州及广州郊区东圃、新等公社鱼苗场，让学生把学到的鱼类繁殖理论通过家鱼的人工繁殖加以巩固，同时又在生产中为鱼苗场普及和提高了家鱼的人工繁殖技术。在教学改革中，他还在磨溪砂的教学基地进行了两期现场教学，学生边学习鱼类养殖生物学理论，边从事养鱼生产实践和科学研究。在培养学生的过程中，他让学生尽可能地发挥他们各自的潜能，培养他们独立思考和独立工作的能力。他的这种教育思想成功地培养了具有独立能力的下一代，使他学生中的不少人成为水产系统的得力骨干。

参考文献

[1] 廖翔华，施鎏章．广东的鱼苗病[J]．水生生物学集刊，1956（2）：129-185．

[2] 廖翔华等．鲩鱼（草鱼）的饲料研究[M]．北京：科学技术文献出版社，1980．

[3] 廖翔华，林鼎，毛永庆．草鱼酶纤颗粒饲料营养代谢的研究[J]．水产学报，1980，4（3）：217-228．

林鼎：
水产饲料开拓者

> 林鼎（1935—1995），中山大学生命科学院教授。一生致力于鱼类学、鱼类养殖学和鱼类营养学的教学和研究工作，1990年任国际营养联合会（IUNS）鱼类营养和产品专业委员会理事；同时担任中国动物营养研究会水产动物营养专业委员会主席等职，在国内外水产养殖和鱼类营养学界具有较高的学术地位。1995年主持召开了具有重要学术地位和意义的"世界华人鱼虾营养学学术研讨会"首届会议。

一、求学年代

林鼎先生出生于一个旧知识分子大家庭，一家有十几口人，从小父亲为他们兄弟姐妹请了私塾老师，初中念的是福州最好的中学，后来因为种种原因家庭破落了。在那时，家中连给他买书本的钱都没有，更别提读高中了，于是他决定去念免费的由华侨陈嘉庚先生捐资建的位于厦门的集美航海水产学校。念书期间，他学习成绩优异，后来被保送到上海水产学院。4年大学期间他家里总共只给了5块钱，因为没有车费也只回过一次家，其他时间都用来勤工俭学。由于从小父亲就曾严格要求他写毛笔字，尤其是小楷写得最好，这下终于派上用场，他利用业余时间替学校刻蜡版，或是暑期替学校看游泳池兼做救生员等杂活赚取生活费。

林鼎先生从上海水产学院毕业后被分配到暨南大学当助教，大家十分喜欢听他讲课，据说当时还有一家报社去学校报道他，说他喜欢用画图来讲解知识。后因"文化大革命"，他从助教评讲师的进程被耽搁了，待恢复后他被调到中山大学，也是以助教身份。因为当时科研资源有限，有些项目必须是副教授、教授职称才能申请，所以他想做一点水产研究不得不非常努力。因为我们国家的历史背景，他念中专的时候要求学日语，大学时候要改学俄语，调到中山大学工作后，又需要自学英语，才能看懂各种文献，和外国学者交流，每天晚上睡觉之前他都戴着耳机听英文，第二天一早又拿着书本读英文，有时在厕所里还要念单词，他只能利用这些业余的碎片时间来学习英语。他的桌子两边总是摞着很厚的资料，资料上面都标满了记号，改文章时总是要圈圈画画修改了再誊抄，又再修改好几遍。

二、待人真诚

林鼎先生遗留下来的照片不多，独照更是少之又少，有一张是在鱼塘前面，先生展现出难得的神态自若，也许面对鱼塘虾塘时才是他最安然自得之时。还有一张是在首届"世界华人鱼虾营养学学术研讨会"上做报告的，他身形微佝，神态很是专注，似乎唯恐自己的声音不够清晰，意思未表达到位。在与其他人的合照中，林鼎先生多是立在侧旁，身形总显清瘦，容易被人忽略，与想象中伟岸的形象不太相符。唯一一张他被学生簇拥着的捧花照片则像是被强按住坐在中央似的。教师节来了这么多学生送花，他心中定是欣喜的，只不过像是不太适应鲜花和掌声，大概他总习惯在人群的背后默默支持和付出。

林鼎教授对他的工作、对朋友、对学生、对养殖户付出真心，同时他对家人也是很好的。他刚出来工作时工资并不高，把三分之二的工资给了父母，自己非常节俭。林鼎教授为自己的事业付出全部热情，同时也并不要求施萱荣女士为了家庭牺牲过多。当时施萱荣女士的专业是漆艺，要到北京去学习两年，家里有孩子有老人，但林鼎教授积极支持施萱荣女士追求自己的事业，这在当时很少有人能够做到。

三、呕心沥血

　　林鼎先生为了科研工作、为了和他的同事们一起将学校鱼类实验室一步一步地建成为重点实验室付出了很多。不管是在平时的生活中，还是在一些特殊的场合，大家对林鼎先生都十分喜爱。不管是他请别人帮忙还是别人有求于他，相互拜访从来都不带东西，不涉及物质上的利益，去到农村也能见到很多淳朴的养殖户对他很热情。正是这些肉眼可见的别人对他的爱，代表着他对别人付出了多少真心和汗水。林鼎教授去世前在医院住院了一段时间，他的学生们自愿轮班来照料他。林鼎教授走了之后，一个学生专门从浙江赶来拜访林鼎教授的太太施萱荣女士，她拉着施萱荣女士的手说"林老师太好了！"她说某个学术交流会上，林老师对他们这些后辈提出的问题都一一解答，几乎探讨了一整夜。

　　林鼎教授去世前两年已经有高血压，医生告诫他一头痛就要住院，林鼎教授说："我还有工作没做完！"医生就说："林老师啊，工作永远做不完的，头痛一定记得来医院！"林鼎教授出事的那天刚好是博士生答辩，那段时间特别忙，答辩前他还熬夜看论文、查资料，结果在答辩过程中已经头痛，他以为回家躺一下就好，却没想到这一躺就再也没好起来！当时林鼎教授家的条件已经好转，孩子也都考上大学，老家负担也小了，等退休已经有条件可以去旅游散心，享受晚年。可他明知身体不好，也不说，还是那么拼命！林鼎教授的一生是仓促的，是高尚的，是令人惋惜的。林鼎教授对水产行业交出的答卷是优秀的，是问心无愧的，对家庭给予了爱，对事业付出了汗。正是林鼎教授做人的"傻"、待人的"诚"、对工作的"痴"，才使他深受他人的敬重！

　　林鼎教授一生致力于鱼类学、鱼类养殖学和鱼类营养学的教学和研究工作，1990年任国际营养联合会（IUNS）鱼类营养和产品专业委员会理事，同时担任中国动物营养研究会水产动物营养专业委员会主席等职，在国内外水产养殖和鱼类营养学界有较高的学术地位。

四、林鼎与世华会

世界华人鱼虾营养学术研讨会（简称"世华会"）是世界华人水产动物营养与饲料学界的最大盛会。世华会的会徽灵感原型来自一个半坡出土的陶碗（见图5），林鼎教授的二女儿林娟按照陶碗上鱼的图案设计成世华会的会徽，赋予这个碗独特的意义。1992年，第一届世华会上，林鼎教授的大女儿林晶负责接待外宾，工资一天只有50元，钱虽少但她觉得那是她人生中最快乐的时光。

图5 "世华会"会徽设计灵感原型

自1992年由林鼎教授和台湾南荣科技大学庄健隆教授等发起并在广州成功举办第一届世界华人鱼虾营养学术研讨会后，相继于青岛（1995年）、上海（1998年）、武汉（2001年）、珠海（2004年）、青岛（2006年）、北京（2008年）、成都（2011年）、厦门（2013年）、武汉（2015年）、湖州（2017年）、郑州（2019年）、青岛（2021年）、湛江（2023年）成功举办了十四届世华会，中国水产饲料行业由无到有、由弱到强，世华会成为学术界为全行业搭建的交流沟通的平台，也发展成为水产饲料行业的盛会。世华会对我国的水产动物营养研究与饲料产业的发展起到了非常重要的作用，已经成为集中展示当今全球鱼虾营养与饲料领域科研成果和产业发展的重要交流平台之一，受到业界的高度关注。中国水产养殖业的迅猛发展举世瞩目，在很大程度上得益于水产动物营养与饲料的科技进步和产业发展。世华会将一如既往地为学术界和企业界搭建相互交流的平台，加强"产、学、研"紧密结合，促进新时期水产饲料产业的可持续健康发展。

五、未来可期

多年前，鱼虾营养在大陆尚属冷门学科，林鼎教授却用了毕生的精力从事这一"冷学"的教学和研究工作。在那个年代，林鼎教授已经开始尝试和饲料企业合作，开展指导饲料企业改良饲料配方的工作。林鼎教授在简陋和艰难的条件下，与一批开拓者摸爬滚打，为中国水产饲料行业的发展做了大量开创性的工作。水产营养与饲料学科的完善包括多个方面：研究水产养殖鱼类的营养生理学特征、规律和配合饲料技术，构建主要水产养殖鱼类营养数据库和水产饲料质量安全控制技术体系；研究开发新的水产饲料资源和饲料添加剂以及现有饲料资源和添加剂的评价和高效利用技术；研究饲料营养与环境、养殖对象的健康、养殖产品品质的关系及其营养调控技术；开发一批节约饲料资源、维护水域环境、保障饲料安全和养殖产品食用安全的水产养殖鱼类的人工配合饲料。大陆水产行业得以高速发展，离不开像林鼎教授这样的开拓者、求真者。

现如今的中国已不再是抗战胜利后百废待兴、水产养殖在中国很难开展与普及的年代。现在中国在经济、科技、军事等方面均取得了长足进步，现在我国的主要矛盾已变为人民日益增长的美好生活需要和不平衡不充分的发展之间的矛盾，水产行业不断的创新也必然会更加利于解决矛盾。中国丰富多样的现代化水产科研机构加上广大生物、海洋学家的满腔热情必然会再创佳绩。随着时代的进步，致力于水产业的人们，开始更加充分地利用科学的力量，进行合理的养殖，慢慢地，现代化水产养殖模式将更加完善，虽然现在先进的养殖模式还没有完全实施，但是我们可以从很多的现代化建设中看到未来养殖业的良好发展态势，我国水产以及各行业前进的脚步不可阻挡，大国的崛起不可阻挡，历史的演变不可逆转。

参考文献

[1] 陈奕奕. 施萱荣女士忆林鼎先生[J]. 海洋与渔业·水产前沿，2015（7）：39-40.

刘思俭：
广东海洋大学水产养殖教育的拓荒者

> 刘思俭（1925—2008年），出生于山东省青岛市，1951年7月毕业于山东大学并参加革命工作，1956年4月加入中国共产党。曾任湛江水产学院（现广东海洋大学）教导副主任、养殖系主任、副院长。在我国水产养殖方面具有很高造诣，在海藻江蓠的科学研究领域取得重大成果：先后在我国《水产学报》《海洋科学》《热带海洋》、美国《水生生物学报》、日本《海苔与海藻》等刊物发表40多篇学术论文，在国内外有较大影响。

在广东海洋大学七十周年校庆之际，刘老师欣然写下了《45年教学与科研点滴——校庆感怀诗一首》：

海大华诞七十年，四十五载执教鞭。讲授课程仅七门，科研论文四十篇。

回顾过去如转瞬，今天仿佛是昨天。主观认为尚尽力，功过评说留人间。

面前的刘思俭老人，从容淡定，表情和蔼，已度的八十多个春秋虽在他脸上留下掩饰不住的风霜痕迹，但也自有一份经历风雨后的波澜不惊。作为原湛江水产学院的一位资深老教授，他倾其45年心血于海大的教育事业，见证了海大从幼小到壮大的全部历程。

1951年，刚从山东大学水产系毕业的刘老师，怀着满腔革命热情服从国家的分配，放弃了本可以到国家水产总局工作的机会，来到当时广东汕尾镇的广东水产学校（广东海洋大学前身），开始了他长达45年的教学和科研工作。当时学校师资匮乏，养殖专业虽有三个班但却从未上过专业课。学校非常希望他能教淡水养殖学、海水养殖学、鱼病学这些课程，但刘老师为难了，因为他本人也限于当时的客观条件，没有系统学过这些专业课程。

怎么办？一方面是学校教育事业的需要，另一方面是自身的实际！刘老师陷入了深思。就在这时，二年级的学生来拜访他们盼望已久的专业老师。面对一双双求知若渴的眼睛，刘老师坚定了克服困难的决心。

考虑到当地实际情况，刘老师跟教导处何主任商量，决定开一门水产养殖学。于是他便登上讲台，给学生讲授"养殖对象和环境的关系"，从"大鱼吃小鱼，小鱼吃小虾"的趣事讲起，学生都觉得很新鲜很有意思，大大增强了他的信心和勇气。于是他马上给日籍老师去信，希望老师能寄回日本有关海带、裙带菜、紫菜的栽培和贝类、鱼虾养殖等书籍和资料。日籍老师很快就把资料寄来了。五十多年后的今天，谈及此事，刘老师对雪中送炭的日籍老师仍感激不已。

这一年，刘老师带着学生深入汕尾沿海各个海区进行研究调查，包括研究如何人工栽培紫菜，进行牡蛎浮筏式采苗养殖实验等，期间取得了很好的成绩。由于教学行政工作的需要，刘老师被提升为教导处副主任，身上的担子加重了。可是年轻人嘛，累就累点，双肩挑，挺得住。刘老师除教好自己的课程外，总是不遗余力地去协调好全校的教学工作。

那时，全国范围内并没有水产类的教科书，很多教师仅凭经验上课，学生们很多都是"上课记笔记，下课对笔记，考前背笔记，考完全忘记"。刘老师深为此忧虑。一天，他拜访了从华南师范学院中文系毕业的陈国贤老师，交谈中得知苏联的课堂五段教学法、上课前写课时授课计划、开学前订学期授课计划等教学方法。刘老师如获至宝，马上请陈老师作了一次全校性的公开观摩教学，在全校大力推广了这种方法，使学校的教学工作步上了一个新的台阶。

1955年，学校从汕尾搬到了江门。在江门，刘老师协助校长和教导主任何鼎元同志处理全校的教学工作，执行中央所颁布的各专业教学计划，制定教学大纲，编写教材，全面向苏联学习，课堂上实行五段教学法，改革考试方式，实行口试和五级记分制，还时常举行全校性公开观摩教学，全面提高了学校的教学质量。这时，他除了担负海藻栽培学授课任务以外，又为渔捞专业开设了海洋学，为养殖专业开了水文学和海洋学两门课。为进一步做到理论联系实际，他把校门前的西江河口作为实验基地，充分利用西江水文站的设备进行教学，并鼓励教师结合各自的专业特点进行科学研究。他还独自完成了"西江鱼苗装捞网具设置地点和河水涨落关系"的研究，提高了鱼苗装捞效率。

1960年，学校与暨南大学水产系合并，由中专提升为广东水产专科学校。为了便于刘老师集中力量从事个人的教学和科研工作，他由教导处副主任转任养殖系主任。

1962年夏，学校迁往湛江。刘老师重点围绕江蓠高产的科学研究，深入两广各地考察研究，并在此项领域取得了重大成果，获得国家科技进步一等奖。为了科研他不遗余力，甚至还远赴海南岛探索麒麟菜的人工栽培。

1979年，学校升格为湛江水产学院，招收四年制本科生。刘老师宝刀未老，被任命为副院长。老当益壮的他，一手抓教学行政工作，一手抓教学和科研。两手都抓，两手都抓得硬，在这一岗位上辛勤工作了8年。

刘老师一直致力于海藻栽培学和海洋学的教学以及提高江蓠产量的科研工作，先后在我国《水产学报》《海洋科学》《热带海洋》《湛江水产学院学报》《湛江海洋大学学报》、美国《水生生物学报》、日本《海苔与海藻》等刊物发表了40多篇学术论文，并著有《海藻栽培学》（与曾呈奎教授合编）《江蓠栽培技术》《江蓠养殖》等。广东省水产系统先进工作者、中共广东省委人民政府园丁奖、广东省高教"七五"期间先进科技工作者、国家科技进步一等奖、享受国务院特殊津贴专家……一系列荣誉是对他45年辛勤劳动的充分肯定。

直到71岁高龄，刘老师才正式退休。刘老师执教期间，以其高深的学术造诣、严谨的治学态度以及对学生无微不至的关怀赢得了学生们的普遍尊敬。桃李满天下的他每年都有很多在全国各地工作的学生前来拜访。退休后，刘老师仍非常关心学校的发展，并先后几次回校作报告，引起较大反响。2008年，刘思俭教授因病逝世，享年83岁。

参考文献

[1] 广东海洋大学水产学院养殖系全体学生. 追思尊师——深痛悼念刘思俭老师[J]. 海洋与渔业，2008，110（3）：56.

骆肇尧：
水产品加工及保鲜技术领域奠基者

> 骆肇尧，水产加工专家。四川万县人（现重庆市万州区）。1962年加入中国共产党。
>
> 1934年毕业于浙江省水产职业学校制造科。
>
> 1938年毕业于日本东京第一高等学校。日本京都帝国大学肄业。曾任国民党政府军政部粮秣厂总工程师。
>
> 新中国成立后，历任上海水产学院教授、水产加工系副主任、副院长，上海水产大学教授，西太平洋渔业研究委员会中国专家，中国水产学会水产品加工和综合利用委员会第一、二届主任委员。20世纪60—70年代，在水产品开发研究中，以抗菌素和化学方法保鲜、保质，以及利用低值鱼类提取鱼蛋白发泡剂等方面成效显著。合著有《水产食品工艺学》《水产品简易加工》。2011年12月26日因病去世，享年99岁。

一、教育奠基

1980年骆肇尧担任FAO和国家水产总局组织的日本水产教育考察组组长，赴日进行为期1个多月的考察，收集了大量资料，并就日本"二战"后20世纪80年代的水产科教事业发展状况撰写考察报告，为我国水产科教事业的发展提供了重要参考资料。他还借此联系留学期间认识的日本同学，密切了学校与日本水产科教界的联系。

改革开放以后，为适应我国高等教育改革和水产品加工学科发展需要，骆肇尧组织中青年教师建立了食品科学与工艺学研究室，采用国外最新实验研究方法，集中开展了以草、鲢、鳙、鲫等淡水养殖鱼类为主，其保鲜和产品加工的生化与工艺特性方面的基础研究。因此在1995至2004年间，他促成学校与日本农林水产业研究中心的合作，开展了为期7年的淡水渔业资源利用加工研究，引进先进设备，培养、提高了中青年教师的业务水平。

二、致力教育

骆肇尧自1951年参与筹建上海水产学院时，似乎就注定要在水产科教园地耕耘不辍了。作为我国第一所本科高等水产学府的上海水产学院诞生后，骆肇尧相继担任化学教研室主任和副系主任。他在一缺教材、二缺师资设备的情况下，先后开设水产食品加工工艺学、水产品综合利用、水产通论和食品化学、生物化学、水产品分析检验等专业课和基础理论课程，编写教材，培养青年教师。特别是增设冷冻、罐头两个专业，拓宽了食品学科范畴，为新中国成立初期水产品加工和我国食品工商业发展及时输送了人才。任国家科委水产组专家期间，骆肇尧多次提出建设性意见。

在上海水产学院回原址恢复办学期间，骆肇尧先后任教务处负责人和负责教学科研工作的副院长，4年里完成了学科专业调整与扩建、师资队伍补充和职称评定，利用世界银行贷款重点充实了海洋资源捕捞、增养殖和加工贮藏等学科的教学科研设施。这为1983年后的研究生培养、1985年学校升格为大学创造了条件。

骆肇尧不仅为中国水产学会和中国食品科技学会发起人，而且参与了多部著作、教材的编写，主要从事水产品加工领域的教学与科研工作，填补了中国水产品加工领域的空白。他在上海组织开设第一个罐头食品专业，1963年更名为罐头食品工艺专业，1985年并入食品工程专业，1998年被食品科学与工程专业覆盖，为中国罐头人才培养、罐头工业、罐头出口创汇支撑国家重大项目建设立下奠基性贡献。1959年他参加了中国科学院水生所组编的《中国淡水鱼类养殖学》第一版淡水鱼类加工利用部分的编写及以后各版的修订工作。1981—

1986年，他担任《中国大百科全书农业卷》水产学科的副主编，在主编朱元鼎指导下，具体负责组稿、审稿与编撰工作。1985—1990年，担任《中国农业百科全书水产卷》编委常委及加工综合利用学科主编。历任《辞海》1989年、1999年版和2005年后《大辞海》编委和水产学科主编。并且在抗菌素、食品保鲜保质以及利用低值鱼类提取蛋白发泡剂方面成就显著，发表的《冰结晶理论》首次阐述了食品冷冻中冰结晶的变化，引起了国内外的关注。

（一）爱国敬业

骆肇尧对祖国、对水产科教事业的热爱集中表现为他对事业的忘我投入。他教育学生"学一行爱一行，干一行爱一行"。为了加深学生对专业的认识和感情，他上课时必先细致介绍专业性质和教学目标。从20世纪50年代开始，他就坚持从白天一直工作到深夜。起初住单身宿舍，随后干脆把学校当成家。他热爱学校的一草一木，早晚打扫宿舍周围园地，并教育学生爱护环境卫生。离休后他以八九十岁高龄坚持打扫楼道卫生的事迹传为美谈，曾被评为上海科教党委年度十佳好事。

对工作，骆肇尧脚踏实地，埋头苦干，一丝不苟，他要求教师和学生：实验数据一定要准确可靠，发表论文前要反复修改。20世纪50—60年代他带领青年教师和学生在每年大黄鱼和乌贼渔汛季节，到舟山沈家门渔区进行防止腌干鱼发红、乌贼雨天防腐和渔轮上鱼货金霉素保鲜研究。"文化大革命"期间，骆肇尧坚持到福建平潭、龙海、东山、长乐和江苏吕泗等渔区做研究。

他出行时总是提两个大旅行袋，一个装着必要的参考资料和实验测定仪器，一个装着换洗衣服，往肩膀上一扛就出发了。到了渔区他与渔民同吃、同住、同工作，丝毫不以为苦。在1973年前后在厦门进行鱼蛋白发泡剂研究工作期间，没有实验条件，他就在宿舍用煤球炉和钢筋锅来进行鱼肉蛋白质水解试验，在实验室用简单仪器自行组装水解浓缩和测定发泡性能的实验装置，并到上海进行生产试验，再到平潭设计建立了试产车间，成功地完成了产品开发工作。1977年他的鱼蛋白发泡剂开发研究成果获全国科技大会奖。

骆肇尧离休以后，仍一直关心学校发展，经常对学校学科发展、科学研究、师资培养，以至教学改革、教书育人方面等提出书面或口头建议。他对近年学校各项事业蒸蒸日上感到无比兴奋。

（二）九五华诞

11月3日下午，主题为"共迎水大九十五载校庆，同贺骆老九十五岁华诞"的中国水产食品加工界学术泰斗骆肇尧教授九十五岁华诞贺寿茶话会在校第二教学楼101室举行。在朴素温馨的贺寿会上，骆教授的同行、好友与学生们用真挚的话语回忆起与骆老相处的日子，并表达了对这位食品学界老前辈的衷心祝福。茶话会由食品学院党委书记陈江华主持。

上海海洋大学潘迎捷校长专程到会向骆老表示祝贺并致贺词，潘校长充分肯定了骆肇尧教授为我国水产食品教育和科学研究事业作出的重要贡献，称赞骆老身上集中体现了教育科研工作者"胸怀祖国、热爱人民，学为人师、行为世范，默默耕耘、无私奉献"的高尚精神。原校长乐美龙教授、校党委组织部汪之和部长愉快地回忆了与骆老共同工作学习的岁月。食品学院王锡昌院长、我校兼职教授、深圳出入境检验检疫局刘胜利局长，日本国际农林水产业研究中心水产部福田裕主任、骆老第一届研究生——浙江工业大学丁玉庭教授等人分别向骆老致贺词并赠送生日礼物。出席茶话会的还有老书记胡有庭、程裕东副校长、骆先生家人、食品学院退休老同事代表与部分师生代表。

茶话会上，身着礼服的骆老精神矍铄，笑容满面，对与会人员的祝福表示感谢，并勉励大家爱岗敬业、严谨笃学、淡泊名利、志存高远。骆老还向食品学院赠送了"发扬九五传统学科优势、培育食品现代科技人才"题词。随后，在《生日快乐》的歌声中，骆老同亲友们一起吹灭生日蜡烛，并亲自切开生日蛋糕……

（三）深厚友谊

骆肇尧和金熠有师生之谊。骆肇尧在浙江水产学院念书时，金熠是该学院院长，并由金熠派往日本留学。此时，骆肇尧任重庆粮秣实验厂总工程师，又精通日语，所以才随金熠来上海接收日本工厂。金熠此任是到上海粮秣实验厂担任厂长。

1947年，上海粮秣实验厂以三百万美金的代价收购了美国商人的海宁洋行，两者合并在一起成为生产军粮的部分，原打算把坐落在沪西的两个军服厂并在一起，所以称为粮服总厂，也叫粮服实验工厂。粮服实验工厂成立后，由粮秣司司长黄壮怀任厂长，金熠任副厂长。原来金熠负责的粮秣厂部分已在生产，所以仍然保留四个工厂的体系，变成粮秣总厂下属的第一部，由骆肇尧任主任；新购的海宁洋行部分称第二部，由沈治平任主任。沈治平有着高度的爱国主义精神，当时美国商人要通过走私途径，把一些物资运进工厂，按规定必须有沈治平的签字工厂才能接收，但是沈治平硬是不动笔签字，赢得江泽民同志的尊敬。沈治平赴美之后，由江绍徽任主任，江绍徽走后，江同志代理主任。

如今已是水产品加工知名专家的原上海水产学院副院长骆肇尧，在1947年至1949年和江同志一起在上海粮服实验工厂工作过，当时他任第一部的主任，老伴王素君也在该厂工作。江同志对这些老同事充满爱心。"文化大革命"期间，骆肇尧从厦门回到上海益民食品一厂做科研工作，刚好江同志带一批罗马尼亚专家到上海，他特意打电话到益民一厂让骆肇尧到上海大厦一起吃中饭，关心地询问他有关"靠边"和党籍等方面的情况。

已经九十多岁的骆肇尧没想到，2006年4月21日那天，江同志亲自到他家里来看望他，随同的还有尹宗伦和唐文华。江同志询问了一些上海粮服实验工厂建厂前后的有关历史情况，并对骆老的个人生活和身体保健等方面作了详尽的了解。谈笑风生中，骆老兴致勃勃地演唱了京剧《淮河营》，江同志还兴致勃勃地为大家唱了京剧《捉放·宿店》。江同志的平易近人、古道热肠让给骆肇尧深深感动。

2010年4月，上海人民出版社出版《日出江花——青年江在上海》系列丛书，在《记江同志与上海益民食品一厂》中记述了江同志与骆老的友谊。

江泽民同志与上海海洋大学骆肇尧同志保持了六十多年的友谊，展示了国家领导人与一名普通教师的深厚情谊。交谈中，他深情地回忆起与骆肇尧同志的数次往来，并关切地询问骆老的家庭情况，他高度评价了骆老为我国食品科技事业发展所作的贡献，称赞骆老是全校师生工作学习的楷模。

（四）关爱青年

骆肇尧关心学校未来，关心青年教师发展，关心年轻学生健康成长。他语重心长地谈到为人处世的心得体会：

老老实实地做人，认认真真地做事。以此立足社会，奉献人民。老老实实做人，就是对人对事讲诚信，不弄虚作假，实实在在，诚恳待人，团结互助，合作共事。认认真真做事，就是办事认真负责，不投机，不取巧，不敷衍塞责，不虎头蛇尾。世上的事，就怕认真二字。不管什么大事难事，只要认真去做，都可以金石为开，获得成功。

不管做事也好，学习也好，多问问几个"是什么""为什么"和"怎么样"，这可以帮助我们比较全面地掌握事物发展规律，搞好学习，做好工作，处理好社会人际关系。比如当学习一门课程时，事先就该搞懂学的是什么课程，为什么要学这门课，怎样才能学好这门课。再比如对任何事物，不要主观片面或人云亦云地轻易下判断，而要搞清楚其积极性与消极性和怎样发挥其积极性，避免其消极性。

骆老说道，更名和搬迁为学校发展提供了难得的机遇，也为在校大学生提供了更为广阔的舞台，希望我们能牢牢把握大学时期这一人生重要阶段，明确自己的目标，努力学习专业知识，为将来成就一番事业奠定基础。同时骆老对我们这一代的海洋人提出要"学一行，干一行，爱一行"，老老实实地做人，认认真真地做事。以此立足社会，奉献人民，为我国从人口大国向人才大国、人才强国迈进作出贡献。

2008年4月2日，由骆肇尧先生及其学生捐资16万元创立的上海水产大学大学生科技创新基金正式启动。该项基金旨在培养大学生创新素质，资助大学生开展创新研究和科技学术活动，推进该校科技创新"英创计划"的开展，培养一批科技创新意识强、组织协调能力强的高素质人才。基金主要用于资助在校大学生研究、竞赛和学术活动项目的开展，鼓励学子参与国际、国内各类学术科技竞赛，对大学生参加跨国、跨区、跨校学术科研活动给予资助。

在上海海洋大学百年校庆到来之际，骆老感叹海大的变化之大，对海大的未来充满了信心，并提出学校要加强素质教育的期望。骆老那种学严谨笃学、无私奉献的精神深深地触动了在场学生。在骆老身上，他们也真正体会到了"勤朴忠实"的真正含义。

根据外交家赵安博的相关回忆，骆老先生于1938年毕业于东京第一高等学校。他在上海海洋大学百年华诞前夕以99岁高龄辞世，是个富有传奇色彩的知名学者，深受上海海洋大学广大师生校友敬爱。

（五）深谋远虑

骆肇尧教授曾任上海水产学院副院长，是我国著名水产品加工及贮藏专家，早年主要从事鱼类肌肉纤维蛋白质变性与抗冻性、脂质组成与氧化酸败以及水产品的冷藏保鲜等方面的研究，是上海海洋大学和农业部重点学科——水产品加工及贮藏工程学科最早的学科带头人。他写道：在学习贯彻党的十六大精神和校党委号召全校教职工关心我校参加杨浦区大学城建设之际，近日从读报中得到一些启发，提出三点建议性的意见，目的和出发点是想争取创造更多更好的内在和外在的办学条件和环境，把学校工作的立足点进一步落实到杨浦区和上海市，以利参加大学城的建设和今后的发展。意见的要点是：

第一，建议考虑充分利用杨浦区水产业和科教部门齐全、科技力量和人才资源丰富的优势和潜力，以及上海市国际国内经济中心的条件，建立国内外水产业服务平台，使之成为带动新世纪上海市、长江三角洲以至全国水产业逐步走向由数量型向质量型、由生产型向生态型、由产品型向服务型转变的制高点。

第二，建议考虑本校在当前建设改革中，充分利用本校以水产学科为特色的多学科的优势，在科学研究和人才培养工作中，建立以水产学科为核心的各学科之间的横向内在联系，形成相互渗透、相互促进与共同提高的整体运作机制，以有助于促进今后学科建设由数量发展转向质量提高的方向发展。

第三，以更坚实的步伐积极参加杨浦区大学城和可能的水产业服务平台的建设发展，从而把学校的立足点进一步落实到杨浦区，一方面为杨浦区大学城和水产服务平台的建设发展作贡献，一方面使之成为推进学校今后改革发展的外在有利环境和条件。

从这几点意见可以看出，骆老先生的眼光长远，为自己的学校未来的发展都提出了自己的意见。

（六）技术背景与贡献

海捕的金枪鱼和各种鱼类、虾类、贻贝（淡菜）均属于高蛋白，营养丰富，是人们乐意食用的食品。也是人们从大自然中摄取蛋白质和其他营养成分的主要来源之一。新鲜的水产食品若在常温下（20℃左右）放置，那么其原有的色、香、味和营养会因为微生物和水产食品内所含酶的作用，导致食品的质量下降，甚至腐败变质，以致完全不能食用，并且造成环境污染和资源浪费，有些甚至会流入江河形成链式反应；造成微生物和藻类繁殖，鱼、虾类死亡和数量减少，大量的红藻使海洋生物锐减，并造成恶性循环。

保鲜是一项世界性的大课题，从人类进化到站起来开始，就在摸索保存食物的方法，以便在食物短缺时使用，近代有无数科学家和有志者从事此项大科学的研究，并不断地发现和发明各种各样的保持食品品质的重大成果，最普遍使用的是冷、热加工保鲜。人类在进步，科学在发展。20世纪70年代上海水产大学骆肇尧教授在食品冷冻、冷藏过程中发现食品的冰结晶变化，并且发表了食品学中的"冰结晶理论"这一世界性的新发现，引起了全世界的广泛关注。

骆教授从20世纪70年代开始一直在探讨和研究食物保鲜技术，这一"冰结晶理论"如何应用到水产食品加工中，还是一个较难的课题。直到80年代，美国科学家把"冰结晶理论"应用到生物工程中的保存血浆、保存生命体细胞等科学领域里，很多人才受到启发，进一步研究水产食品在冷冻、冷藏加工中蛋白质、细胞变化的状态。在研究中证实水产食品内形成冰结晶的大小、冰结晶分布的情况与通过最大冰晶生成区的时间有关，水产食品是由无数细胞构成的，细胞内的液体含有盐类等物质，是为溶液，在细胞和细胞之间存在的液体其浓度要比细胞内低。当温度降低时，冰晶首先在细胞之间产生，随着温度逐渐降低到细胞内溶液的冰点时，在细胞内才产生冰晶，由于产生了细胞内外压力不均衡的胀力，破坏了原生质膜和细胞膜；在目前沿用的冻结方式过程中，很多研究人员在实验研究中发现，做实验用的鱼、虾类水产食品体内的细胞生物膜的结构均遭到冰结晶的不均衡性破坏，在膜上形成通透性较大的裂缝，就像鸡蛋在冰箱内冻裂相似，形成许多电解质自由出入的通道，在解冻食物食用时，细胞质即营养物质，也是可溶性蛋白，在解冻过程中会大量流失，故在解冻时水中会出现大量泡沫，从而降低水产食品的鲜味口感，影响水产食品的营养价值，还会污染环境。如虾类食品和高蛋白的贻贝肉，在常规冻结、单冻机和管架式冻结间和平板结冻等均会遭到冰结晶不均衡性破坏，所以在解冻食用时会有电解质外渗现象，这种外渗现象会使肉质松散，使食品失去原有的风味。

许多研究人员通过多年的研究和科学实验，并在骆肇尧教授"冰结晶理论"的基础理论指导下，在研究在水产食品冻结过程中，研究产生冰晶不均衡状态的最盛时间和温度，通过分子动力学的方法实验和采用华罗庚先生发明的正交试验法，他们进一步掌握了生物细胞在温度和时间变化时的状态信息，经过反复实验、试验，破译了量变和时间的拐点，并通过冬眠动物进行验证，发现冬眠动物细胞自然抗冻的机理，在温度下降时，会增加体内细胞的多糖类物质，而且会在动物体表和细胞之间形成微冻状冰晶，以冻抗冻，不致使体内细胞因外界温度下降而冰结晶冻胀破裂，以保持生命体的活力，并在温度上升时复苏、复活，而且研究人员在植物中亦发现此类现象，如大白菜、青菜，在温度下降时，会产生抗冻的糖元物质，所以食用时会带有微甜味。

在科学试验中，对泥鳅、鲫鱼、金枪鱼、贻贝肉、各种虾类和海捕鱼进行微冻试验，经解冻，泥鳅、鲫鱼均能复活。虾类、鱼类和贻贝肉，经体细胞切片检验，细胞膜保存完好，解冻时无可溶性蛋白和细胞原生质外渗现象，贻贝肉经解冻后，仍像刚进冻时一样具有弹性和具有原来的口感，所以它的解冻水清澈洁净，也保留了水产食品全部营养，而微冻时产生的糖元物质，使微冻的虾类、鱼类、水产食品更加鲜美。经微冻后的虾类、鱼类、贻贝肉等水产食品，在-18℃冷库中存放时间最长达24个月。以骆肇尧教授的微冻技术为基础，为了将其应用到水产食品的加工中，许多公司研制开发出虾类鲜活微冻机、鱼类微冻机、贻贝快速低温微冻机等。各种微冻机的占地面积小，适应面广，渔船上、水产加工企业、鲜销均可使用，完全杜绝对人体有害的化学物质，微冻后经冷藏的水产品在解冻后仍保持活鲜品质。且微冻机操作方便，耗电比常规冻结节省60%，若单冻机每冻贻贝肉一吨需350度电，而贻贝快速低温微冻机每吨冻贻贝肉只耗电120度，达到节能、省电、环保、卫生的效果。

参考文献

[1] 《青年江泽民在上海》编写委员会．日出江花：记江泽民同志与上海益民食品一厂[M]．上海：上海人民出版社，2009．

[2] 中国水产科学研究院网．上海海洋大学专家访问水科院渔机所[EB/OL]．（2009-03-09）．https://www.cafs.ac.cn/info/1051/19575.htm．

[3] 陈慧．骆肇尧：耕耘科教园地[EB/OL]．（2013-09-29）．https://spxy.shou.edu.cn/2017/1003/c9475a212386/page.htm．

[4] 搜狐网．清明致敬｜缅怀水产前辈，立足当下，投身未来[EB/OL]．（2019-04-15）．https://www.sohu.com/a/306224761_210667．

[5] 上海海洋大学网．骆肇尧教授为学校发展献计献策[EB/OL]．（2003-04-15）．https://www.shou.edu.cn/2003/0415/c153a15981/page.psp．

[6] 章华明．"国立同济大学延安校友会"钩沉[N]．上海文汇报，2020-08-01．

[7] 孔维刚．"百名教授谈人生"访谈活动[EB/OL]．（2011-04-14）．https://www.shou.edu.cn/2011/0414/c147a25767/page.psp．

[8] 搜狐网．改革开放40周年｜渔业科技突出贡献人物名单（20名）渔业科技纪念人物名单（24名）渔业科技标志性成果（50项）[EB/OL]．（2018-11-15）．https://www.sohu.com/a/275752330_726570．

倪达书：
中国鱼病学的创始人

> 倪达书（1907—1992），原生动物学家，鱼病学家。江苏无锡人。1932年结业于中央大学动物系。中华人民共和国成立后任中国科学院水生生物研究所研究员。在原生支物学研究中曾有许多新的发现，对甲藻类壳板的研究在国际上有很高的声誉；从事鱼病研究，解决了生产上的许多实际问题；建立了稻田养鱼、鱼养稻的鱼稻共生理论；提出了水稻种植和水产养殖相结合的新的种群生态关系，为我国的淡水渔业和鱼病学研究作出重要贡献。

倪达书先生是我国最早开始研究原生动物的科学家之一，同时还是我国最早的鱼类养殖学家和鱼病学家。倪先生早期主要从事原生动物学中甲藻的研究，并在甲藻分类及甲板形态的研究上有重要成就；随后致力于淡水鱼类养殖和鱼病的研究，在预防鱼病、治疗鱼病和稻田增养鱼类、改善池塘养鱼制度等方面有着突出成就，对中国的淡水养殖渔业和农业的发展作出了巨大的贡献。

1907年8月22日，倪达书降生于江苏省无锡市的一个普通农民家庭里。8岁时就读于当地小学，12岁时以第一名的优异成绩毕业，随后继续求学于江苏省的立第三师范附属小学。1932年倪达书高小毕业，因为他的成绩优异而被保送至当时江苏省的立第三师范学校。1928年，倪先生高中毕业，他选报并被录取入南京第四中山大学的生物学系。据当时的同学回忆，倪先生非常热爱足球、篮球和跑步等多种体育运动，早在中学时期，倪先生曾在全省的中学生运动会上获得过800米跑步比赛的第一名。健康的体魄也使得倪先生在日后从事科学研究工作时受益匪浅。

1932年9月，倪达书先生获得中央大学的动物学理学学士学位。随后在中国科学社生物研究所王家楫教授的带领下，研究原生动物。由于倪达书先生非常虚心好学，认真试验，勇于实践，在这时期连续发表了二十多篇与寄生和自由生活原生动物海洋甲藻类相关的研究论文，也从研究助理晋升为一名研究员。1946年，倪达书去美国深造学习，在费城的宾夕法尼亚大学继续从事原生动物研究。1948年12月31日，倪先生谢绝了宾夕法尼亚大学的挽留，毅然回国，选择在"中央研究院动物研究所"担任一名普通的研究员。1949年，"中央研究院"决定迁往台湾，但倪达书毅然决定留在大陆。在上海解放后，当时的上海市军管会负责人、华东军区司令员陈毅先生，专门到"中央研究院"看望、慰问选择留在大陆的全体工作人员，并鼓励他们为中华人民共和国服务。党和政府对科学工作者的关怀，使倪达书先生受到很大的鼓舞。

1950年，中国科学院水生生物研究所在上海成立，倪达书立即转入该所，并到无锡联系建立了太湖淡水研究室，倪达书先生深入基层，先从事五里湖的浮游生物研究，后进行鱼病学研究，一直担任鱼病学研究室主任至1984年。

倪先生在1979年7月光荣加入中国共产党。1980—1984年任当时水生生物研究所副所长。1985年倪达书先生被推选为国际原生动物学家协会的终身名誉会员。他同时还是政协湖北省委员会委员、湖北省渔业协会理事长、中国水产学会副理事长、湖北省水产学会副理事长、中国鱼病研究会主任委员，也参与了《水产学报》《水生生物学报》和《动物分类学报》等学术期刊的建立。

一、开创鱼病学研究

早在1951年，倪达书先生在中国科学院水生生物研究所无锡蠡园淡水水生生物研究室下设的鱼病和寄生虫研究组工作时，由于当时的养殖缺乏科学饲养的意识与技术，导致草鱼大量死亡，给当地的农民带来了巨大损失。为了早日找到预防和治疗方法，倪达书领导着小组成员深入基层，驻扎到主要发病的鱼池，首次发现了一种能引起草鱼大量致病的病原体，这是一种叫隐鞭虫的原始生物，并很快研究出用低剂量的硫酸铜溶液能有效地杀灭隐鞭虫的治疗方法，防止了草鱼这类疾病的大量蔓延。这也标志着我国鱼类疾病研究在预防和治疗的科学研究方面迈出了第一步，也是倪达书在我国鱼病预防和治疗研究方面迈出的第一步，在中国鱼病预防治疗史具有重要的意义。

1953年，在倪达书负责的鱼病工作站成立之初，当地鱼类养殖饱受鱼类烂鳃病的困扰。烂鳃病是对鱼类危害极大的一种疾病，特别是在鱼种饲养的第一阶段更为普遍和严重，因此对烂鳃病的预防和治疗对渔业的发展是至关重要的一环。然而，由于当时的水平受到限制，特别是传统上一直把鱼类烂鳃病发病原因归类到鱼类肠道发炎方面研究，因此也一直没能找到鱼类烂鳃病的病原体，自然也没能找到科学防治鱼类烂鳃病的方法。直到1972年在倪达书先生的领导下，在烂鳃病的发病部位经过反复试验，找到一种G4菌株，这是对鱼类烂鳃病危害最大的细菌病原体，又称鱼害粘球菌，并进一步对病原体的菌体长度、形状和运动方式、菌落形态、子实体形态、柱子形成、生长的酸碱度、温度和毒力、耐盐能力和生化条件等进行了深入系统的研究，给我国鱼类烂鳃病防治打下了良好的基础。

倪达书先生还发表了我国第一批鱼病学研究的论文，提出了用生石灰清理池塘消毒，混合堆肥饲养鱼苗，漂白粉在饲料台周围挂篓和硫酸铜挂袋等效果显著的防治鱼病的方法，在饲养管理方面提出了池塘、鱼体和饵料消毒的"三消"，定时、定位、定质、定量的"四定"等具体措施，深受广大渔民的欢迎，也受到国内外同行的高度赞许，是我国养鱼事业中不可缺少的技术措施。

在倪达书先生的晚年阶段，他再次关注鱼类水霉病的研究工作，认真编写《鱼类水霉病的防治研究》一书，详细介绍了水霉病的研究简史、水霉菌的形态、繁殖、生态与防治方法。该书也首次系统地介绍了湖北省鱼类和鱼卵上常见的几种的水霉菌种类。

倪达书先生通过多次反复进行水霉菌的感染试验和切片研究，初步证明水霉菌的本质是腐生性，水霉菌只感染受伤的鱼类，没有受伤的健康鱼类通常情况下是不受水霉菌感染的。水霉菌对鱼卵的感染是最严重的，因此倪达书先生还对当时预防鱼卵生霉的四种药物进行了比较试验，认为活鱼卵具有抗霉素特性和水霉菌腐生的本质，使用药物预防不是必要的，而真正必要的是营造出有利于鱼类孵化的条件，保证鱼卵孵化的环境。倪达书先生提出了具体的能有效预防水霉病的措施,他认为,如果在鱼池的一端,先用不透水的塑料布围成一个狭长的小池,撒入少量药物,然后放入长途运输而来的鱼种,让它们先在小鱼池中休养几天,最后撤去阻碍物,让鱼种游散全池,不仅防霉的效果好,而且对消灭致病细菌和原生动物等也有较好作用。为了推广这些研究成果,他开办了大量的短训班、讲习班,培训了许多来自全国各地的鱼病科技工作者。倪达书先生亲自编写教材讲课,这些被培训的鱼病科技人员也是我国淡水鱼类养殖和鱼病研究的骨干力量。

二、改革池塘养鱼制度

倪先生还是一位杰出的鱼类养殖学家,他不但研究鱼病发病的原因,还致力于发展抗病力强的适合鱼类养殖的品种,在防病治病以及改进饲养方法等多种方面进行深入的研究。他主张培养优良鱼类品种,移植了武昌鱼与杂交丰鲤,并推广至全国各地养殖,极大促进了当时淡水鱼产量和质量的提高。

经过几十年的实地研究,倪达书先生发现传统的池塘养鱼有着一些弊端,比如同塘上市不均衡、鱼种并塘越冬、养殖周期过长、优质鱼种太少等皆妨碍着池塘养鱼业的发展。为了解决这些问题,他研究了池塘饲养鱼类优化结构及其增产原理,证实:在长江中下游地区,冬季大部分时间里,鱼类仍然需要摄食补充日常代谢所需要的物质和能量,因此,他不主张鱼种密集越冬。此外,在晴暖的冬天补充饵料不仅有利于鱼类的生长发育,而且有利于增强鱼体抗病力,因此他提出改传统鱼种并塘、密集越冬为夏末秋季凉爽时节放鱼种,这样养殖周期可缩短为两年,并节省鱼种池。通过对适宜草鱼生长的食物结构的测试,他还得出青料、精料合理搭配和投喂量数据,既满足了草鱼营养的要求,也控制水质的恶化。

三、《人民画报》报道水生所鱼病防治工作

《人民画报》1955年4月号以两个整页的篇幅报道了中国科学院水生生物研究所开展防治鱼病的工作进展。

倪达书写道:淡水养鱼是我国农业经济中的一项重要事业。养得好的,每

亩鱼塘年产量可达五百千克以上。但是我国有许多养鱼地区鱼病流行，渔农的损失很大。江苏和浙江两省养鱼地区每年放养的青鱼和草鱼，死亡率往往每年达到50%以上。

为了帮助渔农解决这一问题，1953年春天，中国科学院水生生物研究所在著名的淡水养鱼区浙江吴兴菱湖镇设立了鱼病工作站，进行鱼病防治工作。工作站系统地研究了青、草、鲢、鳙四种家鱼的习性、饲养方法和致病的寄生虫，从养殖方法着手来防止鱼病发生，另外又创造出一些简单易行的药物治疗方法。例如用硫酸铜和硫酸亚铁溶液喷洒在池塘里来治疗草鱼的寄生虫性鳃瓣病，用磺胺胍药粉拌在饲料中来治疗青鱼和草鱼的肠胃炎。工作站在成立后的第一年中曾用这些方法在181个鱼池里试验，结果有111个鱼池里的鱼病全部治好。去年又开始用"六六六"的溶液来消灭鱼体上的"鱼虱"，收到药到病除的效果。

鱼病工作站的历史虽然很短，但它的成绩已经引起各方面的注意。它用实际事例教育了渔农，改变了渔农的"鱼病不能治"的保守观念，为今后推广养鱼和防治鱼病奠定了良好的基础。

四、稻鱼共生，防治鱼病

在我国传统农业历史上，稻田养鱼主要是利用稻田水体饲养少量食用鱼。由于缺少科学的指导，技术水平低，产量不高，作用也不大，所以未引起稻作和养鱼专家的重视。

20世纪50年代，时任中国科学院水生生物研究所研究员的倪达书就开始对传统的稻田养鱼进行总结，在《中国淡水鱼类养殖学》（第一版，1961）中撰写了"稻田养鱼"一章，并在《人民日报》《大公报》上发表文章提倡稻田养鱼。

1972年，倪达书先生到武汉市某养殖场农业队进行稻田养鱼增产实验。经过3年多的试验研究，平均每亩的养鱼稻田能增产稻谷25%，"稻鱼共生""以鱼促稻"的设想照进了现实。

随着实践的深入，倪达书认识到稻鱼之间是互利共生的，具有良好的生态功能。为了探究这一功能，并用于实际生产实践，使其发挥更大的经济和社会效益，在1980年初，73岁高龄的倪达书仍亲自奔赴中国科学院长沙农业现代化研究所试验站的第一线，亲自选定稻田养鱼的试验基地，进行"稻田养草鱼种及其生态功能的研究"。他还多次深入湖北省黄陂、黄冈、红安等县，在养殖户的实地指导稻田养鱼。

1983年9月，该成果通过了中国科学院的成果鉴定，并获得当年中国科学院重大科技成果奖二等奖。该成果正式提出了"稻鱼共生"理论并系统阐述了稻田养草鱼的三大生态功能。一是促稻增产。早稻小区正交对比试验结果，平均增产7.8%±4.5%；大田示范对比结果，增产幅度在4%~25%之间，平均为10%以上。二是提高鱼种质量。每亩稻田能收获优质草鱼种350尾以上，同时减少孑孓滋生。三是节约劳力。稻田养鱼可节省稻农在耕种过程中的除草、灭蚊等劳动。

倪达书通过农渔结合的研究，制定了稻田养鱼的技术操作规程，确定了稻鱼配套的几种形式，并进行了农渔结合试点，解决了稻鱼矛盾，妥善地将水稻种植业和水产养殖业有机地结合起来，进行一体化生产，在稻田养鱼生产实践上有较大的发展和提高。

倪达书还给中央领导写信，建议国家把稻田养鱼技术向稻区农民示范推广。他的建议很快被采纳。《湖南日报》《瞭望》《长江日报》《科学与人》《人物》等杂志以及有关新闻宣传部门都对倪达书先生的稻鱼共生理论先后作了详细的宣传报道。中国水稻种植业和水产养殖业相结合的一种新的互利共赢的生产技术革命在倪达书先生的推动下热火朝天地开展起来。

1984年，农牧渔业部组织由四川省水产局牵头，由北京、河北、江苏、安徽、浙江、江西、福建、河南、湖南、广东、广西、陕西、四川、贵州、云南等17省、市、自治区承担的"稻田养鱼技术"推广项目，由倪达书等6人任该项目指导小组成员，进行大面积推广。到1986年，全国稻田养鱼面积超过100万公顷。

倪达书先生在鱼病学方面也作出突出贡献。中华人民共和国成立后，由于国民经济发展的需要，领导调倪达书从事不属于他擅长的项目，即鱼病学研究，他毫不犹豫，欣然接受，积极和同事们一起离开繁华的上海，到艰苦的渔乡，和渔民打成一片，学习养鱼技术，建立了中国第一个鱼病学工作站，开创了中国鱼病学。倪达书首次把科学研究精神引入中国渔业事业的发展中，使我国渔业养殖事业发生了翻天覆地的变化。在倪达书先生的带领下，我国鱼病学科从无到有、从小到大地发展起来，而且培养了大批鱼类病毒学、鱼类细菌学和鱼类寄生虫学等学科齐全的鱼病科研人才以及防病养鱼的实践专家，使我国的鱼病工作者从初期的少数几个人，发展成如今遍及全国各地的一支强大的技术队伍。其中包括各水产科研机构、大专院校和生产单位的科技人员，为我国发展渔业生产和鱼病防治作出了重大贡献。

他率领工作人员，向渔农学习，从中发现问题，研究解决问题的科学方法，并采取先解决问题，再深入研究其基本理论的路线，急农民之所急，想农民之所想，大胆地改革了传统淡水鱼类养殖的许多不合理因素，创立了"稻鱼共生"理论，使我国渔业发展和淡水鱼类养殖在质量上都得到了巨大的发展。

倪达书先生历经了新中国刚成立的社会动荡年代，其研究工作也在近半个波折的世纪中阻碍重重，然而倪达书先生却始终努力前行。倪达书先生这一生都在执着科学真理、追求服务社会的道路上照亮我们。

参考文献

[1] 殷战. 一生勤勉只求真　半世坎坷终为民——纪念倪达书先生诞辰110周年[J]. 水生生物学报，2017，41（6）：1380-1385.

[2] 刘洁. 倪达书的渔业科技成就及其思想研究[D]. 太原：山西大学，2007.

谭玉钧：
池塘养鱼学之父

> 谭玉钧于1925年10月9日出生于广东台山，1950年毕业于山东大学水产系，同年参加华东军政委员会水产管理局工作。1954年12月，调上海水产学院（现上海海洋大学）养殖生物系任教，先后被聘为助教、讲师、副教授和教授。他长期担任池塘养鱼教研室主任，主讲"水产养殖学""池塘养鱼学""池塘养鱼进展"等课程，曾任中国水产学会池塘养鱼专业委员会副主任委员、上海市政协委员等职。1990年获上海市"菜篮子"工程科研奉献奖，1992年获国务院颁发的政府特殊津贴，1993年、1994年被载入英国剑桥《世界名人录》。

一、人生经历

（一）解决吃鱼难问题

20世纪50年代，中国四大家鱼主要还是从长江、珠江等大型江河中捕捞天然苗，生产效率非常低下。在我国面临着吃鱼难的问题，尤其是在上海，到朋友家吃饭，如果遇到端端正正地摆到桌面上的整只鸡、鸭或整条鱼，客人是不能随意动筷子的。只有主人确实是要把它吃掉时，才能真的动手、动口。因为，鸡、鸭、鱼只能在逢年时节时才有，还要凭证凭票供应。有的人家在节日里，可以拿一条鱼请几次客。这并非说笑话，实际情况就是如此。面对这种情况，谭玉钧教授在研究透彻理论基础的前提下，1958年带领青年教师，参加了由中国科学院实验生物研究所所长朱洗先生领导的家鱼人工繁殖研究与实践课题组,进行技术探索。1959年,他在江苏吴江平望,突破了鲢鱼人工繁殖,1960年在上海青浦突破鲢鱼、鳙鱼人工繁殖,与此同时在河南武陟首先突破草鱼的人工繁殖。随后,在他主持下起草了《家鱼人工繁殖的操作规程》,并及时将这套技术应用于华东各地家鱼人工繁殖的实践。

谭玉钧成为长江和黄河流域突破家鱼人工繁殖的第一人,为此《家鱼人工繁殖的研究》和《池塘科学养鱼创高产》在20世纪70年代末先后荣获上海市重大科学技术成果奖和全国科学大会奖。

我国主要养殖的主要鱼类有:青鱼、草鱼、鲢、鳙(俗称四大家鱼),是敞水性产卵的鱼类。这些鱼类只能在大型江河中发情产卵,而且只有在特定的江段,在具备特定的生态条件下,才能完成其生殖过程。这种特定的生态条件,即四大家鱼的产卵场。产卵场水流湍急,流态紊乱,除了流速大外,往往还需涨水的自然条件。而池塘等小水体达不到这种繁殖生态的要求。因此,自古以来,四大家鱼的鱼苗只能从长江、珠江等大型江河中捞苗进行养殖,这种传统而古老的作业方式,严重地制约了我国淡水养殖业的发展。因此在20世纪50年代,吃鱼难成为全国人民面临的一个问题。谭玉钧教授在对面此种情况下,作出了许多贡献,主要在养殖鱼类苗种方面进行攻关,为淡水养鱼创造了良好条件。但当时全国池塘养鱼的产量普遍很低,通常亩产仅100~200千克。而一些传统养鱼地区产量较高,亩产达400千克。但这些养鱼技术绝大部分均为经验,未能上升到理论高度,不仅无法推广,也影响当地鱼产量的进一步提高。自1963年起,为解决池塘养鱼高产问题,谭玉钧带头下渔区在无锡郊区河埒乡、河埒渔业一队蹲点。在与渔民共同劳动的过程中,他总结池塘养鱼丰富的经验,积累了大量的数据(包括大量的水化学、浮游生物测定数据),将这些经验进行由表及里、由此及彼、去伪存真、去粗取精的分析研究后,终于将这些技术上升至理论。

到20世纪60年代中期,他总结了无锡郊区河埒乡池塘高产技术,建立起我国第一个池塘养鱼技术体系——太湖流域池塘养鱼高产技术体系,并首先在当地推广应用,使当地池塘养鱼亩产量跃升至500千克以上。70年代、80年代他仍持之以恒,开始从事池塘养鱼高产技术和理论的研究与实践,坚持不懈地对池塘养鱼各个高产因子系统进行综合研究。并将大面积高产的技术与管理结合起来，建立了一整套大面积高产的技术体系和管理体系。并将这一套技术应用于"上海、无锡、新疆等地连片商品鱼池大面积高产项目"的实践，创建了一套利用大规格鱼种和天然饵料为主的池塘大面积（万亩以上的商品鱼基地）高产、优质、高效的综合技术，单位面积产量超过500千克/亩，比试验前提高40%~70%，经济效益提高一倍以上，使新开发的上海郊区商品鱼基地在短短的3年内走上高产、高效的轨道。其中"池塘养鱼高产与综合养鱼技术研究"（上海市科委攻关项目）于1987年获上海市科技进步二等奖；"上海市郊区池塘养鱼高产技术大面积综合试验"（国家计委项目）于1988年获上海市科学技术进步一等奖，1989年获国家科学技术进步二等奖。与此同时，老渔区产量更上一层楼，"千亩池塘商品鱼亩产1000公斤技术试验"（国家星火计划项目）使无锡郊区河埒乡千亩鱼池亩产超过1吨，1991年12月获国家星火计划二等奖。

为此，谭玉钧于1990年获上海市"菜篮子"工程科研奉献奖。这些研究成果，不仅为20世纪80年代解决我国人民"吃鱼难"的问题作出了贡献，而且从中建立起具有中国特色的池塘养鱼高产理论与技术体系。由他主持，集中全国45位水产养殖专家，经3年努力，编著出114万字的《中国池塘养鱼学》，内容包括绪论、主要养殖鱼类生物学、生态学、育种、营养与饲料、人工繁殖、鱼苗鱼种培育、食用鱼养殖、其他鱼类养殖、稻田养鱼、鱼病防治、综合养鱼、鱼类越冬、特种水产养殖、活鱼运输、养殖场设计和施工、生产管理共17章。该书系统地介绍了我国池塘养鱼的科研成果和生产技术，提出了一整套代表国内先进水平的高产、优质、低耗、高效的池塘养鱼新理论、新技术和新方法。它将生产实践经验提升至理论，又将理论与实践紧密结合，集中反映了我国池塘养鱼的先进水平。该书由科学出版社1989年出版，于1992年获国家新闻出版署第六届全国优秀科技图书一等奖。该书对推动我国池塘养鱼业发展和理论提高起了巨大的作用。

（二）坚持在一线寻求真理

自1963年起，为解决池塘养鱼高产问题，谭玉钧带头到无锡郊区河埒乡河埒渔业一队蹲点。在与渔民共同劳动的过程中，他总结、分析、验证池塘养鱼高产经验，并将经验上升为理论，建立起以"八字精养法"为核心的我国第一个池塘养鱼学理论——太湖流域池塘养鱼高产技术体系。在当地推广应用后使池塘养鱼亩产量跃升至千斤以上。他坚持不懈地对池塘养鱼各个高产因子进行系统分析研究，不断完善"八字精养法"理论。并将这一理论应用于"上海、无锡、新疆等地连片商品鱼池大面积高产项目"的实践，使连片池塘亩产超千斤，产量比试验前提高40%以上，经济效益提高一倍以上，使新开发的上海郊区商品鱼基地在短短的三年内走上高产、高效的轨道，荣获国家科技进步二等奖，国家星火计划二等奖，上海市科技进步一等奖、二等奖等系列荣誉。1990年，谭玉钩获上海市"菜篮子"工程科研奉献奖。

随着"吃鱼难"问题的缓解，中国池塘养鱼业掀起了特种水产养殖的热潮。20世纪90年代，谭玉钩在中华鳖、欧洲鳗等特种水产品工厂化养殖方面做出了显著成绩。他与科技人员一起试验、一起研究，推出了一套中华鳖无沙养殖新工艺，大大改善了温室养鳖的水环境，有效地防止了鳖病发生，为中华鳖的健康养殖创造了良好条件。他提出了采用塑料大棚培养亲鳖提早产卵技术，增加了亲鳖的产卵量，减少亲鳖越冬死亡，为中华鳖的工厂化养殖提供了行之有效的养殖模式。他还对欧洲鳗生态要求进行了研究，建立了一整套符合欧洲鳗生长要求的养殖技术应用于实践，在促生长和防病方面取得了良好的效果，并由他主编出版了《图说欧洲鳗鲡养殖新技术》。

（三）提出并坚持理论与实践相结合的教育教学理念

谭玉钩强调"作为专业老师，不熟悉生产，不熟悉我们的养殖对象，是讲不好课的"。因此，他要求"要当好先生，先当好学生"，作为专业教师，必须要到生产实践中去锻炼几年，他强调专业课教师必须到渔区第一线去，根据生产中存在的关键问题选择科研项目。只有搞好科研，才能提高自己的理论水平，加强教材建设。对此，他自己身体力行，每年均有一段时间到渔区第一线了解生产的脉搏，并从中汲取营养。

据了解，不论是在工作顺利阶段还是在最困难的时期，在谭玉钩心中，都坚定一个信念：为中国历史悠久的池塘养鱼业建立池塘养鱼的理论体系，为池塘养鱼业的现代化奋斗终生。正是有了这种追求、这样的信念，谭玉钩不计名利得失、孜孜以求，甚至在90岁高龄还在为水产养殖业奔波，还要到渔区第一线去了解生产情况，还在学习新的事物，解决新的问题。校方表示，谭玉钧教授把毕业的精力给了水产养殖事业，奉献给了"菜篮子"科研工程。

二、主要获奖项目

1．家鱼人工繁殖的研究，1977年12月获上海市重大科技成果奖。

2．池塘科学养鱼创高产，1978年3月获全国科学大会奖，1978年9月获福建省科学技术成果奖。

3．人工合成多肽激素在家鱼催产中的应用（第三完成人），1978年3月获全国科学大会奖，1978年9月获福建省科学技术成果奖。

4．高密度流水养鱼的研究（第四完成人），1978年获福建省科技成果奖。

5．河鳗人工催熟、催产及鳗苗早期发育研究（第六完成人），1978年9月获福建省科技成果奖。

6．池塘养鱼高产技术中试，1981年获无锡市科技成果一等奖。

7．6600亩池塘亩产千斤养殖技术结构研究，1985年获无锡市科技成果二等奖。

8．上海市池塘养鱼高产综合养鱼技术研究（主持），1988年获上海市科技进步二等奖。

9．上海市池塘养鱼大面积高产综合试验（第二完成人），1988年获上海市科技进步一等奖，1989年获国家科技进步二等奖。

10．千亩池塘商品鱼亩产1000公斤技术试验（第四完成人），1991年12月获国家星火计划二等奖。

11．精养鱼池有效磷变化规律及其控制的研究（第二完成人），1993年7月获上海市科技进步三等奖。

三、主要著作

1. 主编《池塘养鱼学》，1961年农业出版社出版。

2. 主编《池塘养鱼学》（中央农业广播学校用书），1985年农业出版社出版。

3. 主编《池塘高产养鱼新技术》，1990年上海科学技术出版社出版。

4. 主编《中国池塘养鱼学》，1989年科学出版社出版，该书于1992年获国家新闻出版署第六届全国优秀科技图书一等奖。

5. 主编《淡水养鱼》，1994年中央广播电视大学出版社出版。

6. 主编《图说欧洲鳗鲡养殖新技术》，1999年科学出版社出版。

参考文献

[1] 邹佳雯. "池塘养鱼学之父"谭玉钧8月7日逝世，享年96岁[EB/OL]．（2021-08-09）. https://www.thepaper.cn/newsDetail_forward_13962551.

王道尊：
水产动物的营养师

> 王道尊（1935—2019），辽宁锦西人，中共党员，水产动物营养学教授，1993年起享国务院政府特殊津贴。1959年毕业于上海水产学院并留校任教。历任养殖系团总支书记、院团委副书记、养殖试验场技术员、池塘养鱼教研组副主任、养殖系副主任、中国水产学会营养和饲料研究会副主任委员、顾问，获全国优秀水产科技工作者称号。1985年赴日本农林水产厅国立养殖研究所研修学习鱼类营养和饲料。

一、开拓水产动物营养和饲料学

1985年之前，在上海水产大学水产养殖专业的教学体系中，尚无水产动物营养和饲料学这门课程。但随着水产养殖业的飞速发展，对这门课程的要求越来越迫切。在当时既无师资又无教材的情况下，学校派王道尊赴日本国立养殖研究所进修水产动物营养和饲料。

1986年王道尊完成学习，回到国内，为淡水渔业和海水养殖专业本科生开设水产动物营养与饲料学课程，为研究生讲授水产动物营养与饲料学专题，并制定水产动物营养和饲料学教学大纲。课余他收集国内外资料，开始编写教材。1994年初农业部组织专家编写全国高等农业院校通用教材《水产动物营养和饲料学》，由全国高等农业院校教材制定委员会审定出版，供淡水渔业和海水养殖专业使用。王道尊任该书副主编。经过一段时间的积累和准备，1988年水产动物营养和饲料学开始招收硕士研究生。王道尊担任研究生导师并先后培养了14名硕士研究生，其中两人继续深造并获博士学位，一人出国深造。

教学过程中，王道尊经常和有关教师一起深入生产第一线。他主张拜渔民为师，向渔民学习，解决生产第一线的实际问题。为顺利开展水产动物营养和饲料学实验室研究，王道尊还积极参与实验室建设。他认为这些举措是搞好学科建设的必由之路。

在科学研究方面，王道尊连续承担"六五""七五""八五"国家科技攻关项目研究。"六五"期间，他承担鱼类营养需求量和饲料配方技术研究中青鱼营养需求量及饲料配方技术的研究；"七五"期间，他承担主要水生动物饲料标准及检测技术中青鱼饲料标准及检测技术的研究；"八五"期间，他承担鱼类营养和饲料配制技术的研究中青鱼及饲料配制技术的研究。此外，他还承担上海市科委下达的草食性鱼类饲料添加剂的研究；1997年与杭州高成添加剂厂合作进行"微囊型"饲料的研究。1997—1999年，王道尊等承担了上海市教委下达的重点学科研究项目"在特种水产饲料中大豆蛋白替代鱼粉的研究"……

经过15年努力，水产动物营养和饲料学学科从无到有，从小到大，逐步发展壮大，成为学校水产养殖专业中的一个重要学科。1998年9月16日至18日，在院、校领导大力支持下，第三届世界华人鱼、虾营养学术研讨会在我校召开，上海市副市长冯国勤到会祝贺并致辞。王道尊任大会组委会主席。来自世界各地的数百位专家出席了研讨会。会议期间同步出版了《第三届世界华人鱼、虾营养学术研讨会论文集》。本届学术研讨会加强了科技成果交流，增进了团结和友谊，受到海内外专家、学者好评。

二、提携后学，甘为人梯

在学生眼里，王道尊在课堂外就像一位慈祥的父亲，关心、爱护着每一位学生。他虽硕果累累，但逢人很少提及自己的成就，却总会不经意地说起那些勤奋而出众的学生。

记得有一位来自河南农村的女学生，虽然考研成绩不是很高，刚刚上线而已，但王道尊全面考察了这位学生的综合素质，毫不犹豫地录取她做了自己的研究生。谈起自己的学生，感觉就像是在讲述他自己的孩子，言语间充满了关爱与自豪。他说："我对我带的学生都有信心。他们每一个都是很有实力的。每一个学生我都会帮他找好工作。"特别是说起一些生活比较贫困的学生，王道尊为了给他们提供帮助又不伤其自尊心，总是在做实验的时候特意找机会为其提供勤工俭学岗位。他带的所有研究生都从事营养与饲料方面的工作，并且在各自的工作岗位上做出不小成就，为社会贡献了自己的力量。

对学生来说是严师慈父的王道尊，对自己的孩子，却不能算是个"好爸爸"。他的夫人也在上海水产大学从事海水养殖的教学、研究工作。年轻时两人经常下基层做调查、搞研究，一走就是几个月。还未到入学年龄的孩子总是被送到姥姥家抚养。孩子读书以后，两个人只好分开出差，但真正留给孩子的时间还是少之又少。对此，王道尊时常感到愧疚。

三、孜孜以求结硕果

在早期从事教学和生产研究期间，王道尊每年都带领研究生和本科生前往上海郊区和江浙渔区、养殖场进行生产实践活动，与学生一起在生产中得出试验结果，并将实验结果用于生产。其间，他与学生同吃同住同劳动，艰苦奋斗，以苦为乐。

王道尊的大部分工作都是围绕池塘高产、鱼类营养和饲料配制技术完成的。特别以青鱼营养和饲料为主攻方向。至今，王道尊在国内外学术刊物上发表50多篇论文，引起同行广泛关注。在水产动物营养领域，他的一系列贡献陆续获得表彰和肯定，如1978年获全国科学大会奖，1988年获上海市科技进步二等奖，1989年获国家科技进步二等奖，1991年获农业部科技进步二等奖，1992年获上海市科技进步二等奖，1999年获浙江省渔业科技进步一等奖，2002年获湖北省科技进步二等奖等。每一个奖都意味着充满挑战和艰苦的求索过程，都意味着不同寻常的努力和付出。王道尊却未记住其中多少酸甜苦辣，反倒觉出一种迎难而上、实实在在的生命历程和乐趣。

王道尊，一位在科研中艰苦奋斗、精益求精一辈子，在生活上平易近人、严于律己的老教授，大大小小的成果可谓不胜枚举，培养的学生也难以计数，但一谈到成绩，王道尊总是岔开话题。他对此轻描淡写，认为自己做得还不够理想。他说与老先生们相比，自己还是名学生。

参考文献

[1] 搜狐网. 沉痛悼念中国水产动物营养与饲料学科奠基人王道尊先生[EB/OL]. （2019-08-27）. https://www.sohu.com/a/336834546_210667.

[2] 朱旺明. 怀念恩师王道尊[J]. 海洋与渔业(水产前沿), 2019（9）：14.

王克行：
时代楷模，吾辈之光

> 王克行，1932年12月生，山东省龙口市诸由观镇张家村人，中共党员，中国的水产科学教育者、对虾养殖专家。他长期从事虾类生物学与养殖技术的研究与教学工作，成功研究对虾工厂化全人工育苗技术及大面积对虾养殖技术，编著了《对虾养殖》《实用对虾养殖技术》《虾类健康养殖原理与技术》及全国高校统编教材《虾蟹类增养殖学》，曾获1988年国家科技进步一等奖，为我国水产事业的发展作出了贡献。

一、一个愿望，一生实践

王克行先生青年时代从军，于1948年参加中国人民解放军，从事卫生工作，荣立过三等功2次、四等功2次。20世纪50年代初他响应国家"向文化进军"的号召，边工作边自学，于1957年考入山东大学水产系学习，1961年以优异的成绩毕业，留校任教。

在读大学期间，王克行先生从资料中得知日本人已进行对虾养殖，他就想，日本人能养对虾，中国人为什么就不能养？他暗暗下定决心，毕业后一定要从事对虾养殖研究！1961年毕业留校任教，他向领导表达了自己的心愿并提出发展养虾业的设想与前景，得到领导的批准，担任海洋无脊椎动物养殖教学工作。从此，步入了他一生的养虾生涯。

1964年，王克行先生在导师尹左芬教授的领导下，与几名同事一起选择了乳山县（现为山东省乳山市）作为试验基地，建立了简易实验室，带领村民修建了养虾试验池，经过4年的努力，克服重重困难，取得养虾的初步成功。为解决虾苗问题，他与渔民一起扬帆出海或踏遍泥泞的浅海滩涂，探讨天然虾苗的分布和活动规律，设计出捕捞虾苗的网具，亲自出海捕运虾苗，终于攻克了养虾的第一关。他们进一步研究池塘生态学和食物链，确定了对虾的敌害种类和饵料生物，研究了消除敌害和培育生物饵料的技术，提高了对虾的成活率与成长率，特别是发现了蓝蛤、寻氏肌蛤是对虾最优良的活饵料，而当地资源丰富，价格便宜，解决了饵料来源问题，于1968年在文登县（现为山东省威海市文登区）后岛村和乳山县金港湾两地同时取得了对虾大面积丰收的成果。在此基础上，王克行先生又与黄海水产研究所、文登水产局等单位的同事一起开始了推广工作，在全县建立了四个示范点，挑着自编的讲义和显微镜，到各实验点为农民讲课，推广养虾知识，带动了全县养虾业的发展，使对虾养殖由试验阶段发展到企业化生产阶段，在文登县、乳山县等首先建立起对虾养殖业。他们的研究结果受到国家水产总局的重视，1978年在文登县召开了全国鱼虾养殖现场会，推广文登、乳山等县的养虾经验，带动了全国对虾养殖的发展。为配合全国养虾发展对技术人才的需要，他又承担了向全国推广养虾技术的任务，联合本校与养虾有关的老师一起，认真总结经验，吸收国内外养虾的先进经验，编写了一套养虾教材，每年给当时的水产总局、农垦部、盐业总局、解放军后勤部等系统举办对虾养殖培训班4~5期，并亲赴河北、辽宁、福建、广东等省举办地方性对虾养殖技术培训班，为全国培训了数以千计的养虾技术骨干力量，给全国对虾养殖的迅速发展奠定了技术基础，促使我国对虾养殖产量在20世纪80年代以每年翻番的速度快速发展。

王克行先生和他的课题组获得了1982年国家农业委员会、科学技术委员会颁发的对虾人工育苗和养成技术推广奖。

二、突破对虾工厂化育苗技术

养殖的成功，鼓舞着王克行先生向新领域和新的目标继续攀登。在养虾业的发展链条上，虾苗的生产始终是一个制约因子，王克行先生敏锐地预见到仅靠采捕天然虾苗远远满足不了生产的需要，而且还破坏天然资源，因此，虾苗大批量生产的技术亟待解决。于是他们又与黄海水产研究所等单位共同承担了国家攻关课题——对虾工厂化育苗技术的研究，组织了十多名教师与文登县水产养殖公司合作。他们密切配合，勤于观察，勇于创新，在过去土法育苗的基础上，对照比较了日本、美国等国家的生产模式，进行了多种生产模式的对照试验，实验观察了水环境条件与对虾产卵、胚胎发育的关系，进行了不同期幼体饵料的对比试验，探讨出适合于中国对虾亲虾产卵及各期幼体变态发育的最佳环境条件，研究出经济适用的供饵系列，逐一解决了设施配套设计、饵料系列搭配、水质调控技术及病害防治等关键问题，仅用两年时间，探索出适合于我国采用的生产模式，于1980年较早地突破了对虾工厂化育苗技术，在300立方米水体中培育出4 165万尾虾苗，平均每立方米水体出苗13.86万尾，远远超过了日本的生产水平，达到世界先进水平。对虾工厂化全人工育苗技术的突破，促进了全国南北方对虾养殖的快速发展。为此，他们与兄弟单位共同获得了1985年国家科技进步一等奖、1988年北京国际发明博览会金奖和世界知识产权组织的金奖。

20世纪80年代中期，养虾条件最好的海南岛对虾养殖迟迟不能发展，关键问题就是解决不了适合海南地理特点的斑节对虾的苗种大批量生产技术问题。1987年王克行先生受广东省水产厅的邀请（当时海南尚属于广东省），带着研究生到海南文昌县进行斑节对虾苗种生产试验。他总结吸收了当地及国外的经验，与当地技术员密切合作，经过45天的工作，培育出斑节对虾虾苗360万尾，相当于海南岛全部试验点9年产量的总和。他毫无保留地一边工作，一边给地方讲课，培训地方技术力量，次年该成果在海南迅速推开，为海南斑节对虾育苗与养殖作出了贡献。但王克行先生既不与海南同行争名誉，也不收丰厚的报酬，而是带着珍贵的实验资料回到了学校。临行前，省、县领导为他送行，称赞他"真不愧为中国的'虾王'"。

山东东部养虾业发展起来了，而西部黄河三角洲的养虾业却发展缓慢。为了推动该区域对虾养殖的发展，1986年王克行先生就将工作重点向西部转移，帮助胜利油田、垦利县（现山东省东营市垦利区）等县区筹划养虾业的发展及培训技术力量。1988—1990年间他到东营市垦利县挂职，任科技副县长，与地方领导密切配合，运筹养虾业的发展规划，指挥生产的发展。他将办公室设在生产第一线，春天蹲育苗场指挥苗种生产，夏天蹲养成场指挥养虾生产，不分昼夜，哪里有问题就去哪里，成为虾农的知心朋友，是虾农欢迎的好干部。在他们的共同努力下，垦利县养虾成为东营市对虾养殖的一个亮点。他还是附近几个县区政府的顾问，帮助他们培训养虾技术人才，解决养虾中遇到的技术问题，从而促进了整个黄河三角洲地区对虾养殖业的发展。他带着研究生与当地技术人员一起研究，根据当地的需求和地方特点，利用地下咸水的热量进行亲虾越冬培育，并取得成功，节省了燃料，降低了亲虾越冬成本。王克行先生得知当地野生的田菁籽中含有丰富蛋白质后，提出了以此作为对虾饲料原料的试验项目。通过试验发现田菁籽经过去毒处理后，可以取代部分大豆蛋白，并应用于生产中。为此他们获得了东营市科技进步三等奖。奖虽不高却带动了该县水产科学研究的积极性，传授了科研的基本方法，促进了地方水产科研工作的发展。

正当我国养殖对虾产量突破20万吨，成为世界养虾大国之际，1992年在福建省暴发了一场死亡率极高的对虾白斑病毒病，该病在两年内传遍了全国沿海，使我国新生的养虾业遭受到巨大的损失。看到国家和虾农遭受的损失，王克行先生感到内疚和悲伤，他怀着沉痛的心情与全国广大水产工作者一起又投入到抗病救灾的工作中。他带领助手和研究生深入东营市养虾场进行防病技术研究，经过两年的努力，初步探讨了对虾白斑病暴发与环境的关系及该病的传播途径，提出了封闭内净养虾技术，经试验具有较好的防病作用。而后他又与垦利县水产局一起试验，成功开创在重盐碱地区利用地下渗水养虾的技术，不仅较好地解决了防病问题，也为重盐碱地的开发利用找到了一条有效利用的新途径。目前滨州、东营地区地下渗水养虾规模已达数万亩，成为山东省对虾的主要产区，经济效益巨大。因此，王克行先生和他的课题组获得了2001年东营市科技成果特等奖。

三、首创黄海日本对虾放流

我国北方本来没有自然分布的日本对虾，面对黄、渤海中国对虾资源的日渐减少，王克行先生针对日本对虾养殖中摸索出的耐低温的特性及根据黄海水文特点，于1992年首次提出在黄海放流增殖日本对虾的可行性分析，并争取了课题，与山东省海洋捕捞增殖站等多个单位合作，于1995年首次在黄海的乳山市沿海进行了日本对虾放流增殖试验。他们培育亲虾和繁育虾苗,两年共放流日本对虾虾苗一千余万尾,放流后进行跟踪回捕调查,确定了放流日本对虾的移动范围及越冬场所,并于放流次年在文登、乳山、海阳沿海捕到了成熟交配后的母虾,证明了该虾可以在黄海越冬和繁殖的推断,此后每年在黄海中、南部均可捕到小批量的日本对虾,取得放流增殖的成功。这一成果受到辽宁、河北及山东省水产部门的重视,在他们的日本对虾放流中都取得了很好的经济效益,如辽西海域日本对虾生产性放流的投入产出比为1∶5.4。为此,该成果获山东省1997年科技进步三等奖。

四、改革发展教学方法

王克行先生不仅是一位享誉国内外的养虾专家,而且是一位教书育人、诲人不倦、勇于创新的教育家。20世纪60年代我国虾蟹类养殖尚属空白,因此也就没有虾蟹类养殖课。他通过多年科研和生产实践,积累了丰富的生产经验,吸取了国内外有关虾蟹类研究的成果,升华为理论,编写了教材《对虾养殖》,建立了虾类养殖课。他讲课深入浅出,丰富翔实,生动有趣,毫无保留地将自己实践中的心得和精华传授给学生。该书还作为当时全国培训班教材,为全国水产系统、盐业系统、农垦系统、水利系统及解放军后勤部等单位培训了数以千计的对虾养殖技术骨干力量,也被国内水产院校作为教材。

王克行先生还带领助手深入地进行了虾蟹类生物学及养殖技术的研究,不断充实和发展课程内容,联合其他水产院校教师主编了我国高等水产院校的首部虾蟹类养殖教材《虾蟹类增养殖学》,丰富和发展了水产学科,并获得2000年教育部科技进步三等奖。

此外,王克行先生努力进行教学方法的改革,使教学与生产相结合,使生产实习与技术服务相结合,他每年均带领学生到生产第一线,承包对虾育苗技术。他担任生产技术的总指挥,由优秀学生担任车间主任及班组长。坚持边教边实践,从实践中发现问题、解决问题,不仅增强了学生的学习兴趣,更锻炼了学生动手又动脑解决问题的能力。不仅为社会、为场方创造了财富,同时也解决了教学经费不足的问题,给学校创造了部分收入。更重要的是培养了学生对水产养殖业的爱好，增强了学生的责任感和学习的积极性，使他们真正地接触了生产，锻炼了能力。不少学生离校后都成为生产技术能手，深受社会欢迎，真可谓：为育人含辛茹苦，换得了桃李芬芳。为此，他们获得了1993年山东省教委颁发的优秀教学成果二等奖。

五、再铸人生辉煌

2001年10月，王克行先生在古稀之年届离休，完全可以安享晚年，但他仍奔波在生产第一线与青岛市养虾户进行南美白对虾的工厂化养殖试验，并取得了可喜成果，打破了北方养虾纪录，亩产达2.5吨。这一成果近年已在青岛地区推广应用，取得了较好效果。他仍然热心于为对虾养殖户服务，每年均多次深入辽宁、河北、山东、江苏、浙江等沿海乡镇为虾农讲课，传授虾蟹养殖知识。只要虾农遇到问题，不论严寒酷暑，他都去帮助解决，而且不收报酬。他还总结了一生的养虾经验和研究成果，撰写了专著《虾类健康养殖原理与技术》（科学出版社出版），还参加了《中国水产养殖学》的编写。真可谓"老骥伏枥，志在千里"。

王克行先生和他的同事们发表过专著和论文50余篇，不仅促进了生产的发展，也丰富了学科内容，由于一生勤奋工作、坚忍不拔的毅力和一颗献身于养虾事业的热心，他荣获山东省劳动模范和山东省首届专业技术拔尖人才的光荣称号，并终生享受国家特殊津贴。

王克行先生的老师，中国水产营养学奠基人李爱杰先生在王克行先生80寿辰时送了他一幅字画，他用四句诗总结了先生一辈子的养虾生涯——几度春秋专养虾，喜爱虾跃浴晚霞，一生教研无所求，愿闻虾香誉华夏。

参考文献

[1] 中国"虾王"王克行先生[N]．中国海洋大学报，2011-12-22．

[2] 渤海滩涂弄潮人——记青岛海洋大学水产研究所所长、垦利县科技副县长王克行[N]．东营日报，1989-10-18．

[3] 王克行，孙丽君．王克行细述对虾养殖三十年[N]．中国海洋大学报，2015-04-30．

熊大仁：
中国现代珍珠之父

> 熊大仁（1910—1981），江西南昌人。出生于书香之家，民国十一年（1922年），随家迁居济南。翌年，他考入德国教会办的青岛礼贤中学（今青岛市第九中学）学习。在中学期间，他除了必修德语外，还自学日语，更对多种多样的海洋生物产生浓厚的兴趣。后成为珍珠研究专家和生物学教育家，是我国现代人工珍珠养殖创始人之一。在珍珠人工养殖领域进行了许多开创性研究，指导培育出我国第一批海水人工有核珍珠、淡水无核优质珍珠。他毕生从事教育事业，培养出了一大批的水产人才，为我国水产事业的发展作出了卓越贡献，被誉为"中国现代珍珠之父"。

一、赤诚爱国，追求真理

人工养殖珍珠，我国宋代庞元英《文昌杂录》载："谢景温云：有一养珠法，以今所作假珠，择光莹圆润者。取稍大蚌蛤，以清水浸之，伺其口开，急以珠投之。频换清水，夜置月中……经两秋即成真珠矣。"此后，劳动人民又发明了人工养殖佛像珍珠。可惜这些发明不仅没有得到应有的发展，反而湮没失传。

人工育珠在中国失传后，20世纪初却在日本兴起。1890年，日本岛羽地方有一名为御木本幸吉的青年，用与我国古代养殖佛像珍珠相似的方法，将圆珠状珠粒粘在马氏珠母贝的壳内，于1893年养成五粒半珠状的珍珠，成为近代人工珍珠养殖的开创者。接着，见濑辰平（1904）和西川藤吉（1907）又成功养殖正圆珍珠。随着养殖技术的不断改进，日本的珍珠养殖业迅速发展，到1928年已独霸世界珍珠市场。对此，熊大仁为我国珍珠养殖业的衰败凋零深感痛心，他立志要让珍珠养殖业在中国复兴。在日本留学时，他就着力于珍珠的研究，并注意收集有关资料；回国任教后，他经常给学生讲珍珠。中华人民共和国成立后，他刻苦研究，不断探索，为重振我国珍珠养殖事业作出了重要贡献，谱写了我国人工珍珠养殖史的新篇章。

1931年，熊大仁中学毕业后，考入复旦大学理学院生物系。由于他学习勤奋，有很强的实验能力，甚得当时生物系主任徐仁极教授的赏识，从二年级起，就破例聘他兼任助教，这也使得他有更多的机会进行生物科学研究。

1935年，熊大仁大学毕业，获理学士学位。旋即自费留日，经推荐免试进日本京都帝国大学（今京都大学）理学部动物系研究室，在动物系主任驹进卓教授的指导下研究动物形态、生态及分类。1937年7月，由于日本侵华战争全面爆发，熊大仁终止学业，放弃在日本已取得的科研成果，携带有关珍珠人工养殖的资料和一套珍珠插核手术的工具毅然归国。熊大仁回国后，经老师徐仁极教授的推荐，被聘为复旦大学生物系讲师。1937年10月，上海沦陷，复旦大学与大夏大学合并为联合大学内迁，熊大仁旋即随联合大学到当时的四川重庆。尽管战火纷飞，辗转千里，他仍以极大的热情投入教学工作，不到两年就晋升为副教授。为支援广东高校建设，1941年他又受聘于广东省立文理学院（今华南师范大学）任生物系教授。后又被中山大学师范学院聘任为博物系教授兼主任。

他富有正义感，同情和支持进步学生。1942年，他的一位学生在毕业典礼上公开抨击国民党的腐败无能，学校当局扣发了这位学生的毕业证书，并要追查其导师。熊大仁挺身而出，伸张正义。他的行动引起社会舆论的震动，终于迫使学校当局作出让步。

广州解放前夕，熊大仁所在的光华医学院院长等人要他一同出国，但他毅然留下来，组织学生护校，迎接解放。在中华人民共和国建立初期的各次政治运动中，他多次被评为积极分子。

二、牛刀初试，南珠养成

1958年，毛泽东主席视察广州水产馆时说："旧社会劳动人民辛辛苦苦采珠进贡皇帝，现在我们养殖珍珠要为社会主义、为人民服务。"周总理也十分关心我国珍珠事业的发展，曾指示一定要把南珠发展起来。在两位开国领袖的激励下，熊大仁教授更坚定了为我国珍珠事业复兴而奋斗终生的宏愿。[①]

同年，当时任中共湛江地委第一书记的孟宪德创议在名扬中外的合浦珍珠产地——广西北海（当时归属广东湛江地区）成立珍珠养殖场，并商请当时任暨南大学水产系主任的熊大仁，亲临指导，实行教育与生产相结合，专家与工人相结合。熊大仁教授欣然接受邀请，他抱着振兴祖国育珠事业的宏愿，带领着水产系的学生来到北海珍珠场开门办学，从此开始了人工珍珠养殖的研究。皇天不负有心人，在他的不懈努力下，不到三年便成功培育出我国第一批海水人工有核珍珠，震惊海内外。

当时的养殖场，只有几间简陋的茅棚，几件简单的工具，没有专业的仪器设备，更没有相关的科技资料与实践经验，一切都得从零开始。为了有效地指导试验，熊大仁凭着他对珍珠贝生态学的精深研究，参考从日本带回的资料，编写了《珍珠的养殖》一书，从珍珠贝的生态、珍珠的成因，到珍珠养殖作业每道程序的操作技术要求，都作了详尽系统的论述，这也是我国关于珍珠养殖的第一本专著。此前，熊大仁还编写过《浮游生物通论》《牡蛎养殖法》《寄生虫学》《普通生物学》等著作，同时也是这些专著奠定了他开展人工珍珠养殖的理论基础。《珍珠的养殖》成了学生和工人们最通俗易懂的教材，但实际操作又是另一个重要的环节。

人工育珠首先要研磨制造出培育珍珠的珍珠核，当时没有磨核机，熊大仁便率同他的学生，硬是用二角铲把厚实的蚌壳一铲一铲地铲成了第一批珍珠核，迈出了试验的第一步。插核是珍珠养殖技术的核心环节，熊大仁制定了具体的指导方案——先用开口器撑开育珠母贝，用切刀做成插核通道，接着将从制片母贝外套膜切下的细胞小片沿通道送入，再用送核器送入人工珠核。手术

[①] 李家乐，王德芬，白志毅，等. 中国淡水珍珠养殖产业发展报告[J]. 中国水产，2019（3）：23-29．

要迅速，切口要小于核径，以免珠核排出，而且不能损伤母贝的内脏器官。头几次试验都失败了，插进的珠核不是排出，就是造成育珠母贝死亡，其主要原因是插核位置不正确。熊大仁和技术员、工人一起反复试验，终于摸索出了把珠核植进母贝内脏团的结缔组织或生殖腺的部位，是最理想的正确插核位置，从而突破了培育有核珍珠的技术难点。

1960年，暨南大学水产系和广东水产学校合并为广东省水产专科学校，校址设在中山县唐家湾（今珠海市）。广东省委指派熊大仁前去筹建并任副校长。当时正值经济困难时期，他毅然携家离开大城市到偏僻的唐家湾落户，完成了学校的组建工作。也是在当年，在熊大仁的悉心指导下，北海珍珠养殖场终于成功养殖了我国第一批海水人工珍珠。之后，熊大仁和他的助手们又不断改进插核技术，使固核率和成珠率日益提高，为我国海水珍珠养殖业的发展奠定了坚实的基础。

三、脚踏实地，技术突破

1962年，熊大仁服从组织安排，又和师生一起迁校到湛江，先后任湛江水产学院教授、院长（1997年湛江水产学院、湛江农业专科学校合并升格为湛江海洋大学，2005年湛江海洋大学更名为现在的广东海洋大学）。

在淡水无核优质珍珠人工培育试验成功后，淡水珍珠养殖在全国迅猛发展，扩大到18个省、市、自治区。1962年春，由熊大仁、吴教东、李伟新（后因故未参加工作）、何筱洁等人组成河蚌养殖珍珠小组，熊大仁为技术指导，继续进行淡水珍珠的研究。我国内陆河网纵横，湖泊水库星罗棋布，河蚌资源丰富，发展淡水珍珠养殖具有优越的条件。但淡水有核珍珠手术操作复杂，尚未充分掌握，当时一只母蚌只能植核1~2粒，难以大量生产。要让淡水珍珠养殖在各地大量发展，就必须发明一套容易掌握推广并能多植多产的养珠技术。

于是，熊大仁等人在仔细摸索后就采取了新的植珠技术，在淡水产的背角无齿蚌体内只植入珍珠贝的外套膜小片，经过反复试验和改进，终于取得淡水无核珍珠养殖的成功。这种无核珍珠手术简单，容易掌握，可同时植入外套膜小片3~4片，有的外套膜小片一块甚至可形成大小珍珠囊8个，每个珍珠囊都可形成珍珠，展示淡水珍珠大量生产的广阔前景。但是，初育出的无核珍珠色泽暗淡，色彩黄浊，质量低劣，没有商品价值。对此，熊大仁进行分析研究，发现造成无核珍珠质量低劣的主因，是由于制片与植片母蚌只采用一种背角无齿蚌，而且其壳内面珍珠层色泽不洁白、没有光泽。根据遗传学的原理，母贝壳质的色泽与所育出珍珠的色泽有密切关系。因此，熊大仁提出，要提高无核珍珠的质量，一是必须选择优质珠蚌作为母蚌，以发挥其遗传优势；二是可以把不同种蚌的外套膜小片植入不同种的母蚌，使各种蚌的遗传优势结合起来——熊大仁谓之"异种移植法"。根据熊大仁的指导，最后确定选取珍珠质优美的背瘤丽蚌的外套膜小片植入三角帆蚌和球形无齿蚌，或用背角无齿蚌的外套膜小片植入球形无齿蚌和三角帆蚌。经过反复试验，终于取得了令人满意的效果，所育出的珍珠颜色洁白，光泽明亮，符合商品质量要求，淡水无核珍珠的质量问题终于得到了解决。

熊大仁等人的研究成果标志着中国河蚌珍珠养殖的复兴。1963年，熊大仁等人的研究成果论文《河蚌无核珍珠的初步研究》在中国水产学会成立大会上宣读，引起强烈的反响。此后，河蚌无核珍珠养殖技术在江苏、浙江、湖南等省大规模推广，使我国淡水珍珠养殖业迅猛发展，年产量已大大超过珍珠王国日本。

四、和蔼可亲，诲人不倦

新中国成立前后，熊大仁在广东省立文理学院任职十多年，担任过教授、系主任。北京大学教授胡适宜当时是广东省立文理学院的学生，毕业后曾经当过熊大仁的助手。胡适宜天生害怕蠕动的小虫，一次，为准备关于寄生虫的实验课，她说："熊老师，实验室里找不到你要讲解的那些寄生虫。我也不知道去哪里弄。"熊大仁微微一笑说："没有寄生虫上不了实验课，我想办法去找吧。"熊大仁跑到附近的屠宰场，在一堆臭烘烘的牛粪、猪粪之中左扒右扒，找出一条条牛肝蛭、姜片虫。他带着这堆蠕动的寄生虫来到实验室，一条一条地给学生们讲解。

1963年9月的一天，湛江水产专科学校新生刚刚入校，那时学校还没有自己的学生宿舍，新生们被安排进了从其他学校租来的宿舍里。一位50多岁的老师走进了房间，说："同学们辛苦了！"这位老师身穿白衬衫，古铜色的脸上还不时地流着汗水，满头白发之下一双眼睛炯炯有神。新生们围着老师坐下，老师一个一个地问："你是哪里人？"如果是珠三角的人，他就讲白话；如果是客家人，他就讲客家话，可是他的发音并不标准，还带一点儿南腔北调的味道，引得同学们一阵阵开怀大笑，氛围一下子轻松了许多。老师说："你们考取大学很不容易，要好好珍惜难得的学习机会。我们国家海洋辽阔，江湖众多，水产资源十分丰富，这里面有趣又有用的学问多得很啊！"有的同学说："咱们学校怎么连一个像样的饭堂也没有，宿舍也是租来的，不像我们想象中高等学府的模样呀？""是呀！学校从唐家湾搬来湛江不久，一切都处于创建之中。但我要告诉同学们，困难是暂时的。以后我们学校要升格为水产学院，饭堂、宿舍都会有的，师资设备也会增加，这一切都请同学们放心……"老师的话不仅使新生们深受鼓舞，而且让同学们都觉得他可亲可近。后来，他们才知道，这位老师就是副校长熊大仁教授。

　　20世纪60年代初期，学生们手头已经有教材，但熊大仁还是不辞辛苦地自己编了一本《动物学》讲义，油印出来发给学生。有学生不解地问道："为什么有了教材还要辛苦地编写讲义？"熊大仁解释说："我编写的讲义与原教材在某些动物的分类上有不同见解，并且补充了一些南方特有的水产经济动物，这样对同学们的学习会有帮助。"学生们从熊大仁那里学习到了独立见解、联系实际的好学风。

　　熊大仁始终是站着讲课的，一直到老了满头白发都是如此，他认为站着讲课是对学生的尊重。在烈日炎炎的夏季，一节课下来他就会汗流浃背，而且有时候一个星期有20多节课，辛苦不言而喻。熊大仁在学生面前总是保持着慈祥的笑容，习惯称学生为"各位"。"各位，从今天开始，我将与各位一起来研究无脊椎动物……"学生们一下子就被他的"各位"拉近了距离，聚精会神地听了起来。

五、鞠躬尽瘁，死而后已

熊大仁终身从事珍珠养殖研究，有两个一直挂念的愿望：一是要赶超日本，把中国变成珍珠王国，他逝世前还在一个珍珠养殖培训班上说，中国不成为珍珠王国，我死不瞑目。二是给国家多产珠，多出口创汇，支援国家经济建设。他作过统计，每出口一吨珍珠，就可换回钢材3 835吨，或日野牌4吨载重汽车304部，化肥18 421吨，橡胶3 500吨等。而且出口的珍珠主要是做装饰品用，对我国人民的生活毫无影响。他临终前两天的一封家信中还说："我这次到江苏省培训班讲学，要是能按我讲的去做，只要商品规格的珍珠提高到40%~50%（现在只有10.6%），就可增加国家的外汇收入，一年可达1 000万美元以上。"

熊大仁以发展祖国的养珠业为己任，把整个身心都扑在他的事业上。不但以坚韧不拔的探索精神指导解决了珍珠养殖中的一个个难题，而且深入沿海各地，走遍大江南北，大力宣传珍珠养殖的意义，推广珍珠养殖技术，培训珍珠养殖人才，使珍珠养殖业在中国大地蓬勃发展。1960年，北海海水珍珠人工培育成功后，广东、广西、海南等地也相继建立一批海水珍珠养殖场。熊大仁经常利用休假日，独自背着行李，到各养殖场去指导育珠技术，解决技术难题，使各省养殖场的育珠生产顺利开展。

1978年，他出席全国科学大会后，为考察发展水产养殖事业，足迹踏遍了祖国的江河湖海，鼓励有条件的地方开展珍珠养殖。熊大仁还极力建议发展象形珍珠，为祖国的珍珠生产增添花色品种，实现产品多样化，以争取开拓国际市场的多元化，为国家创造更多的外汇。1975年，他提出培育附壳珍珠——艺术珍珠的建议和设想，即把珠核做成各种不同的形象植入母贝，生产出各种各样的象形珍珠。江苏省江阴县（现为江苏省江阴市）水产试验场和苏州太湖水产试验场根据他的建议并在他的指导下，用塑料、锡和铅等材料做成各种形象的珠核，培育成功了五角星、梅花、飞鸟等艺术珍珠。

为了更好地发展祖国的养珠业，熊大仁用业余时间为各地培养了成百成千的珍珠养殖人才。从1958年始，到1966年止，他每两年举办一期珍珠养殖培训班，无偿为各地珍珠养殖场培训技术人员。各地经他培训过的养殖人员，很多都成了技术骨干。熊大仁为人正直谦和，不摆架子，平易近人，但他又是一个坚持原则，敢于发表自己的意见的人，他从不向错误和偏见低头，表现了一个科学家坚持真理的可贵品格。1980年，中国珍珠的产量和出口量超过了日本，跃居世界第一位。熊大仁把中国建成"珍珠王国"的理想变成了现实。

熊大仁一生艰苦朴素，吃苦耐劳，带领学生实习，和学生一起住草棚，吃粗茶淡饭；到各地珍珠养殖场指导工作，传授技术，经常是一个人翻山越岭，使养殖场的工人深受感动。一次，他和学校的一位领导出差海南岛，汽车到站已是半夜3点多，他舍不得住店，只倚在行李袋上休息，这位领导也只好陪他到天亮。熊大仁毕生从事科学和教育事业，为祖国和人民作出了重大贡献，但他从不以此为资本，向祖国和人民索取。熊大仁研究了一辈子的珍珠养殖，培育了数不清的珍珠，却没有给亲人留下一粒珍珠。因为工作需要，他偶尔会带一些珍珠试验样品回家，取出珍珠给家人欣赏，并兴奋地说："这是我们最近培育出来的，蚌里育珠比沙里淘金还要难哪！"就像培训养殖人员那样，他会一一介绍品种，然后总会强调："这些珍珠都是公家的，你们只能看一看。"言毕，他又小心翼翼一层又一层地包好。

中华人民共和国成立时，熊大仁已是二级教授，为了以捐献飞机大炮的实际行动支援抗美援朝，他不顾家庭重负与3个尚处年幼的子女，主动向组织要求将自己二级教授的工资待遇降为三级。他作为湛江水产学院唯一的教授，却从未申请调换过房子，一家6口挤在又潮又湿的旧法式房子里，家里也没有一件像样的家具。他长期担任领导工作，但从不以权谋私，3个子女都是凭自己的能力从事普通的工作。逝世后，整理他的遗物，除了大堆的书籍资料和一些破旧的衣物外，别无他物。按照熊大仁先生的遗愿，他逝世后，这些书籍资料也捐献给了广东海洋大学，现存放于广东海洋大学图书馆六楼，供来往莘莘学子学习查阅。

参考文献

[1] 熊光炯. 要留"清白"在人间——记湛江水产学院首任院长熊大仁教授[J]. 老友，2021（9）：8-10.

[2] 沈海光. 中国现代养殖珍珠大事记[J]. 湛江海洋大学学报, 1998（1）: 4-43.

[3] 陈明耀. 湛江水产学院珍珠养殖研究大事记[J]. 湛江水产学院学报, 1993（1）: 80.

[4] 陈敬存, 胡传林, 张幼敏, 等. 学而不厌 诲人不倦——忆熊大仁教授[J]. 水库渔业, 1982（2）: 16.

[5] 龚亚明. 珍珠专家——熊大仁[J]. 中国科技史料, 1983（1）: 50-52.

张春霖：
与鱼结缘，人生路上展宏图

> 张春霖，字震东，属镶黄旗蒙古族，原姓巴依特，从他这一辈始才以汉字张为姓。1897年农历2月21日生于河南省开封市。幼时家贫好学，他有一兄二弟，仅他一人靠国家公费上学。1918年12月在开封师范学校毕业。1919年任河南省嵩县和乐高级小学校长。1920年任巩义市县立高级小学教员。1922年1至3月任开封县（现改为市）立高级小学教员。1963年兼中国动物志编辑委员会第一届编委。

张春霖是我国著名的鱼类学家、教育家，是中国现代鱼类学的主要开拓者之一，也是中国海洋鱼类研究的奠基人之一。他一生都专注于中国的鱼类研究，主要从事中国淡水鱼类的调查研究，勾勒出中国淡水鱼类分布区划的雏形，首次提出的诸多术语至今仍被沿用；领导了中国海产鱼类的系统调查研究，出版了中华人民共和国成立后的第一部鱼类学专著；他还十分重视人才培养，一批鱼类学领域的佼佼者都出自他的门下。

一、遇恩师：踏上漫漫求学路

张春霖幼时家贫好学，他有一兄二弟，仅他一人靠国家公费上学。当中国现代动物学创始人、东南大学（南京大学前身）教授秉志回乡探亲时，听说家乡青年张春霖聪明好学，建议他去南京高等师范生物系任职员，收入虽少但若能考入大学可以勤工俭学深造。

1922年4月，张春霖辞掉开封小学教职去南京，任东南大学生物系助理员。同年7月，他考入东南大学农学系，半工半读，四年后获得农学学士学位，并进入中国科学社生物研究所担任助教一职，专攻现代鱼类学。当时国内还没有人涉足现代鱼类分类学领域，张春霖认真阅读相关的英文文献，反复体会其中的术语及方法，才使研究顺利进行。1928年8月他赴法国留学，先在马赛突击学习法语，然后到巴黎大学随路易斯·儒勒博士（Dr. Louis Roule）研究鱼类学，并于1928年10月到1931年6月受聘为法国巴黎博物馆研究员，1930年10月获法国巴黎大学研究院理学博士学位。同年被吸收为法国动物学会及渔业学会永久会员，还曾到英国伦敦自然博物馆工作。在国外学习时期，他妻儿的生活费用都是承蒙他的恩师秉志私人借助维持的，所以他获博士学位后很快即回国工作，毕生对秉志衷心感激。

1931年7月到1941年12月其任北平静生生物调查所技师和动物标本室主任。1937年七七事变后，曾短期到开封河南大学（1937年8—12月）及湖北省华中大学教书（1938年2—7月），因子女多负担重又返北平仍以教书为生。1931—1940年间，曾在北京大学、北京师范大学、中法大学等处兼课。1942年初到1945年3月任北京师范大学教授兼理学院长，1945年4—7月任北京大学教授兼理学院长，他的大儿子叶光（原名张宗舒）因与同学李新民参加抗日活动暴露，他让他们逃走时被发现，因此张春霖被撤职并被投入南城草篮子胡同监狱。不久出狱，于1945年底到1946年7月改任北平临时大学教授；1946年8月到1947年夏任中国大学教授；1947年夏到1951年底又到北京师范大学任教授并曾兼生物系主任。

1951年他与孙云铸等创建中国海洋湖沼学会，兼任理事及秘书。1952年初到1963年任中国科学院动物标本工作委员会（1953年改为动物研究室，1957年改为动物研究所）研究员兼鱼类部主任。

中华人民共和国成立后，他曾先后担任一些学术兼职。如1950年受聘为中国科学院水生生物研究所专门委员、中央人民政府文教委员会学术名词统一委员会委员及中国科学院动物标本整理委员会委员；1951年受聘兼中央自然博物馆筹备委员；1956年受聘兼中国科学院动物图谱编辑委员会委员；1963年兼中国动物志编辑委员会第一届编委。

二、报祖国：科研路上成果多

早在1928年，张春霖就发表了《南京鱼类之调查》一文，开启了中国鱼类学家独立发表鱼类分类学论文的先河。回国后，他担任北平静生生物调查所技师和动物部主任，同时兼任北京师范大学和北京大学讲师。1933年发表的《中国鲤类志（一）》是第一部由中国鱼类学家撰写的鲤类鱼的学术专著，至今仍是淡水鱼类学研究珍贵的资料之一。1949年，他与北京大学教授孙云铸、北平研究院动物研究所教授张玺等，发起成立中国海洋湖沼学会，并兼任该学会理事长。

中华人民共和国成立后，张春霖专注于海洋鱼类的研究，昂首阔步走在科研的道路上。他积极组织调查全中国海区的鱼类，从而整理出完整的鱼类学资料，给中国的海洋渔业生产提供了科学依据。1952年，他和成庆泰将《中国海产鱼类的调查研究》上报中国科学院，从渤海和黄海开始进行鱼类调查，于1953年底首先完成了《黄渤海鱼类调查报告》文稿，这是中华人民共和国成立后的第一部鱼类学专著。1954年，他邀请上海水产学院的朱元鼎先生承担软骨鱼类的研究，之后又开展了南海及东海的鱼类研究工作。然而，1957年后南海鱼类调查长期停滞，直到1962年，科学出版社才出版了《南海鱼类志》。《东海鱼类志》则仅做了年余调查即仓促写出，于1963年出版。张春霖的著作迄今仍是研究中国海产鱼类最重要的参考书之一，并为编著《中国动物志》中的海产鱼类部分奠定了基础。

张春霖的科研工作，可以大致分为两个阶段。中华人民共和国成立前为他的科研生涯的前一阶段，主要从事中国淡水鱼类的研究。他在20世纪20—30年代所做出的成果，有不少是中国鱼类学领域的开创性工作。1928年在中国科学社生物研究所汇报发表的《南京鱼类之调查》，是中国鱼类学家独立发表的第一篇鱼类分类学方面的论文。1929年在法国巴黎博物馆杂志发表的《中国鲤科鱼类二新种》则是中国鱼类学家独自发表有关中国鱼类新种描述的第一篇论文；1930年在巴黎大学发表的《长江鲤科鱼类分类、解剖及生态之研究》是中国第一位获得博士学位的鱼类学家的博士论文，其中不仅有鱼类外部形态的比较研究，而且还有现在鱼类学家很重视的内部解剖特征等内容；1933年发表的《中国鲤类志（一）》是中国鱼类学家第一部关于鲤类鱼的学术专著，书中记述了鱼类117种及亚种，包括导言、研究史、系统描述、地理分布及图版说明等。他是中国淡水鱼类分布学的开拓者。他在鱼类地理分布方面将中国划分为东南区（广东、广西及福建）、西南区（云南、贵州及四川）、长江区（湖南、湖北、安徽、江西、江苏及浙江）、东北区（山东、河南、河北、山西、陕西及满洲）和西北区（绥远、甘肃、新疆及内蒙古等），图版中有18种鱼的口型及18种鱼的下咽骨及下咽齿；这些至今仍是难能可贵的科学资料。他于1933年在中国地质学会学志上发表的《山西鲫鱼化石之记载》是中国鱼类学家发表的第一篇关于化石鱼类的论文，证明上新世太古已有鲫鱼。1934年他和周汉藩合著的《河北习见鱼类图说》一书，其中介绍80多种鱼，除有精绘的图及中文描述外，中文名下尚有很多古文献中的名字，是参看不少古书而写成的很有价值的研究成果。1936年他与杨钟健合著的《山东省山旺鱼类化石的研究》论文，证明中新世山旺地区已有中新世雅罗鱼（*Leuciscus miocenicus Young et Tchang*）、临朐鲤（*Barbus linchuensis Toung et Tchang*）、斯氏鲤（*B.scotti Young et Tchang*）（因背鳍与臀鳍前缘最后一硬刺后缘锯齿状，现知应归鲤属）和大头麦穗鱼（*Pseudo rasbora macrocephalus Young et Tchang*）存在，很有科学意义。他对鱼类的比较、解剖及演化很重视。1937年七七事变后，鱼类调查工作被迫停止。在当时那样困苦的情况下，他曾对青鱼（*Mylopharyngodon aethiops*）的脑以及红鳍鲌（*Culter erythropterus*）和草鱼（*Ctenopharyngodon idellus*）的骨骼等做过解剖观察研究。1954年，张春霖发表了《中国淡水鱼类的分布》论文，此文把他1933年在《中国鲤类志（一）》中关于地理分布的划分作了进一步的充实，将东南区改为东洋区（云南东部、贵州南部、广西、广东、海南岛及福建），西南区改为怒澜区（西藏南部、云南西部及四川），西北区改为西北高原区（新疆、西藏北部、青海、甘肃中北部、宁夏、内蒙古、陕西、山西），东北区改为黑龙江区（黑龙江及绥芬河水系），长江区改为江河平原区（湖南、湖北、江西、浙江、安徽、江苏、河南、山东、河北、辽河和鸭绿江水系）。限于当时资料贫乏，不可能十分完整，但他已勾勒出中国淡水鱼类分布区划的雏形，尤其首次提出江河平原区及江河平原鱼类等术语，至今仍被鱼类学家所沿用。

中华人民共和国成立以后，张春霖转为着重开展海洋鱼类的研究，这是他科研生涯的后一阶段。从1951年开始，张春霖领导中国科学院动物研究所的鱼类研究工作，鉴于中国科学院设立的水生生物研究所主要是从事中国淡水水生生物的研究，而因中国海域广阔，对其海产鱼类过去研究很少，文献十分零散，为了能给国家提供较完整的鱼类资料，给中国的海洋渔业生产提供科学依据，他积极提倡、发起和组织有计划地调查全中国海区的鱼类。1951年初，他就让他的学生李思忠调查河北省海产鱼类；1951年底，他的学生成庆泰博士自法国留学回国，领导中国科学院海洋研究室（中国科学院海洋研究所的前身）的鱼类分类调查工作；1952年在张春霖、成庆泰二人的领导下，将"中国海产鱼类的调查研究"上报中国科学院，作为两所长期合作的科研计划。先自渤海及黄海开始鱼类调查，1953年底首先完成了《黄渤海鱼类调查报告》文稿，1955年底由科学出版社出版发行，这是中华人民共和国成立后的第一部鱼类学专著。自1954年始，又联合上海水产学院朱元鼎开展南海鱼类的调查工作，由朱元鼎承担软骨鱼类的研究。不料受1957年整风运动的影响，全部中青年科研人员被下放到中国科学院动物研究所临时设立的三门峡、白洋淀及十三陵三个工作站养鱼劳动，因而南海鱼类调查不得不长期停止，直到1961年初才仓促交稿，这就是1962年科学出版社出版的《南海鱼类志》。尽管此书包括860种鱼，似乎是一部中国空前的鱼类学巨著，但实际上遗漏很多。在此书内有朱元鼎写的软骨鱼类74种，成庆泰及其学生写鲈形目的大部259种和月鱼目2种，其余525种都是张春霖和他的学生郑葆珊、李思忠、王文滨等承担编写的，绝大部分都是1957年夏以前的存稿。《东海鱼类志》则仅做了年余专门调查即仓促写出。中国海鱼调查虽遭上述不幸，但从这三本书已可较为清楚地了解中国从渤海到南海鱼类的大致全貌，这三本书迄今仍是研究中国海产鱼类最重要的参考书，并为编著中国动物志中的海产鱼类奠定了基础。张春霖不愧是中国海鱼研究的主要奠基者。张春霖命名的鱼类至今仍被鱼类学家公认为有效的有秉氏墨头鱼（*Garra pingi pingi* Tchang, 1929）、异鳔鳅（*Gobiobotia boulengeri* Tchang, 1929）、四川鲷（*Xenocypris sechuanensis* Tchang, 1930）、齐口裂腹鱼（*Schizothorax prenanti* Tchang, 1930）、云南鲤（*Cyprinus yunnanensis* Tchang, 1933）、大头鲤（*C.pellegrini* Tchang, 1933）、花鲈鲤（*Percocypris pingi regani Tchang*，*1935*）、黄氏四须鲃（*Barbus huangchuchiensis Tchang*，*1962*）、中华棘茄鱼（*Halieutea sinica Tchang et Chang*，*1964*）等20多种，并常被鱼类学家引用。

三、品德高：路到尽头光犹存

张春霖不仅治学严谨，他待人接物的品格也尤为可贵。他对朋友忠厚正直，对学生爱护关心。傅桐生教授是他自幼时起的好朋友，一生亲如兄弟。许多出自张春霖门下的学生早已成为某一领域的中流砥柱，也一直与他保持联系。著名美籍华裔生物学家牛满江教授在北京大学上学时随他研究过鱼类，时隔40年后回国，仍怀念着老师。从不胜枚举的珍贵情谊中，我们不难体会到张春霖待人平易和善，胸怀宽广无私。

张春霖先生晚年患高血压、糖尿病，子女又多，生活清苦。后又患半身麻痹，不幸于1963年9月27日在家突发心肌梗塞去世。虽然先生已经离我们远去了，但他留给我们的是对知识渴求的精神，是可贵的人格魅力。

参考文献

[1] 朱弘复，宋振能. 中国科学技术专家传略（生物卷2）[M]. 北京：中国科学技术出版社，2001.

[2] 青岛海洋科普联盟. 中国海洋科学家[M]. 青岛：中国海洋大学出版社，2019.

[3] 李思忠. 鱼类学家张春霖[J]. 生物学通报，1990（6）：41-43.

张玺：
中国贝类研究鼻祖

张玺（1897—1967），字尔玉，河北平乡人。著名湖沼学家和贝类学家，我国海洋动物学的奠基人之一。1922年赴法留学，1931年获里昂大学博士学位。1932年回国，任北平研究院动物研究所研究员、所长，兼任中法大学、云南大学及山东大学教授。新中国成立后，历任中国科学院水产生物研究所研究员、海洋研究所副所长兼南海分所所长等职。

张玺毕生主要从事海洋软体动物和原索动物的研究，对经济贝类牡蛎、扇贝、珍珠贝的繁殖、生长和养殖方法的研究，为发展贝类养殖业提供了科学依据。另外，他还是我国后鳃类研究的奠基人。主要著作有《贝类学纲要》《中国北方海产经济软体动物》等。

张玺同志热爱党、热爱祖国，坚定地拥护社会主义，勤勤恳恳地为社会主义的科学研究事业服务，为党、为人民作出了卓越的贡献。他受到党的培养和政府的重视，生前任中国科学院海洋研究所副所长，南海海洋研究所所长，曾奉派到苏联、巴基斯坦和越南参加学术会议，被选为第二、第三届全国人民代表大会代表，山东省政协副主席，九三学社中央委员，在学术领导上他曾任中国海洋湖沼学会理事长、中国动物学会常务理事、国家科委海洋组成员、水产组成员并兼珍珠贝研究组组长。

一、求学报国志

张玺自幼聪慧，7岁入本村私塾，读了四书五经，1911年考入平乡县城内高等小学堂，在学3年，考试成绩总是名列前茅，深得师长赏识。17岁高小毕业后，因家庭经济困难，辍学在家耕读，农忙时种地，秋收后自学，但是仍常常怀念上学时光。1915年秋，他考入学费少而且有奖学金的保定甲种农业学校（后改名直隶公立农业专门学校，今河北农业大学），在校4年时间里，为了获得奖学金，他非常勤奋，每次考试成绩总是优秀，这样也解决了求学经济上的困难。

1919年张玺毕业时，正值五四运动爆发，他和进步同学参加学生运动，初步意识到非"科学与民主"不能救中国，于是萌生了走勤工俭学的道路，到法国去求学、学成后报效祖国的念头。

同年秋，张玺考入保定育德勤工俭学留法班，学习铁木工、法文和机械学，为赴法留学打好基础。1920年夏，张玺毕业，适逢河北大旱，家中无力为他筹借赴法船资，不能启程。正在张玺一筹莫展之际，有一个机会摆在他面前，他的母校——保定甲种农业学校创设留法班，规定毕业考试名列甲等前五名者，每月津贴50元，保送赴法。

张玺因此决定回母校学习一年。1921年7月，张玺留法班毕业，名列五甲，获津贴生待遇，被学校保送赴法国里昂中法大学留学。同年8月13日，张玺由上海搭法国邮船离开祖国，经过一个多月的海上颠簸，终于在9月25日在法国的马赛港登陆，后转乘火车到里昂中法大学。为探寻救国之路，赴法留学的中国青年知识分子都怀着"改造中国和世界"的万丈雄心，张玺决心踏踏实实地学到一种专门的学问，然后回国为中华民族效力。

1921年9月开始，张玺在中法大学预备法文，1922年至1927年进入里昂大学理学院求学。为了获取保定农校的津贴，张玺不得不先学习农业课程，后来他了解到没有生物科学理论的基础，研究不能深入，于是专攻生物科学，学习普通动物学、植物学和比较生理学。

1927年10月，张玺获得里昂大学理学院硕士学位，接着进入里昂大学动物实验室，开始研究海洋软体动物。随后在瓦内教授的指导下，专攻软体动物后鳃类的研究工作。1927年至1931年，张玺在里昂大学理学院动物研究室做研究工作，以软体动物后鳃类为题到法国数个海滨生物研究站做实验。通过调查研究，获取了大量的第一手资料。

1929年，张玺出席了在西班牙塞维利亚召开的国际海洋学和水利学学术会议。在会上他宣读了一篇关于地中海后鳃类动物的学术论文，受到了当时国际上的重视。这是他后来一生学术研究的起点。

1931年，张玺的博士论文《普娄旺萨沿岸软体动物后鳃类的研究》，以精湛的学术观点描述了法国沿岸的后鳃类，对其形态、生态以及胚胎等做了全面系统研究，获得法国国家博士学位，成为中国海洋动物研究第一人。

在里昂中法大学里，张玺积极参加各类学术活动，交往了许多献身学术的留法学生。与留欧同学林镕、朱洗、贝时璋等人发起创建了中国生物学会，和林镕、齐雅堂等组织了新中国农学会。

1931年12月，张玺学业结束后，告别了法国的师友，启程回国，开始了他献身祖国科学事业的辉煌人生。

二、献身中国海洋事业

回国后，张玺积极从事我国海洋学和动物学研究，成为我国这两门学科的开创者之一。

1932年1月，他受聘担任了国立北平研究院动物研究所研究员，从事海洋学与动物学研究，同时在北平农学院、山东大学、中法大学、中国大学兼授动物学和海洋生物学课程。当时，动物研究所规模很小，设备简陋，经费匮乏，生活极端艰苦。但是研究所的学术氛围很浓，研究人员可以凭着自己的兴趣来进行研究。张玺就是在这种条件艰苦、学术氛围宽松的环境下开展卓有成效的工作，他的中国海洋软体动物学的研究工作逐步开展起来。

张玺认为没有大量可靠的调查资料，就没有第一手资料，也就没有经得起时间考验的真正的科学成果。张玺是一位严谨求实的科学家，他所有的理论和重大的科研成果都是建立在亲身调查的研究基础上的。来到动物所不久，他以研究中国海产动物为主要目标，对山东半岛的海产动物尤为重视。他首先到了山东半岛和厦门沿海，一南一北，沿着海岸进行野外调查研究。

通过调查研究，张玺于1934年发表了《青岛后鳃类动物的研究》的论文。该论文不仅是中国海的后鳃类动物研究的第一篇论文，而且它首次对中国海的后鳃类动物做了一定的鉴定。特别是在论文中，他对青岛附近海域的8种后鳃类动物的外形、解剖、交尾、产卵及发育等都做了详细的论证和记述，为中国海后鳃类动物的研究工作打下了坚实的基础，也为后来开展中国海的海洋动物学研究工作开了好头，更使青岛和胶州湾后来成为中国海洋科学的研究基地作出了贡献。

1935年，张玺领导由北平研究院和青岛市政府联合组织的胶州湾海洋动物采集团，对胶州湾的各类动物的分类、形态、生态、发生等方面进行研究，也对海湾及其附近海洋环境和动物分类做了全面调查，这是我国第一次对海洋生物进行调查和研究。他和马绣同合写的《胶州湾海产动物采集团1~4期报告》和他于1949年发表的《胶州湾之海洋环境及其动物之分布》一文对胶州湾的地形、水深、底质、各层水温、海水的盐度和酸度以及水色、透明度等都做了详细记载，对在各调查站出现的动物种类和数量记载尤为详尽，根据460个站调查所获得的动物种类分析，各类动物出现站数的百分数，软体动物为83.7%；棘皮动物为75.7%；节足动物为75.2%；环节动物为68.7%；腔肠动物为41.9%；拟软体动物为39.8%；底栖贝类为29.5%；原索动物为28.1%；蠕虫为18.7%；海绵动物为4.4%。在动物分布方面，根据胶州湾内、外水域的地形、底质和物理化学因子分为11个动物分布区，对每区的环境条件和所获的动物种类都做了详细记录，并按动物门类分别列出各种动物在每区出现的个体数。对潮间带（沙滩、泥滩和岩岸）、潮下带0~40米水深和40~60米水深各不同深度出现的各类动物也做了垂直分布的记录，这些研究在我国是第一次，虽然涉及的范围仅限于胶州湾及其附近，但胶州湾位于我国北部沿海，山东半岛的东南隅，它的海洋环境和动物区系在我国北部沿岸颇有代表性，因此张玺同志的研究，特别是许多种类的记录，都是尔后研究我国北部沿海动物区系必须参考的重要文献。他的这些研究成果为我国海洋动物学的研究建立了良好的基础，也为今后研究胶州湾动物资源变动和环境污染对比提供了极为宝贵的第一手资料。张玺等人对胶州湾的考察中，在青岛发现了肠鳃类中的柱头虫。柱头虫是介乎脊椎动物和无脊椎动物之间的一种动物，对于教学和科学研究都具有很重要的价值。过去高等院校搞研究都是依靠国外的进口材料，花费很多的人力和财力，张玺他们的发现，对于我国的科学研究具有极其重要的意义。在考察队将要出发的时候，北京中法大学生物系主任夏康农教授曾公开悬赏：谁要是采集发现柱头虫，就给谁100块大洋。采集到柱头虫标本的是作为见习学员的马绣同。得知这一事情之后，张玺据此发表了一篇论文，宣布在中国沿海采集到了柱头虫标本，并且鉴定它为新种——黄岛柱头虫，从而结束了在生物学教学上只能引用外国资料的历史。

在1936年撰写的《胶州湾及其附近海产食用软体动物之研究》中，张玺对腹足类、瓣鳃类和头足类动物的形态做了详尽的论述，考证了一些科、属、种的名称，对其形态、生活习性、捕捞或养殖以及利用等都有记述，并评述了我国古代的资料，成为我国第一部比较系统的贝类学著作。

1937年抗日战争爆发，动物研究所随北平研究院迁往云南昆明。1938年所长陆鼎恒逝世，张玺继任所长。由于沿海地区大多被日本帝国主义侵略者占领，研究海洋生物学的条件已被破坏。张玺转而研究湖沼学。在工作条件极端困难的情况下，他想尽一切办法开始了对云南的湖泊及淡水、陆生动物的研究。

为了顺利进行调查工作，张玺与云南建设厅合作成立了一个水产实验所，设在滇池西岸山根下，和动物学研究所在一起，由他负责进行滇池动物的研究，调查云南的湖沼水生经济动物，并试行鱼类人工养殖。张玺在很差的条件下，对昆明湖（滇池）的地形、面积、湖水的理化性质、浮游生物和底栖生物等进行了详尽的研究。对湖中的经济鱼类和软体动物也做了专题研究。

1948年，他在北平研究院动物研究所丛刊上发表的论文《云南昆明湖性质及其动物之研究》，对昆明湖的地形、水面积、水深、水温、水的酸度、透明度和水色等都做了记述，根据他的记载，昆明湖的总面积约为324平方千米，容积为17亿立方米，水深平均约5米，最深处为8.5米。水温根据1942—1945年每月两次的实测，最高值为32℃，最低值为2.8℃，月平均温度以7月为最高，为23.5℃，1月为最低，为11.6℃。对昆明湖的浮游生物，张玺和易伯鲁报道了枝角类25种，桡足类21种，这两类动物常年都有出现，但以春季出现的种类和数量最多，夏季次之，秋、冬季较低。对底栖动物除了列出各类的名单以外，对有经济价值的种类给予特别重视。例如对云南特产的螺蛳（*Margarya melunioides Nevill*）曾进行专题研究，对其分类、形态、繁殖、生长、栖息环境、栖息密度、产量和捕捞方法等都做了调查研究。在鱼类方面除报道19种并对特异种进行了描述外，还做了青鱼的人工繁殖的研究，报道的19种鱼类中有12种是地方性种，说明昆明湖的动物有很多特异种类，根据张玺的记载，生活在水草间的一种两栖类动物：蝾螈[*Cynops wolterstorffi*（Boalenger）]在世界上只有昆明湖有分布。贝类中的螺蛳属（*Margarya*）也是云南省的特产。昆明湖里的种类与其他湖泊，如杨宗海、异龙湖、洱海中的也不相同。张玺对昆明湖的研究是前所未有的，这是我国湖沼学的开端，对研究昆明湖的变化有重要意义，是20世纪40年代关于昆明湖（滇池）研究的重要文献。除此之外，张玺还对云南的抚仙湖、导龙湖和洱海等湖泊的水生生物进行了考察研究，先后发表了20多万字的研究报告。这些文献的发表，为我国西南湖沼学的进一步研究奠定了基础。张玺因此而成为我国现代湖沼学的早期学者之一。

抗日战争胜利后，北平研究院动物研究所回迁北平，仍旧在西郊动物园建址。张玺教授遂又继续开展之前丢下的海洋动物研究工作。1946年，张玺在对我国各海区动物全面研究的基础上发表《中国海洋动物之进展》一文，对我国从古至今动物学研究分为三个阶段进行了论述，在我国海洋研究史上具有重要意义。

1947年秋天，张玺安排齐钟彦和马绣同到青岛采集生物标本。为了使采集工作顺利进行，张玺给山东大学童第周教授写信希望给予关照。童第周给他们提供了许多生活上的便利，并派学生协助他们开展野外生物标本采集工作。从此，齐钟彦和马绣同的人生融进了张玺开创的学术世界，他们合作完成了一系列学术成果。

1949年，张玺先生和童第周先生、曾呈奎先生等筹备建立了中国科学院水生生物研究所海洋生物研究室，张玺先生担任研究室副主任。后来以这个研究室为基础逐渐扩大至海洋生物研究所，又发展为中国科学院海洋研究所。1950年夏，张玺先生带领北平研究院全班人马来到青岛，汇入新建立的青岛海洋生物研究所。

1958年，张玺教授与邱秉经先生创建了海洋研究所南海海洋分所，张教授兼任所长，他积极想办法从全国聘任兼职研究员指导青年研究人员的工作，并亲自率领人员到广东、广西进行珍珠贝的调查，在他的大力支持下，为南海海洋研究所培养了一批科研骨干，发展了养殖业。之后该研究所同样发展成为独立的、综合性的研究所。

1957—1960年他任"中苏海南岛动物考察团"中方团长，对海南岛进行了春夏季和秋冬季的两次大规模调查，亲自到海南采集丰富的各类动物标本，为我国的研究提供了重要的资料，并发展了我国潮间带生态学的调查研究，进一步推动了我国海洋动物学的发展。张玺教授和他的同事们一起发表了软体动物及原索动物的许多论文和专著。他非常重视理论联系实际，对我国沿海危害极为严重的船蛆和海笋的研究就是证明。由于他亲自在青岛及全国各地特别是海南岛搜集资料和向渔民调查，对船蛆的种类及主要种类的繁殖季节，以及我国渔民对其的防治方法进行了深入、细致的研究，为防除船蛆提供了重要依据，当塘沽防波堤发现有海笋为害时，张教授亲赴现场，对海笋的种类、繁殖季节、生活习性以及危害程度进行调查研究，发表了论文，提出这种动物只穿凿石灰石而不穿凿花岗岩，因而筑港时不能用石灰石的建议。

三、春风化雨，桃李芬芳

1963年，张玺深入粤中——宝安、深圳、澳头和粤西——湛江、合浦、北海一带沿海，对珍珠贝和养殖珍珠进行了一次实地考察，即使在考察期间张玺先生也没有忘记培养青年的任务，除了要求个别业务人员随行之外，还派出一支青年科技人员小队伍，同路跟去平行地做些野外调查，并不时了解他们的调查采集工作情况。他既重视青年科学工作者的理论学习，又力求他们深入实际，通过具体工作进行学习。当年轻的科研工作者有了点滴结果，提出科学论文的习作时，张玺所长总是不厌其烦地审阅、批改。他会不时在工作中考核或当面试问青年科技人员，要求很严厉，但又给予充分的信任，随时鼓励青年同志积极向上，并相信他们会成长为科技人才。那些年，凡经过张玺先生和其他导师培养的青年人才，大多数人的学识迅速增进，业务能力明显提高，后来在科研工作中都做出了一定的成绩。

张玺同志还曾在中法大学、云南大学、北京大学、山东大学等校任教并通过培养研究生和接受全国各地，如南京地质古生物研究所、地质科学院、中山大学、山东大学、北京大学、厦门大学、上海水产学院等的科研、教学人员进修，为国家培育了许多人才。

常言道"学海无涯苦作舟"，学习如此，师道亦然。张玺先生教海扬帆，以爱为舟，以勤为桨，几十载辛勤耕耘，硕果累累，桃李芬芳，我国已故著名海洋生物学家、水产养殖学专家张福绥院士便是其中之一。1955年9月，张福绥前往海洋所进修，初次拜会了张玺先生，那时，他接触贝类学仅仅两年时间。面对这个初出茅庐的小伙子，张玺先生面带笑容，慈祥可亲，说了很多鼓励的话，并且指出研究和发展贝类养殖的重要性。随后，先生不仅亲自指导张福绥的日常学习，还安排他调查珠江口近江牡蛎养殖情况，引见其他老师指导他学习，使他在理论和实践方面的进步突飞猛进。正是因为张玺先生怀有一颗爱才之心，并且将所学所知倾囊相授，以张福绥院士为代表的一大批学子才能在他营造的科研环境中成长为国家的栋梁之材。

1967年7月10日，张玺先生逝世于青岛，享年70岁。他虽已辞世几十载，科研影响力却从未减弱。今天，我们仰视着张玺先生的雕像，缅怀一代大师，望着他那深邃的目光，感悟张玺先生丰富的内心世界，沿着他的宏伟思路在科研征途中继续前行。

参考文献

[1] 曾呈奎. 深切怀念张玺教授[EB/OL]. （2020-08-29）. https://lt.cas.cn/ztbd/xhxc/202307/t20230724_4945071.html.

[2] 刘瑞玉. 怀念张玺教授[EB/OL]. （2020-08-28）. http://www.lt.cas.cn/ztbd/xhxc/202307/t20230724_4945072.html.

赵洪恩：
杂交鲍鱼之父

> 赵洪恩（1937—2010），山东省莱阳市人，中共党员，大连市水产研究所党委书记兼所长。他悉心研究鲍鱼养殖技术，参与制定了皱纹盘鲍国家标准、建立了国家级皱纹盘鲍原种基地，开发的"RHD"新工艺技术，每年至少创造20亿元的经济效益，为我国鲍鱼年产量跃居世界首位作出了极其重要的贡献。著有35万字的《鲍的增养殖》一书。共取得36项科研成果，其中6项为国内首创并达到了国际领先水平，获国际发明专利1项、国家发明专利2项、实用专利3项，被誉为"鲍鱼大王"。曾荣获国家科技进步二等奖、全国劳动模范、全国优秀科技实业家、全国"五一"劳动奖章、全国农业科学家、大连市政府"科技功勋奖"等荣誉。

今天，"海八珍"之一的鲍鱼已经走上中国普通家庭的餐桌，我们得感谢并记住一个名字——赵洪恩。他让鲍鱼不再高不可攀，他开创的鲍鱼养殖技术为中国养殖企业（户）带来丰厚的收益。

2005年，时任国务院副总理的回良玉到大连水产研究所参观，不禁称赞：赵洪恩让鲍鱼走上了老百姓的餐桌，让沿海渔民们迅速致富，贡献很大。[1]

---

[1] 中国广播网. 赵洪恩：世界"鲍鱼大王"带走一个传奇[EB/OL]. （2011-07-16）. http://dl.cnr.cn/dlrw/201107/t20110716_508240440.shtml.

一、年少经历

1937年1月18日，赵洪恩出生在大连市万岁街。赵洪恩的父亲去世早，因为家贫，他想早点出来工作。1952年，年仅15岁的赵洪恩考入大连水产专科学校（大连海洋大学前身），1955年毕业后被分配到湖北省黄梅县水产养殖场，1956年10月回到大连进入大连水产养殖公司工作。

因为出身贫寒，赵洪恩工作非常刻苦，在水产养殖公司，他虽然是技术人员，但却像渔民一样整日摇船出海在养殖区里辛勤劳作。近20年的渔民生活极大地丰富了他的海上养殖知识，他成了海带、对虾等海产品的养殖专家，这期间，他开创的"海带人工养殖施肥法""海带斑点病的防治""扇贝人工育苗和养殖"填补了中国大规模扇贝人工育苗的空白，这3项科研成果于1981年获得了大连市科技成果一等奖。

二、开始海外求学路

1981年3月，是赵洪恩人生中一个不可回避的节点。那一年，他以一个研修生的身份，被派送到日本学习。当时，国际市场称鲍鱼为"软黄金"，而水产界把日本称为"鲍鱼王国"，因为他们的鲍鱼人工养殖有百年历史，年产量达到4 000吨，而我国当时却只有20多吨，有天壤之别。他是最早选派的出国研修人员，到日本北海道仙台市的青森县水产增殖中心研修了10个月。10个月的学习，让赵洪恩深受震动，同时眼界大开。回国时，他带回了7大箱子的鲍鱼养殖资料。这一次学习，让鲍鱼养殖这个念头在赵洪恩的心里扎了根。

赵洪恩曾经这样回顾了当时的心路历程：1吨鲜活鲍鱼出口的价值，相当于7吨无头对虾！大连地区水清流大，海藻丰富，是著名的皱纹盘鲍产地。但仅靠天然资源，产量很低，远不能满足国内外市场的需要。要开展人工养殖，首先要解决的是大量苗种。而这又谈何容易？号称鲍鱼王国的日本，当时的单位水体出苗量一般才2 000头，我们即使达到这个水平也是不行的，挣的钱还不够成本。一定得考虑大规模、高密度的育苗才行，最少也得达到5 000头。这是前人从来没有实践甚至提出过的，以至于周围很多人都认为赵洪恩的想法是异想天开。

三、上下求索，天道酬勤

赵洪恩说，农业讲求高效农业，不断改良品种，改换种植品种，水产养殖业也同样，要眼睛盯着高附加值、高效益的养殖品种，形成产业化。为此，他很早就考虑了一个当时看来有点儿像天方夜谭的计划：在大连地区人工养殖鲍鱼，代替多年来单一的养殖品种海带。皱纹盘鲍是我国黄海北部特有的珍贵经济品种，在香港和日本市场很畅销，而且价格昂贵。大连地区水清流大，海藻丰富，是著名的皱纹盘鲍产地。但仅靠天然资源，产量很低，每年不过几吨，远不能满足国内外市场的需求。而要开展人工养殖，首先要解决的是对大量的苗种的需求。

回国后，赵洪恩就不间断地进行小规模的鲍鱼人工育苗试验，历经4年，先后在六大关键技术环节上取得了突破。他一直盼望和等待的就是抓住时机发展中国的养鲍产业。

在做出了大规模、高密度鲍鱼人工育苗开发研究这一高科技目标的决定后，他们雇来推土机一夜间把原有的育虾池推成了平地。在一些人吃惊或疑惑的目光下，他把科研攻关组先成立起来，自己编教材，搞培训，担任组长。当时一无设备，二无资料，就自己设计施工方案，制定工艺流程和规范。4个多月里，吃住都在研究所，科研上的事确实一点儿也不马虎。

1986年，赵洪恩取得上级支持，获得80万元的贷款。连同所内投资，共筹集了100多万元。科研启动了。其间辛苦暂且不说，他吃住在育苗室，甚至当他病重需要住院时，还将临时病房设到育苗室。功夫不负有心人！当年的10月6日，水产局邀请国内20多位著名水产专家对成果进行技术鉴定。经专家实测，单位水体出苗量达到7 750头，是日本这一数字的3倍还多。

专家的鉴定结论是"此项成果已居于国际先进水平"。手捧专家鉴定书，赵洪恩热泪盈眶：几个月的心血没有白费，我国的水产养殖终于跻身世界水产科技舞台！人们惊讶：赵洪恩只用几个月时间，就超越了有着百年历史的鲍鱼王国，简直不可思议！就连当年他在日本的老师也不相信，专程赶到大连见证，不得不连称"奇迹"。消息传到日本，日本水产养殖界的专家不肯轻信这一听到的"神话"，当即组成考察团来到大连。他在日本研修时的老师伊藤进博士一下飞机就轻声问他："赵君，关于你的新闻是不是误传？"赵洪恩先生没有回答他的问题，而是从机场把他们迎到育苗室。这位来自"鲍鱼王国"的养鲍技术权威手持千分尺、放大镜，左量右测，最后对赵洪恩说了一句重复的话："真是奇迹，真是奇迹！"这也让赵洪恩感到无比自豪。

四、敢担风险，敢于创新

　　大规模、高密度鲍鱼人工育苗开发研究成功后，科研所靠卖鲍鱼苗就过得挺好了。当年出售鲍鱼苗获利润92万元，加上其他各项收入总利润达130万元，这在水产研究所是第一次。职工奖金比过去多了，鲍鱼苗成生财之道了，科技成果通过鉴定了，赵洪恩的名声也比过去大了。在这个时候，有些人就劝赵洪恩，劝他见好就收，该是享受成果的时候了。但是当赵洪恩听到这样的议论，心里很不是滋味。他觉得他们只解决了苗的问题，怎样才能大规模地养殖，怎样在大连、辽宁、全国推广开，怎样使水产养殖业通过养鲍形成产业规模，进而发展成为高效益的养殖产业？这些，才是这项科研成果应完成的全过程，也是他科研攻关的最终目的。

　　把育好的鲍鱼放到大海增养殖，受自然因素影响很大，像赤潮、台风、冰冻、野生杂藻等，都会对鲍鱼产生较大伤害。因此，鲍鱼苗的成活率很低，成活率不到一半。怎样使鲍鱼养殖的成活率变高？赵洪恩琢磨着给它们在陆地安个"家"。在日本进修的时候赵洪恩就观察到，有的零售商贩当天的活鲍鱼卖不了，就把鲍鱼放在池子中喂养，有的养了些日子发现鲍鱼仍在继续生长。他在日本报纸上也看到过关于陆地养鲍的信息。当时他就意识到，陆地养鲍是今后的发展方向。因为它能加速鲍鱼生长，缩短养殖周期；能避免海上自然灾害造成的损失；可以有计划地大规模上市，带来更大的经济效益。同时，可以实现鲍鱼养殖的陆地工厂化生产，形成现代化的鲍鱼生产产业。当时，我国还没有一座陆地养鲍厂，日本也不过只有几家小规模的试验厂。而且，我们对其内部设备、养殖工艺都一无所知，又没有多少资料可以借鉴参考。陆地工厂化养鲍，还有许多技术难题要面对。特别是开发研究这一新课题，需要一大笔资金。当时即使把所内资金全部集中起来还差得很远，就算是能争取到贷款把厂建起来，万一养不出鲍鱼，经济上的损失将是巨大的，研究所为此可能要倾家荡产，赵洪恩先生可能也会因此而身败名裂。一方面是个人的荣辱，另一方面是国家水产养殖事业的兴衰，在这个时候，赵洪恩仔细地想了想，中国有着18 000公里的海岸线，而鲍鱼的年产量才二十几吨，是日本产量的二百分之一。作为一名新中国水产科技人员，他怎么能心安呢？他说他生性好强，要为国家、民族争这口气。他觉得自己周身的血管中奔涌着一种壮志豪情，于是他下定决心搞工厂化养鲍，再拼一次。

通过控制雌鲍和雄鲍的排卵和射精时间，前后时间在1分钟之内，大大提高了苗种的育成数量。可以说，鲍鱼养殖已完全进入到工厂化生产时代。这样的高密度、大规模鲍鱼养殖，一下子解决了鲍鱼的产量低问题，从此让中国的鲍鱼年产量超过了日本。1989年，他再次走到了日本人的前面，在傅家庄建起了当时世界上最大的陆地鲍鱼养殖工厂，探索陆地工厂化养鲍。经过艰辛的科研攻关，陆地工厂化养鲍也取得成功。陆地工厂化养鲍取得成功后，这一科研成果迅速在全国一些地方形成了产业。一时间，鲍鱼成为新的财富载体，只要养上它，就意味财源滚滚。当时大连形成了10万平方米的养殖规模，山东省达到养殖面积14万平方米。一时间，养鲍鱼像当年的养对虾一样，购销两旺。

赵洪恩说："通过鲍鱼的工厂化养殖，我觉得我们不要夜郎自大，山东人敢作敢为、敢挑风险、勇于创新的精神很值得我们学习。在工厂化养鲍开始阶段，我们大连在徘徊观望的时候，山东就率先大面积推广，仅靠养鲍，就富了烟台、威海的一方乡镇。差别在哪？我很赞同市委关于'大大连'建设首要的是要解放思想、转变观念、勇于创新的观点，这是抓到了根本。不创新，新的科研搞不成；不创新，守着现成的科技成果也推不开。"他说，"'大大连'"建设必须要发展好大农业。建"海上大连"作为"大大连"建设一个重要组成部分，在大连的经济发展上占有很大的分量。大连海岸线长，水温水质都特别适于鲍鱼生长。为此，他建议市里能够加大水产品养殖品种的调整力度。对传统养殖的经济效益好的海珍品，像虾夷扇贝、麦红螺、文蛤、欧洲大扇贝等，要坚持养殖好，适当扩大养殖新品种和养殖面积。对低附加值的海带、裙带菜的养殖，要调整到作为高附加值的鲍鱼养殖等的饵料上来。有一笔账可以算一下：一吨鲍鱼出口可挣4万美元；而100吨海带才能赚4万元人民币。搞高效水产养殖业，是世界先进国家的成功经验，我们要把这一成功经验拿来为我所用。

山东省在陆地养殖鲍鱼每年1 000吨的产量中，工厂化生产的仅占20%，其余的全来自农民个体养殖。建个水泥池，扣个大棚，引来海水，买来苗种，按技术规划操作，许多农民靠这个发家致富。如果在大连得到推广，这不也是农民致富的一个途径吗？观念创新，才想做，才敢做，也才能够使新的科技成果得到很好应用。

在发展工厂化鲍鱼的养殖中，还有技术人才问题。长海县獐子岛前几年投资4 000多万元搞工厂化鲍鱼养殖，由于缺乏技术人员，技术跟不上，开始几年连年亏损。后来大连市水产研究所派去技术人员现场指导，很快就扭亏为盈，连续几年利润都很可观。大连在发展工厂化养鲍中，需要十分注意技术人才的引进和培养。赵洪恩说："应该看到，我们有的部门'左'的东西还比较多，招来高才生给人家技术员待遇，怎么能留住人？"他去福建、广西搞陆地工厂鲍鱼养殖的推广和技术指导，看到人家发展很快，靠政策吸引了一大批科技人员。看来，发展经济，搞高新技术产业，人才是关键。

赵洪恩不满足科研所内世界上最大的养殖鲍鱼工厂，他着急把这一成果更大规模地在大连、辽宁、全国推广。赵洪恩也不满足自己被国内外冠之的"鲍鱼王"头衔，科研所已与加拿大、澳大利亚等国签订合作协议，以技术入股的形式，开发国际市场，为中国争夺"鲍鱼王国"的桂冠。

赵洪恩说，靠着我们的信念，靠着我们的精神，靠着我们的原则，靠着我们创新的观念，我们会成功！

五、化解难题，另辟蹊径

1993年3月，中信投资4 080万元与大连水产研究所合资筹建一个3.8万平方米的世界一流、规模最大的养鲍基地。这个基地预计1994年完工，如果当年育苗，到1997年，年产鲍鱼将达300吨，年产值可达1 200万美元。可是，正当赵洪恩全力以赴建设新的养殖基地时，1994年8月15日，一场强热带风暴席卷了大连，赵洪恩投放到海里的小鲍鱼苗成批死亡。紧接着，1995年，辽沈大地暴雨成灾，洪水泛滥，大量的淡水涌入海湾，给海水造成前所未有的污染，病菌滋长，赤潮大面积发生，赵洪恩投放到海里的鲍鱼发生了严重的病害，小鲍鱼苗不但不长，反而一天天瘦下去，并最终死亡。连续两年，赵洪恩的鲍鱼受到了致命的打击，已损失了1 000多万元。就在赵洪恩的鲍鱼遭受严重病害的同时，中国各沿海，世界各地的鲍鱼也都纷纷遭到致命打击，各地养鲍厂的鲍鱼苗开始大面积死亡。最多时，鲍鱼苗死亡率达90%。巨额亏损使一些养殖场走到了崩溃倒闭的边缘。当时真是叫天不应，叫地不灵。赵洪恩的面前又出现了一座山峰——怎样解决鲍鱼的病害问题呢？这种局面让赵洪恩满脑子装的都是鲍鱼苗，寝食不安，经过反复研究，赵洪恩找到了鲍鱼苗死亡的病因，简单地说就是近亲结婚造成生物的性态发生了变异。

赵洪恩思考：鲍鱼杂交能否体现出品质的优势呢？最终，他从日本带回的17个鲍鱼品种中，筛选出一种品质优良的无病害鲍鱼作为亲本，与本地的皱纹盘鲍进行杂交。经过反复试验，杂交后代的遗传优势终于全面表现出来。1997年，他开始了大规模的杂交试验，引进了900头盘鲍做种鲍。为了提高苗种抵抗能力，赵洪恩应用RHD皱纹盘鲍杂交育种技术的新工艺取得了重大进展，对比表明，当"赤潮"来临时，老品种受病而新品种未受影响。鲍鱼苗成活率提高到80%以上，生长速度提高了3倍，单位面积产量也高出了3倍。过去育一亿苗，要死9 900万，现在育3 000万，活了2 700万！鲍鱼有救了。

当年11月，农业部组织全国十几位专家来到研究所，经鉴定认为：该项成果在育苗规模、幼鲍出苗量和当年培育大规格幼鲍等方面，均为国际领先水平。在中国鲍鱼养殖产业最为低谷的时候，赵洪恩的科研成果无异于一剂最有效的强心剂。在1995年、1996年鲍鱼生产的最困难时期，全国陆地养鲍的总产量降到最低时的200吨，1998年，又恢复到2500吨。赵洪恩又一次获得了成功。

这就是被称为RHD鲍鱼育苗新工艺，又是一项世界级的成果。

一位专家今天评价，这项成果拯救了中国当时濒临灭绝的养鲍产业，中国养鲍产业发展到如今每年4万吨左右的产量，几乎可以完全归功于赵洪恩。

在1997年后的几年间，大连市水产研究所成为一张金光闪闪的名片，从大连，从中国迅速传播到世界各地。赵洪恩，这个黑眼睛黑头发黄皮肤的中国人,为世界各国的水产养殖业界带来了福音。而大连这座城市,在世人的眼中也随同赵洪恩的这一发明与鲍鱼紧紧地联系在一起。在那短短的几年中,就吸引了世界40多个国家的3 000多名国外专家、学者来所参观考察。在大连市水产研究所成立20周年,也是大连信达水产有限公司成立10周年的时候,研究所曾出版了一期特刊,记录下这些辉煌的瞬间:美国民间大使系列专业团渔业代表团;美国、澳大利亚、新加坡、爱尔兰、韩国等联合代表团;爱尔兰渔业部部长米歇尔·伍兹博士;挪威王国国家水产研究所所长;爱尔兰水产大学大学生代表团;挪威王国渔业部副部长乔安尼斯·纳根;欧盟渔业卫生检查团;韩国水产会会长朴厚根;新西兰贸易谈判部长吉姆·萨顿;斐济总理塞尼亚·恩加拉塞;澳大利亚南澳大利亚州阿得雷德市市长黄国鑫;前加拿大联邦秘书长、渔业部副部长贝克;俄罗斯渔业部官员;印尼海洋事务与渔业部部长罗赫敏·达胡里……都先后奔向这里。

2003年,为了减少养鲍池取暖煤炭的投入,赵洪恩带着研究所的一位副总用飞机运了1万头鲍鱼苗到海南的琼海养殖场试养,试验结果证明,小鲍鱼的成活率竟高达90%,而且生长速度要比在大连快1/4。北鲍南养的成功,使大连的碧龙、太平洋、獐子岛等20多家养鲍企业纷纷效仿,一时间,大连飞往海南的飞机货运舱位出现了告急。

赵洪恩首创的北鲍南养每年使大连市的养鲍企业在增产、节能两方面增收近两个亿。

六、劳碌一生,甘于奉献

在他儿子家的客厅里,一个相框放在最醒目之处。别人家里的相框中放着的如果不是照片,那一定是书画作品,而这个相框中却陈列着赵洪恩一生中获得过的各种奖章:全国劳动模范、五一劳动奖章、全国优秀农业科技工作者、全国农业科技大会先进工作者、全国优秀水产科技工作者、省劳动模范、省优秀共产党员、省特等劳动模范……赵德彬说,父亲这一生最为看重的有几个奖项,一个是他的科研成果获得国家科技进步二等奖;第二个是大连市政府在2005年同时授予钱令希、王逢寿与他的大连市科技功勋奖,奖金50万元,这个大奖牌同样放在家中的客厅里，红红的，很是耀目；还有一个则是2009年大连市评选的新中国成立60年"大连不能忘记"60位典型人物。而这些，仅仅是赵洪恩一生所获得的奖项里极小的一部分。"共有两百多个。"有一次，好事的赵德彬想看看父亲的奖章和证书以及聘书到底有多少，把能找到的都找出来，称一称，结果加起来有17公斤重。几年前，他们曾为他编辑了一个册子——《赵洪恩同志功勋录》，整理出来的部分荣誉称号就足足有13页之多。

从事水产研究50多年，尤其是拖着多病的身体，在二十多年对鲍鱼的重点研究中，赵洪恩曾经7次病倒在工作现场，而只要病情稍微得到控制，他又会第一时间出现在工作中。他不计个人物质回报，无论到哪里，只要有企业在养殖中遇到问题，或是请教他技术难题，赵洪恩都会倾力相助。各种荣誉为赵洪恩带来的奖金几乎都被他用作生产科研费。

搞大规模、高密度人工育苗开发研究和工厂化养鲍研究，从每个研究环节到操作都要耗费大量心血，而为此担负的风险也是一种精神上的压力，比体能上的付出更要累得多。

1986年4月，赵洪恩好不容易完成了育苗准备工作，但就在这关键时刻，他却病倒了。经大连铁路医院检查，赵洪恩患有7种疾病，门诊部主任向他发出通牒："随时都有生命危险，立即住院治疗！"在育苗的关键时刻，这对于他来说无疑是个沉重打击。赵洪恩收拾了办公文件，又向所党总支书记做了必要的交代。但住不住院呢？不住院吧，面对的是随时有被疾病夺去生命的危险；住院吧，鲍鱼苗计划就会因其他同志还不全掌握育鲍技术而落空，80万元贷款要白赔，刚刚从亏损泥坑里爬出来的研究所，从此又会背上沉重的债务，职工的生活将受到严重影响，特别是刚刚起步的研究就要半途而废。他觉得他别无选择。医院根据他的请求破例把病房设在育苗室。然后赵洪恩就把行李搬到潮湿简陋的育苗室内，开始了艰辛而又担着很大风险的育苗工作。赵洪恩儿子说，"父亲一辈子不知死过多少回了，假如没有起搏器的话。他在大医一院、二院的病历有18摞，"赵德彬两手一上一下分开，比划着，"医生都惊讶，说这人的生命力真强，换作别人早就没有了。父亲患有多种重病：糖尿病、心脏病、肾衰、肺结核、脑出血、眼底动脉硬化……最近20年，他一直都是带着重病坚持工作的。"

鲍鱼的习性是昼伏夜出，一切活动都在夜间进行。每天晚上，赵洪恩都要检查130个育苗池，要用3个多小时，在池边两眼盯着那米粒一样小的鲍鱼，仔细观察它们的活动范围和变化。如果生活规律发生异常，要立即采取措施，因为稍有疏忽，就会带来损失。每次全部看完后，都站不起来，要靠别人扶起。他忍着各种病痛与工人同操作，有时咳嗽吐出大口鲜血，胸疼、头晕、全身无力。由于视力不好，夜晚走在狭窄的池埂上，他经常掉在水池里，身上摔得青一块、紫一块，还时常出血。六七月，天气炎热，伤口感染，长时间不愈合。有几次赵洪恩先生高烧39℃，昏倒在池边，被工人们扶到床上，就躺着指挥育苗。

在鲍鱼育苗的70多天里，他没有回家休息过一天。育苗室既是他的工作间、试验室、指挥部，又是他的病房。在取得成功的日子里，赵洪恩感到精神特别振奋，和大家一起沉浸在胜利的喜悦之中。职工们说："要是育不出苗，所长也就'交待'了。现在育苗成功，所长的病也见好了。"

由于上下共同奋斗，1989年5月，设备齐全、建筑面积5 400平方米的大型养鲍厂提前落成了！这是我国第一个，也是世界上规模最大的一个养鲍厂。当年就移入壳长2.8厘米的幼鲍50万头进行试养。在一年多时间里，赵洪恩就像走钢丝的演员一样，提心吊胆，不敢懈怠，和工人们及时调整密度，控制水温，合理投饵，使幼鲍在良好环境中迅速生长，取得了工厂化养鲍的第一手资料，总结出一套完整的工艺。

赵洪恩的几项发明问世后，使他在中国水产界的大名如雷贯耳，不仅前来研究所参观考察的人络绎不绝，请他讲课、向他"咨询"的人多得都排着队，推都推不开。

赵洪恩的老家在山东，山东老乡知道消息特别快，有好几家水产养殖单位都来找他，说是请专家。俚岛镇的镇长和镇书记专程赶到大连，邀请他去那里工作。"你身体有病，该早点退休了，到我们这儿来，每年只干两个月的活儿就行，我们一年给你10万元存银行当养老保险，个人所得税再给你另外拿。"赵洪恩回家给老伴开了个玩笑："这条件可不错啊！晚年有指望了，咱去吧？"老伴急了："组织上这么信任你，咱们是党员，可不能见钱眼开啊！"赵洪恩忙说："我早就回绝了。"

有一年赵洪恩到山东，被一家水产公司知道了，他硬是被拖着去讲了两小时课。事后，那家单位送给他3万元"讲课费"。他坚辞不受，对方却说，你"鲍鱼大王"一句值千金，给我们带来的效益哪止这些？硬是不依。这钱，赵洪恩最后只能收了。不久，研究所里400多名职工每人分发了一双皮鞋加一双凉鞋！"中信公司曾经奖励他1万元，他全部买了巧克力分给职工。就连研究所里的玻璃钢快艇也是赵所长用他的讲课费或者咨询费买来的。"为他开了9年车的司机刘远军回忆道。

1989年3月，赵洪恩应邀到山东荣成县寻山乡青渔滩渔业公司做咨询，让他们创造了200万元的产值。他们非常感激，提出要为他建一个别墅，并说，就是你现在不来，我们也给你留着，等你退休时来住吧。赵洪恩拒绝了。但到1990年3月他再到那里做咨询时，发现别墅竟然落成了，他们非让他住在里面不可。

这栋别墅坐落在海边，总面积有200多平方米，装饰得富丽堂皇：外墙镶着马赛克，地面铺着大理石，天棚吊顶，内墙挂壁毯，地面铺地毯，还专门从3里多地以外引进自来水，当时的总造价就达到40多万元。赵洪恩碍于情面，怕伤到对方的好心，只好在里住了一夜，然后就搬到了育鲍车间旁边的小屋里住了。旧事重提，赵德彬说，现在那栋别墅还在，父亲最终没有要，也没有再去住过一次。用"勤勤恳恳做事"来形容赵洪恩只怕还不够。当年老市长魏富海称他为"拼命三郎"，也许是最为贴切的。而"清清白白做人"，更是赵洪恩这一生的真实写照。

赵洪恩说："我明白，在如今开放的条件下，只要我想当百万富翁，是不困难的。可我是祖国培养出来的知识分子，是党和人民用血汗抚育的高级工程师。在国家外汇十分紧缺的情况下，政府还抽出宝贵资金送我出国深造，这养育之恩，我永远也报答不尽。我搞工厂化养鲍，目的是振兴祖国的水产养殖事业，而不是图个人的名利。"

七、与世长辞，流芳百世

中国共产党优秀党员，我国著名的鲍鱼养殖技术专家赵洪恩同志，于2010年12月29日凌晨4时35分因病在大连逝世，享年73岁。赵洪恩同志的一生，名为轻、业为重，家为轻、国为重，其严谨的人生态度，诠释了一位渔业科学家积极探索海洋奥秘的担当精神。他是中国乃至世界水产业的一个传奇，这一天，他走完了传奇的一生，也终结了一个时代。

2010年的最后一天，市殡仪馆告别厅里，大连市四大班子领导送来了花圈，向"鲍鱼大王"赵洪恩表达大连市民对他的尊重与不舍。告别会之前，殡仪馆方面按惯例提供了许多副挽联供家属选择，但赵洪恩的儿子赵德彬都没有采用。他了解父亲，他一向忧国忧民忧集体，为国为民为集体，只想给国家干点儿事业，宁可风险自己担着，成果大家共享。唯一的追求就是给他一方天地，让他施展抱负，把知识还给人民。

赵洪恩先生曾说："生命短短几十秋，能够以己之力为社会做些事情，活着的意义足矣。"

这就是一位知识分子的情怀，也是一位共产党员的品质。

参考文献

[1] 张晓荣，吕术龙. 赵洪恩：中国鲍鱼之父[J]. 东北之窗，2009（23）：3.

[2] 张亚红. 宁静致远 淡泊明志——记大连水产研究所所长兼党支部书记赵洪恩[J]. 科学中国人，2003（9）：2.

[3] 黄瑞，湘子. 辉煌的RHD——记养鲍大王赵洪恩[J]. 海燕，2002（6）：49-53.

[4] 尤宇文. 鲍鱼大王赵洪恩[J]. 今日中国（中文版），1995（2）：61-64.

[5] 中国广播网. 赵洪恩：世界"鲍鱼大王"带走一个传奇[EB/OL].（2011-07-16）. http://dl.cnr.cn/dlrw/201107/t20110716_508240440_4.shtml.

[6] 智曼卿. 中国"鲍鱼大王"赵洪恩[EB/OL].（2021-08-04）. https://www.sohu.com/a/708442255_121687414.

[7] 孙友深. 赵洪恩的养鲍论[EB/OL].（2003-08-04）. https://news.sina.com.cn/c/2003-08-04/0819499472s.shtml.

[8] 石明凯. "鲍鱼大王"赵洪恩：鲍鱼养殖史上丰碑式的人物[EB/OL].（2009-10-27）. http://bbwfish.com/article.asp?artid=80514.

[9] 智曼卿. 被誉为中国"杂交鲍鱼之父"的大连人[EB/OL].（2021-08-04）. https://m.thepaper.cn/baijiahao_13884290.

郑重：
浮游生物学的开拓者

> 郑重（1911—1993），男，字千里，江苏吴江县人（今苏州市吴江区）。海洋生物学家，教育家，中国海洋浮游生物学的开拓者。

开山之祖，披坚执锐，创建我国浮游生物学学科；勤慎肃恭，满怀热忱，数十载致力教书育人。作为先行者，郑重对海洋浮游生物学研究极深，尤其对海洋浮游甲壳类的研究，奠定了中国海洋浮游生物学的基石。春蚕吐丝，际遇浮游，郑重孜孜不倦，力学笃行，谱写了中国海洋科学事业的光华乐章。

主要成就：长期致力于海洋浮游生物学的教学和研究工作，为中国近海渔业资源的开发利用、中国海洋浮游生物学的创建和发展作出了重要贡献；对海洋污损生物的生态、海洋鱼类的食性和海洋浮游生物的生态系进行了研究，促进了中国海洋生态学的发展。

郑重教授生前曾任中国海洋学会、中国海洋湖沼学会常务理事、名誉理事，中国甲壳动物学会理事长、名誉理事长，福建海洋学会与海洋湖沼学会理事长、顾问，福建省水产学会名誉理事长，国际桡足类学会会员，是第三届全国人大代表，第五、六、七届全国政协委员。《厦门大学学报》副主编，《台湾海峡》主编，《海洋与湖沼》《海洋学报》《水产学报》《动物分类学报》《水生生物学报》等编委。

郑重教授毕生致力于我国海洋生物科学事业，在浮游生物学，特别是浮游甲壳动物学研究中具有很高的学术造诣。他早在1933年就开始淡水枝角类的研究。留英期间撰写了《克莱德海域的浮游动物分布和产量研究》的博士论文，并发表有关浮游生物生态论文5篇。回国后，他继续从事浮游甲壳动物研究，并与其同事合著《中国海洋浮游桡足类》上、中卷和《海洋桡足类生物学》及论文7部、籍，成为桡足类资源调查研究的重要参考文献。

一、浮游生物开启科研之路

1911年10月19日，郑重出生于苏州吴江县的一个书香门第，他的父亲郑咏春曾任苏州工业专门学校英文教员，叔父郑桐荪是成就卓著的数学家、清华大学教授，姑姑郑佩宜是著名爱国民主人士柳亚子的夫人。良好的家庭环境使郑重从小就受到中国传统文化与前沿科学技术的熏陶，骨子里渗透着对知识的崇敬。

于1934年毕业于清华大学生物系，后留校任助教。1936年考取清华水产学留美生，因抗日战争爆发，航线中断，1938年赴英国留学，攻读浮游生物学，先在赫尔大学动物系主任、世界著名浮游生物学家A.C.哈代（Hardy）教授指导下，从事北海浮游生物生态研究，欧洲战争爆发后，他转学于剑桥大学、北威尔土大学。1942年又转入阿伯丁大学，1944年获哲学博士学位并留校任教。

1947年，郑重归国后，一直致力于海洋浮游生物学的研究工作。1954—1957年，他主持了"烟威鲐鱼渔场调查中的浮游动物"研究，连续多年的鱼汛期间，他都亲临现场进行调查。他和同事共同发表的《烟威鲐鱼渔场及邻近水域浮游动物的生态研究》一文，对该渔场的浮游生物的种类组成、种群生态以及与鲐鱼洄游、水文的关系进行了深入分析，成为我国海洋浮游动物生态研究领域的优秀成果。

郑重教授对海洋枝角类的分类、生态和生物学都有深入研究，发表论文十余篇，并于1987年编著出版了《海洋枝角类生物学》一书，总结了多年的研究成果。同时，他对其他甲壳类包括钩虾、磷虾、莹虾、毛虾的分类、形态及个体生物学进行过研究，发表论文5篇。他还系统地研究海洋鱼类食性问题，尤其是对鲥、鳘、鲚及鲐的食物成分、食性及摄食机制更有深刻的了解，这是他在浮游生物学基础上开辟的另一个面向生产的研究方向——浮游生物和鱼类的相互关系研究。他撰写的8篇论文，为我国海洋鱼类摄食生态研究奠定了基础。

二、亲力亲为奠定坚实基础

1958—1961年，他主持了全国近海综合调查中浮游生物的调查，在此期间，他不仅经常亲临青岛、舟山、汕头、湛江等地指导工作，而且亲自鉴定种类、分析数据，主持撰写调查报告。他所撰写的报告内容新颖、全面，涵盖了我国近海各类浮游生物的种类组成，海洋环境因子对浮游生物的影响以及浮游生物群落特征等内容，促进了我国浮游生物研究的发展。20世纪70年代初，郑重指导了闽南渔场浮游动物研究，并撰写报告，从而为这一海域鱼类资源的开发利用提供了科学依据。20世纪80年代以来，他又主持了河口浮游生物生态系统研究，奠定了河口生态学的发展基础。

郑重教授目光长远，牢牢把握科学发展方向，在浮游生物研究领域取得了丰硕的成果，为我国水产养殖业的发展作出了积极贡献。1984年，他与李少菁、许振祖合作编著《海洋浮游生物学》及其英文版，对我国浮游生物学的发展起了推动作用，该书于1988年获国家教委全国高校优秀教材特等奖。郑重还鲜明地指出了我国浮游生物研究的发展方向，即在分类、生态研究的基础上，向生理生化方向发展。他还特别强调学科间相互渗透和追求创新的重要性，对我国浮游生物的深入研究和提高学科水平起到了指导作用。

三、创建学科精心培育人才

郑重教授十分重视浮游生物学动态的研究，从1978年起，以《海洋浮游生物学新动向》为题发表系列文章，在此基础上于1986年编汇出版《海洋浮游生物生态学文集》，评价了浮游生物学前沿诸领域的最新研究动向。20世纪80年代末以来，他又评述甲壳动物在激素、信息素、滞育、性决定和性比、生殖与环境关系，浮游幼虫附着变态以及生物间生化相互作用等方面的研究成果，精辟地指明我国浮游生物学进一步的研究方向。

厦门大学海洋浮游生物学的研究在国际上颇具影响力，这要归功于学科创始人郑重，是他一手创建了海洋浮游生物学专业。1947年回国后，他立即开设了"浮游生物学"课程，当时，这门课程在国外尚处于萌芽阶段，在国内，更是几乎无人从事该方面的研究工作，因此，开设课程难度非常大。为提高教学质量，郑重在开展浮游生物研究的同时，博览国内外大量文献资料，编著了《浮游生物》《浮游生物学概论》等教材。

郑重非常重视人才的培养工作。从1955年起他陆续培养了多批浮游生物学研究生，亲自开设多门专业课程，重视基础，鼓励创新，注重教书育人，诲人不倦，强调并着重锻炼青年的独立思考能力，并且教导他们治学态度要严谨，做到一丝不苟。1980年，郑重被评为我国首批博士生导师。郑重别具一格地提出研究生"导师组培养模式"——由经验丰富的老教师和新生力量青年教师组成"导师组"，在夯实基础的同时，通过导师指引、专题讨论等方式，推进学位课程讲授，形成"全方面、多层次、多形式、重实践"的培育体系。除了对学生知识体系的培养，郑重尤其重视学生的学术规范和学术道德，一旦发现学生作风不正，一定严厉批评，绝不姑息迁就。学生回忆当年老师审阅学术论文和科研选题时，提到郑重教授会严格审查标点符号、属种名称，甚至连英文斜体书写都不放过。1985年，郑重审定 Marine Planktology 书稿时，发现学生将英文"dominant"写错，首先不动声色地询问，随即便严肃恳切地指出学生的错误。学生也处处以郑老师为楷模，师生情谊极为深厚，这些研究生毕业之后大多成为我国浮游生物学的骨干力量。

郑老师多方关心中青年教师、科技人员的成长，积极创造条件，让他们脱颖而出。除了学习、进修外，他也重视实际能力的锻炼，放手让年轻教师在中年技术骨干的具体帮助下，通过教研实践，包括海上调查，以增长才干和扩大知识面。在郑老师的辛勤培育和积极的影响之下，厦门大学的浮游生物学教研组已经形成一支较好的学术梯队，成为我国培养浮游生物研究专门人才的一个主要基地。郑老师还经常为在改革开放中办好厦门大学海洋系，提高教学质量与科学水平献计献策。郑老师在年事已高之时，仍然孜孜不倦地努力工作，继续著书立说，专心致志于研究生培养和科学研究。

四、恬淡旷达给予赤诚关怀

郑重虽在科研上要求甚严,生活里却极其简单、平易近人,师生情谊极为深厚。据学生许振祖回忆,他很喜欢吃红豆粽,但由于身体抱恙,家人不同意吃,于是郑重便偷偷拜托去上海出差的许振祖带红豆粽子。后来的端午,学生到家中研讨书稿,他便让家人包红豆粽子款待,令学生倍感温暖。郑重对学生的关怀远不止于此,1971年,学生李少菁的女儿因车祸被碾伤,胸腔大面积积液,郑重听说后很焦急,多次关切询问,后来知悉李少菁女儿转危为安,郑重才宽慰地松了口气。李少菁对此备受感动,直呼"老师的亲切关怀实胜爷奶!"

动人以行不以言。他的学生曾这样评价:"郑重老师深谙以身作则之道,不仅言传身教,传授知识,更重视对学生的思想品质和综合素质的培养,要求学生具有社会责任感,经受得起捶打,从而升华自身。""郑重对学生的点滴关怀,至真至诚。"

鹤发银丝映日月,丹心热血沃新花。郑重培育出众多出类拔萃的海洋生物学人才。学生李少菁教授、王桂忠教授提出青蟹人工育苗技术规范,为青蟹生产作出突出贡献;学生许振祖教授,曾获全国高等院校优秀教材特等奖、科技进步二等奖,任中国海洋湖沼生态学会理事;学生苏永全教授被评为"中国高等学校优秀年青学者""作出突出贡献的中国博士学位获得者",1993年获国务院政府特殊津贴;学生柯才焕教授任中国贝类学会理事、福建省动物学会常务理事等职。更多门生在浮游动物同工酶、浮游动物能学、种群生化遗传等方面取得创新成果,推动着中国海洋浮游生物学蓬勃发展。

五、治学严谨树立时代榜样

郑重教授热爱祖国,忠诚于教育事业,几十年如一日,坚持正确的教育思想,为祖国繁荣富强而忘我工作。他治学严谨,在学术上精益求精,一丝不苟,密切联系生产实际,不断开拓新领域,编撰出版教材、专著11部,论文近百篇。郑重教授的丰硕成果,是世界海洋生物学的宝贵财富。他在广大科技人员中享有崇高的威望，被评为厦门大学、福建省先进教育工作者、全国优秀教师，荣获福建省优秀教育世家荣誉称号。全国海洋生物学和甲壳动物学工作者对这位有国际影响的科学家永远景仰，对他的卓越贡献永远怀念。

他从战火纷飞的年代中走来，干事创业，求知报国，在学界享有崇高威望；他从一穷二白的时代中走来，朝乾夕惕，创立学科，至今蔚然成体系；他从举步维艰的岁月中走来，春蚕吐丝，滋兰树蕙，如今桃李芬芳，他用一生来书写海洋教育之本，用一生来编织大国海洋之梦。

1993年8月2日，郑重教授在厦门逝世。他穷其一生致力于海洋浮游生物学的教学和研究工作，为后人留下了宝贵的财富。他凭借对海洋的热爱和对科研的追求，成为海洋科技工作者心中的标杆，新一代科研工作者也正以郑重先生为榜样，在科学的海洋里扬帆起航。

参考文献

[1] 李少菁，张金标. 庆贺郑重教授从事海洋生物学工作60年[J]. 台湾海峡，1991（4）：3-5.

[2] 李少菁. 怀念中国浮游生物学的创建者——郑重教授（1911—1993）[J]. 海洋与湖沼，1995（6）：573-574.

[3] 李少菁. 著名海洋生物学家郑重教授逝世[J]. 海洋学报（中文版），1994（4）：143.

[4] 郑重. 中国海洋浮游生物学研究的回顾与前瞻[J]. 台湾海峡，1988（4）：3-13.

[5] 郑重，李少菁. 海洋浮游生物发光研究的回顾与展望——海洋浮游生物学新动向之十三[J]. 自然杂志，1987（6）：429-434.

[6] 郑重，郑执中. 海洋浮游生物研究的现状[J]. 海洋与湖沼，1962（Z2）：229-238.

[7] 郑重. 厦门海洋浮游甲壳类的研究（二）莹虾[J]. 厦门大学学报（海洋生物版），1954（3）：1-12.

钟麟：
家鱼人工养殖之父

> 钟麟（1915—1996），原名钟攀麟，广东省佛山市南海区大沥镇沥东龙腹村人，鱼类养殖学家，家鱼全人工繁殖技术的创始人。他在1958年创造了"生态生理催产法"，在世界上首次实现池养家鱼全人工繁殖，结束了我国淡水养鱼依赖从江河装捞天然鱼苗的历史。他为多个国家培训人才，为发展各国淡水养鱼事业作出了卓越贡献。

我国著名的鱼类生理生态学家钟麟，曾经在中国水产研究所任所长一职。他于1915年10月29日出生于广东省南海县（现为广东省佛山市南海区）。南海县是一个靠渔业发展的村落，所以钟麟从小时候就对渔业知识有一定的经验储备。由于对于渔业的了解和成绩的优异他破格跨级进入刚成立的广东省立高级水产职业学校的渔捞专业，也就是广东水产学校的前身，1938年毕业于现广东海洋大学。1953年他建议筹备的广东省农林厅水产局水产研究所成立（即现南海水产研究所、珠江水产研究所的前身），任负责人，同时立项家鱼人工繁殖。钟麟在1958年通过利用"生态生理催产法"，实现了池养家鱼全人工繁殖的世界奇迹，结束了我国从江河湖泊中打捞鱼苗进行淡水养殖的历史，同年6月4日此技术由国家科委颁发《发明证书》，该项成果的水平无论在国内外都是处于领先地位，一直沿用至今，为经济和社会带来巨大的效益，大大促进我国水产发展，因此他被誉为"家鱼人工繁殖之父"。1975—1987年，他举办了10期淡水养鱼培训班，教学联合国农粮组织的人才来使用此技术，圆满成功后为国争光，获得来自联合国等各方面多如潮水的好评。1996年3月17日，钟麟由于疾病抢救无效，于81岁之际逝世，我国失去了一位优秀的学者。

一、克服困难，艰苦求学

从小钟麟就刻苦学习，成绩名列前茅。1935年，钟麟在小学毕业后考上南海县石门中学即将进一步升学的时候，广东省立高级水产职业学校在国民党广东政府的支持下创办成功，降生在南海的他自小就对海洋航海以及沿海人民赖以生存的水产事业充满了神往，于是钟麟在初中毕业的前一个学期说服石门中学的老师同意让他越级报考。经过相当难度的层层挑选，钟麟以优异的成绩取得高考中的一席之地，成功被广东水产最高学府选取成为第一批学生中的一员。

1938年的秋天，钟麟和同学们刚刚考入广东省立高级水产职业学校渔捞专业，正当他们准备为广东以及全国水产事业贡献力量时，日本发动全面的侵华战争打破了他们的憧憬，粉碎了他们的理想。钟麟因战乱迁居香港时也并没有放弃斗争，香港各界抗日救亡活动他都参加过，为此辗转于香港小商店、渔民协会、学校以及香港水产研究所等担任会计、教师、技师各种职务，不久后他通过考入港英当局的水产研究所成为我国鱼类学家林书颜的得意弟子，但当他在研究所里因为是中国人而受到不平等的待遇和歧视时，他暗下决心，一定要努力奋斗争一口气，在祖国渔业方面作出令人刮目相看的成绩。于是钟麟每次都与渔民同吃同住一同出海，虚心向渔民请教学习他们丰富的经验。有一次，他发现渔民弯腰贴在船底板上倾听震动着渔船木底的声音，原来那是海上大黄鱼在繁殖时发出"咕、咕"的声音，由此钟麟受到启发钻研设计出了一种听鱼声的机器——听鱼机，戴上耳机放在渔船底板上就能听到大黄鱼发出的声音。

到了1941年，日本非法入侵了中国香港地区，大批在香港任职定居的国人迫于日本人的驱赶都逃离了香港，钟麟也是其中一批，他遭返到了广西的一家大型鱼类养殖场，基于年幼时的经验他从江河湖海中捕捞大量的性发育成熟的鱼类人为地进行授精和孵化，在广西养殖场的这一段经历使他积累了大量的关于鱼类人工繁殖的知识和经验。1945年，日本投降，他从桂林回到香港，任职为英国在香港的渔业部工程师。四年后，钟麟工作认真且知识储备充足，因此在中共中国香港教育工委的推举下，积极参加一些起义斗争。1950年3月，五艘渔船的船员在香港宣布起义，并就五艘渔船在香港的起义发表声明。6月，广东省农林厅水产局极力推举钟麟作为代表监督并引导留港五艘渔船扩产的起义革命斗争。最后，虽然五艘渔船在香港和英国当局的保护下，被美国和蒋介石劫持，但除三名自愿留港的船员外，其余船员全部返回广东，成为广东海洋渔业的第一支骨干力量。

1951年，他回到了自己日思夜想、心心念念的内地，毅然放弃了港英当局的高官厚禄，成为中国水产渔业发展的少数几位领航人和奠基者之一。

二、破解难题，永不言弃

钟麟刚回到刚解放的祖国大陆时，国家百废待兴，水产养殖技术十分落后，几千年来，其实早在一千多年前范蠡的记载中，鲤鱼的捕捞和养殖都发育得很成熟，并且关于鲤鱼的养殖还传到了欧洲地区，但到了汉代，因为鲤鱼与汉代皇帝李姓冲突，所有关于鲤鱼的养殖、售卖一律被禁止，因此大力地限制了当时渔业的发展。而目前我国淡水养殖中的鳙鱼、鲢鱼、青鱼、草鱼、鲮鱼等主要鱼类的鱼苗都是在长江、西江等河流中捕捞的，耗费了大量的人力、物力和财力，回购鱼苗的成活率低。想要彻底解决鱼苗问题的关键就在于把人工繁殖鱼苗的技术管理运用到池塘养殖的家鱼上。这个问题让钟麟苦思冥想了好几年。当时存在一个世界性的难题，不少专家学者认为"家鱼是不能在池养中繁殖的""家鱼的性腺是不能在池养中成熟的"，但这种绝对的说法无法使钟麟信服，他努力钻研，找寻真正的人工繁殖鱼苗道路。他带领年轻的助手们来到浔江、孟江、柳江和广西西江沿岸的主要鱼类产卵场。钟麟全身心投入工作，各处调研，但凡是在广西桂林的渔民没有一个不认识这个个子高挑、身形瘦弱、穿着简陋，每次都背着各种实验用具和标本的年轻的实验人。孩子们跟在他后面看着，以为他是镇上卖花生和牛肉干的小贩。有一次钟麟为了去观测收集的数据，向老渔民借了一条小船前往记录，但由于水流湍急，老人费力地张开网，划了两个小时，船才走了两公里。钟麟看不下去了。他用一根绳子系住船头，跳到岸上和他的助手一起拉船。他拉着船，边走边观察。钟麟与他一行的助手及实验人员在小渔船上生活了两个多月，在此期间他们一边不断地实验收集水环境数据，一边一直与渔民沟通，收集老渔民们的经验。

钟麟首先总结了前人的成功经验和失败教训，并从最困难和最根本的地方着手，在池塘中培育生殖腺成熟的亲鱼，以当时广东最稀少、繁殖周期最短的鲢、鳙鱼为突破口。在没日没夜地收集和费尽心血地记录中，钟麟终于总结统计出了第一版资料信息。1955年，他基本上证明了鲢、鳙鱼的生殖腺发育在一般池塘养殖环境下，在注意生态条件、适当的水分刺激和充足营养的情况下，可以达到成熟，因此，打破了"池塘养殖不能使家养鱼的生殖腺成熟"的"权威"结论。这一打破了权威人士的说法使得钟麟团队的名气大涨，让更多人认识且熟知了认真钻研、不断努力的钟麟，钟麟团队的辛苦付出也得到了回应，带给了他们极大的继续研究下去的动力，池塘养殖的家鱼人工繁殖的曙光照进了1955年的中国大地。1956年，他利用当时的生理学进行实验，将鲤鱼的脑下垂体注射到池塘养殖的成熟家养鱼体内。经过多次试验，发现其中只有一尾雌鲢产了少量卵子，但不影响受精，又失败了。为了进一步了解亲鱼的生长、发育和繁殖，钟麟前往珠江干流各产卵场进行调查和原始来源的深入分析，昼夜不停地对国内外鱼类的生理生态方面进行研究和分析，最后得出结论：家鱼繁殖过程是一种反射性活动，即在繁殖期间，亲鱼来自中下游，群集于上游，由于上游满足生态条件所以在此处开始产卵。1958年5月，钟麟开始采用"生理与生态环境相结合"的方法进行下一步的研究，在此期间钟麟一直在实验室里吃住，也忙到没时间跟家里人联系。他妻子很担心，一直给他打电话，但是又找不到他。后来她太担心钟麟，便独自来到了钟麟实验的寝室来找钟麟，虽称为"寝室"但只是几片单薄的木板和稻草叠放在一起。推开寝室的门，扑面而来的就是鱼的腥臭味，再走进去就是餐桌上的残羹冷炙，以及几块已经变硬的馒头，钟麟的妻子看到这个场景早已心疼得湿润了眼眶，但她也是一位通情达理的妻子，没办法在实验上帮助到钟麟，她只好帮他打理好生活的琐事，将屋子收拾整洁并确认了钟麟的安全后她就默默离开了。就这样，钟麟不睡觉不吃饭，一直在做实验。经过多年的辛勤浇灌，花园终于开出了一朵灿烂夺目的花——1958年6月4日，世界经济奇迹诞生了，钟麟成功地摊网使池养鲢、鳙在池中进行自然资源繁殖，经过研究，人工授精的6条雌鲢鱼和5条雌鳙鱼产下的受精卵经过17小时左右，小生命陆续破膜，鲢鱼孵出1万余尾，鳙鱼孵出2万余尾，成为这个世界上全人工方式繁殖的第一批家鱼苗，这批具有中国划时代重要意义的鱼苗，向全世界人民宣布，家鱼全人工生产繁殖技术成功了，世界社会难题解决了，我国企业依靠江河捕捞鱼苗的历史也将结束了，我国对于水产科学事业的发展，将走向一个新的历史文化时期！1962年，全国人工繁殖鲢、鳙鱼仔鱼10多亿尾，1987年全国人工繁殖仔鱼2000多亿尾，比1957年的234亿尾增加近10倍，经济效益和社会效益巨大。因为人工繁殖鱼苗技术的出现，池塘养殖渔业的产量也翻了番。第二年，我国的池塘养殖总产量稳稳地居于世界之首，产量达到了390吨！这是中国池塘淡水养殖业突飞猛进的一个转折的时刻。不久，媒体和电台向全世界广播了这个好消息，在科学界引起了强烈反响。

三、传经送宝，屡获殊荣

中国的家鱼养殖中有两个不得不提的标志性人物，其一是两千多年前春秋时期撰写了《养鱼经》的范蠡，另一个人物便是被誉为"家鱼养殖之父"的钟麟。1964年，人工养殖被列为国家重大科研成果，获得了国家发明一等奖。这项研究技术的领头人钟麟被誉为"家鱼人工繁殖之父"，1978年获全国科学大会奖及1979年广东省科学大会奖。

1975—1987年，受联合国粮食及农业组织委托，钟麟教授为来自亚洲、非洲和大洋洲的15个国家和地区的160多名渔业官员和技术人员举办了10期淡水水产养殖培训班。他写成10多万字的专著《家鱼的生物学和人工进行繁殖》，还主编《中国传统池塘可以养鱼》一书，并合著《青、草、鲢、鳙在我国的发展和成就》等专著和论文30余篇。

直到现在，广东海洋大学的兴海楼一进入大院便可以看到钟麟老先生的雕像（见图6）耸立在正中央，他和蔼的笑容和亲切的目光无时无刻激励鞭策着海大的莘莘学子。正是因为钟麟老先生的努力才大力地推进了水产的研究和事业的进步。

图6 钟麟塑像

"钟麟对渔业的贡献可以与袁隆平对农业的贡献相提并论，"人们这样评价钟麟。钟麟以他在科学上卓越的贡献荣获1978年全国社会科学技术大会奖、1979年广东省经济科学发展大会奖。他还先后被选为广东省第五届人大及其常委；广东省第五届政协常委；第三、五、六届全国人大可以代表；中国发展水产科学学会荣誉会员；广东省水产技术学会学习顾问等职。1957年加入九三学社，曾任九三学社中央委员，广东省委员会常委。

四、先生风采，令人神往

20世纪90年代，广州满街葱绿，阳光明媚，而钟麟先生住的老房子却显得光线不足。他的书房面积不大，大约10平方米，但是很整洁，书架上各种书籍井井有条。暗黄色的书桌经岁月不断磨砺已失去了昔日的颜色，露出了木面最初的色彩。钟麟先生戴着一副银边眼镜，眼睛深陷，面容消瘦，很难想象他还是当年广东省水上专科学校的排球高手。一缕阳光直接照在先生的缕缕银丝上，洒在藏蓝色的中山发展装上，折射出中国这位学生科学文化巨匠的清贫与俭朴。

钟麟先生随和，热心，家里来客人总是用夹杂着广东口音的普通话说：欢迎，欢迎，欢迎。用词简单、生活朴素，却让人暖意盈怀。

钟麟的一生是爱国爱党，无私奉献的一生，他是一个艰苦奋斗、献身于科学的奋斗者，为水上工人树立了光辉的榜样。1996年3月17日，钟麟因病医治无效，与世长辞，享年81岁。他的一生，为我国乃至世界水产业作出了不可磨灭的贡献，他的精神，永远值得我们后人学习。

参考文献

[1] 张艳梅. 中国四大家鱼全人工繁殖之父——钟麟[EB/OL].（2013-05-21）. https://www.gdou.edu.cn/info/1093/20725.htm.

[2] 四大家鱼人工养殖之父——记鱼类生理生态学家钟麟[EB/OL].（2009-09-24）. https://www.shuichan.cc/news_view-26344.html.

[3] 南海区地方志办.《南海名人》系列：钟麟——家鱼人工繁殖之父[EB/OL].（2023-09-21）. http://www.nanhai.gov.cn/fsnhq/rwnh/nhfz/gjnh/content/post_5765441.html.

朱元鼎：
敬业为公　为人师表

> 朱元鼎（1896—1986），浙江鄞县（现浙江省宁波市鄞州区）人，为中国水产科研和教育作出杰出贡献的国际著名鱼类学家、中国鱼类学的主要奠基人和水产教育家。1952年以后，历任上海水产学院（今上海海洋大学）教授、海洋渔业研究室主任、鱼类研究室主任、上海水产学院院长、东海水产研究所所长。

朱元鼎一生光明磊落，毕生辛勤耕耘，为祖国的水产科研和教育作出杰出贡献。他热爱祖国，热爱科学，热爱党。青年时代的朱元鼎就有强烈的爱国意识，早在1915年，斐迪中学师生联合组织出版了《国货杂志》，他担任国货调查员，在该刊第一期上撰文疾呼抵制日货，"不然值此千钧一发，为民者不能竭一己之力以补救之，大局不顾，坐待成败，何异釜舟已破而舟子嬉笑不顾哉！"这就是爱国青年朱元鼎在内忧外患、国势渐堕的旧中国，以天下为己任的体现。1935年，"华北事变"后，在所谓"日中提携"的幌子下，日本对当时中国的一些有名望的教授格外垂青。朱元鼎自然也成了他们企图猎取的对象。1936年夏，上海亚洲文会博物馆有个日本人给朱元鼎送来"请柬"，恭请其出席日本动物学会年会，并邀请他借机赴日讲学，免费游览，享受"特等待遇"。朱以对方请柬来迟，下学期课程已经排满托故回绝了对方的"盛情"。次年又提前几个月寄来"请柬"，这次又干脆地回绝了，表现出一个中国学者坚定的民族气节和浩然正气。

他毕业于东吴大学，任教于圣约翰大学，都是教会学校，牧师常常来访，宣扬基督教义，利诱入会，但在这种环境里生活了将近30年的朱元鼎始终没有参加教会，他认为上帝创造一切的教义，同生物进化的基本科学原理是格格不入的，这就是一位老实的科学家拥有的思想逻辑。

他治学严谨，一丝不苟，精益求精。新中国建立时已年逾半百，但他仍事必躬亲，身体力行。他在研究鱼类时反复地做实验，丝毫也不马虎，戴着老花眼镜，手拿放大镜，对记录上的每句话、每一张图稿都和实物再三对比、核实、修正，直到完全正确为止。进入80岁高龄后，他腿部肌肉萎缩，双手颤抖，操作实验相当困难，但他坚韧不拔，锲而不舍，在家中看解剖镜下的标本，因无转椅，只得站着看，直到累得气喘才休息一下，接着又站起来看。为了正确运用某一学术用语或人名、地名，他总会翻阅多本参考书，考虑再三而后定。一篇论文往往数易其稿，力求无懈可击。他对学术上的每个问题都要盘根问底，从不含糊，如在研究软骨鱼类侧线管系统时，为了搞清鳐类的舌颌管背腹支穿连的情况，他反复查阅资料、观察解剖标本，甚至在吃饭、走路、休息时都在思考，直到完全弄清来龙去脉为止。他高年事、高产科研成果、高质量论著，许多外国来访的学者，都为之感动，表示钦佩，日本京都大学的一位学者说："如此高龄还在钻研科学，这在日本也是极难得的啊！"

他悉心培育人才，提携后秀，甘为人梯。他对助手注意教导与培养，对刚参加工作的青年科学工作者，也亲自制定了一套培养基本功的计划和措施，提倡搞科研要有锲而不舍的韧性与钻劲。悉心指点，严格要求，不论谁的学术论文，他都亲自过目，反复推敲，连一个标点符号也不放过，几乎每篇论文都被他不止一次地退回修改，直到他觉得无懈可击，方被认可，如果发现助手面有难色，他就严肃地说道："这是千百年大计，要对后人负责啊！"如有一点成绩与进步，立即会收到他热情的鼓励。他几次提出合作发表论文时要将他的名字署在后面，让青年同志放在前面，有时干脆提出不署他的名字。他为国家培育了大批中青年鱼类学和水产科技人才，其中有的已晋升为副研究员、研究员、副教授、教授。朱元鼎多次语重心长地对助手说："我的有生之年不多了，我要抓紧一点，为你们铺路搭桥，也算是为国家尽最后一点贡献！"

朱元鼎善于借鉴西方科学的精华，但绝不崇洋，而是在学术上走自己的道路，推陈出新，形成自己独特的风格，为后人留下了一份极其丰富的宝贵学术遗产，以及深铭人心的学者的崇高风采。

一、个人贡献

从抗日战争到中华人民共和国成立的近二十年中，尽管朱元鼎坚持开展鱼类的研究，但终因战局动荡，困难重重，收效甚微。1952年，中国第一所水产高等院校——上海水产学院成立，朱元鼎担任海洋渔业研究室主任，专心致力于鱼类的研究，不断做出新的成绩。1956年他被推荐为中、苏、朝、越四国太平洋西部渔业研究委员会的中国代表团成员，多次出席会议，宣读论文。

1957年朱元鼎被评为一级教授。11月，国务院任命他为上海水产学院院长。1959年，东海水产研究所成立后，他兼任所长和鱼类学研究室主任，更是全力投身于科研和教学事业。在1960—1963年的短短4年中，完成了《中国软骨鱼类志》《南海鱼类志》《东海鱼类志》《中国石首鱼类分类系统的研究和新属新种的叙述》等专著，基本上摸清了中国沿海鱼类资源的种类和区系分布，为我国开发和利用海洋鱼类资源作出了贡献。在他领导下建立起来的院、所鱼类标本室不断得到扩充完善，成为中国研究鱼类的重要基地之一，深受国内外学者称羡。

"文化大革命"中，他被完全剥夺了从事正常科研工作的权利。但朱元鼎还是排除了各种困难和干扰，默默地在家里继续进行研究，于1973年与王文滨合作完成了《中国动物图谱·鱼类》的编撰工作。粉碎"四人帮"后，朱元鼎不顾年迈多病，到处奔走，呼吁上海水产学院复校。终于在1979年经国务院批准迁回上海复校，他被任命为院长。1983年因年事过高卸任实职，而荣任名誉院长。朱元鼎十分痛惜过去十年失去的时间，他在美国的儿子想接他去休息，但他说："工作未了，我不能去。"不顾垂暮之年，继续奋战在科研第一线。在1977—1986年间，他先后和助手、其他专家合作完成《南海诸岛海域鱼类志》《福建海洋经济鱼类》《中国软骨鱼类的侧线管系统以及罗伦瓮和罗伦管系统的研究》《福建鱼类志》等专著和论文25篇。

1986年11月，91岁高龄的朱元鼎卧床不起，虽病魔缠身，仍不忘《中国鱼类志》的研究工作，召集助手于病榻前研讨如何早日完成。12月初，某大学教授寄来一篇关于鳜鱼研究的论文请他审阅，此时他身体已十分衰弱，但还坚持要助手将全文念给他听，并提出修改意见。这是他去世前二周审阅的最后一篇论文。朱元鼎于1986年12月17日卒于上海。他生前把私人珍藏的近两千份图书、资料提供公用，身后全部献给了国家。有关单位为了表彰他献书的爱国热忱，给予5万元奖金，但家属深知朱老生前提携后生之夙愿，将全部款项捐献给了上海水产大学，建立朱元鼎奖学金基金，永表纪念。

朱元鼎曾历任第二届全国政协委员；上海市一至五届人民代表大会代表，第二、五届全国人民代表大会代表；中、苏、朝、越四国太平洋西部渔业研究委员会中国代表团成员；中国鱼类学会、中国海洋湖沼学会名誉理事长，中国水产学会副理事长，中国动物学会理事；《中国大百科全书·农业卷水产分支》主编，《中国水产学报》主编等职。

二、在鱼类分类学研究上的贡献

20世纪30年代初，朱元鼎就广泛整理了中国的鱼类及有关中国鱼类学的研究资料，先后发表了《中国鱼类学文献》和《中国鱼类图说》，首次较全面地反映中国的鱼类资源和鱼类学研究的概况。1931年他撰写出版《中国鱼类索引》。这是我国，也是世界上第一部较全面、系统的中国鱼类分类学专著。该书对收集的1 533种中国鱼类的原始报道、研究文献、采集地等按照分类系统进行了比较详细的介绍，奠定了中国鱼类分类学研究的基础。由于该书在中国鱼类学学科的建设与发展上的创造性和重要性，于1939年获北平自然历史学会的金质奖状。这部著作至今已历经半个多世纪，但仍然是国内外学者研究中国鱼类分类必备的参考书。

20世纪30年代以后，鱼类分类学的研究一直是朱元鼎工作的重点，他在这一领域深耕，取得了许多突破性的成就，为鱼类分类学作出了重大贡献。他一生共发表了64部（篇）专著和论文，洋洋数百万字。他发现鱼类新亚科4个；新属10个；新种48个。其中：猫鲨科11种，真鲨科4种，铠鲨科1种，角鲨科1属5种，鳐科2种，无刺鳐科1种，魟科1种，扁魟科1种，六鳃魟科1种，牛鼻鲼科1

种，鳗鲡科3种，新鳗科1种，蛇鳗科3种，鲤科7属，长尾鳕科2种，鲹科2种，石首鱼科4亚科2属4种，石鲈科1种，鰕虎鱼科2种，弹涂鱼科1种，鲀科1种等。不仅大大丰富了鱼类分类学的内容，而且为我国鱼类分类学研究奠定了基础。

鱼类分类学的发展，从外部形态特征区分，逐步深入到内部解剖特征的区分。朱元鼎将他精湛的比较解剖学的造诣运用在鱼类分类学的研究上，从而发现了大量新种、新属、新亚科，提出和建立了有关鱼类新的分类系统，并在鱼类的演化和系统发育方面屡树创见。

三、在鲤科分类上的贡献

20世纪30年代以前，我国内陆水域的最主要鱼类——鲤科鱼类的分类还没有进行过系统整理，只有初步零星的工作，种属系统相当混乱。1932年朱元鼎在美国进修期间就着手用比较解剖学的方法，对鲤科分类进行深入研究。1935年他的博士论文《中国鲤科鱼类之鳞片、咽骨与牙齿的比较研究》发表后，引起了国内外学术界的广泛重视。他在这篇论文中，深入地研究了中国鲤科鱼类鳞片、咽骨和牙齿的构造，探讨了这些构造在系统分类中的价值，以及形态变化和鱼类演化的关系，从而提出了中国鲤科鱼类分类系统的意见，并发现了7个鲤科鱼类的新属。为开拓鱼类分类学研究领域与鱼类分类的新途径作出了贡献。该论文所具的独创性的见解，受到国内外学术界的广泛重视。当时，日本的鱼类学学者用"元鼎骨"指称鲤科鱼类的咽骨。至今该论文仍是国内外研究鲤科鱼类必不可少的重要参考文献。

四、在石首鱼类分类上的贡献

石首鱼类由于头部有一对晶莹洁白的大型"耳石"而得名，是世界经济鱼类，尤以中国产量最大，如大黄鱼、小黄鱼、鮸等均具重要经济价值。但长期以来中国及世界石首鱼类的分类颇为混乱，且存在一些错误，其原因是当时国内外学者仅从其外形进行分类，因而有许多问题长期未能得以解决，尤其对石首鱼类的演化研究更是一片还无人涉及的空白。1963年朱元鼎同罗云林、伍汉霖根据长期研究成果，撰写出版了《中国石首鱼类分类系统的研究和新属新种的叙述》。该书根据作者多次在中国沿海各地所采集的石首鱼类标本，总结过去一百余年来有关中国石首鱼类的分类学资料，详细研究了中国沿海产的石首鱼类，率先从内部解剖，以鳔和耳石的形态和式型的比较分析，最早发现了石首鱼类鳔的分支和耳石形态的变化规律，并结合前人所习用的外部形态特征作依据，从而发现4新亚科、2新属和4新种，最主要的贡献在于弄清了石首鱼类的亲缘隶属关系，使其分类系统更科学化，更接近自然状况。该书不仅充实提高了中国石首鱼的分类系统，解决了过去在分类上所存在的紊乱问题，而且其研究方法为中国鱼类分类研究开辟了一条新途径。因此，引起国内外有关鱼类学家的关注和重视。巴西学者将其译成英文，于1975年在荷兰出版。在其后国外相继发表的鱼类学专著中，凡涉及石首鱼类分类研究时，均大量引用该书的研究方法、学术观点及具体种类的有关资料。该书发表已60年，至今仍是研究世界石首鱼类的重要参考文献，它对促进鱼类分类学科的发展有较大的科学意义，被列入《上海市1960科学技术研究论文选集》，并获得1978年福建省科学技术成果奖。

五、在中国软骨鱼类比较解剖学研究上的贡献

朱元鼎与孟庆闻合作，于1979年撰写出版《中国软骨鱼类的侧线管系统以及罗伦瓮和罗伦管系统的研究》专著。该书分"总论""各论""结论"三部分。总论介绍了研究简史、研究方法，侧线管、罗伦管系统的区分及命名问题，侧线管各管道、各罗伦瓮群和管群在不同种类的变化和特征。各论综述了73种中国软骨鱼类的2个系统的整个结构。结论探讨了2个系统的变化性质和鱼类形态与生态之间的密切关系，并依其形态结构特征调整了一些科、属、种的分类位置，增设若干分类阶元，叙述了软骨鱼类各分类阶元的主要形态特征，探索了中国软骨鱼类的系统演化。朱元鼎等在对73种中国软骨鱼类的侧线管、罗伦管和罗伦瓮的结构研究基础上，对以前没有定名的肩圈、腹管、颅圈、背侧圈等都予以定名，使这2个器官的研究更臻于完善。鱼类分类过去除外部形态特征，内部解剖特征较多地应用骨骼系统作为分类依据之一，但软骨鱼类的

骨骼系统尚不如侧线管系统和罗伦管系统能具有各分类阶元的明显特征。他们通过内部解剖的比较研究，分析和观察各分类阶元侧线管和罗伦管系统的变化特征，清楚地看出两者之间的相互关系，以其亲缘关系和演化趋向获得深刻启示，并参考了古鱼类学的资料，提出了一个新的中国软骨鱼类分类系统，侧孔总目新增设须鲨目、真鲨目、扁鲨目、锯鲨目；下孔总目新增设锯鳐目和鲼目。对软骨鱼类这种高级器官的研究在鱼类进化理论方面是一个超越前人的突破，对于鱼类形态学、分类学，以及进化理论方面都有广泛的影响，本研究在国内属首创，在国际上也是先进的，因而获1987年国家自然科学奖三等奖。

朱先生治学严谨、孜孜不倦，对学术问题喜欢盘根究底、追根溯源。在教学上严格要求、循循善诱，桃李满天下，孟庆闻、罗云林、伍汉霖、苏锦祥、金鑫波、邓思明、宋佳坤、钟俊生等著名鱼类学家都曾在其门下学习或做研究。

1996年8月16日，国家副主席荣毅仁在纪念朱元鼎先生诞辰一百周年之际欣然题词"敬业奉公，为人师表"。[①]这充分肯定了朱元鼎为中国鱼类学和水产教育所做的重要贡献，反映了一位敬业爱国的老科学家的崇高人格和学术风范，是对朱元鼎先生一生的生动写照。

参考文献

[1] 吴嘉敏. 敬业奉公，为人师表——忆朱元鼎先生[J]. 水产学报，2016，40（12）：1798，1797.

[2] 章华明. 鱼类学泰斗朱元鼎的文革遭际[J]. 档案春秋，2008（11）：30-32.

[3] 赵玲. 敬业奉公，为人师表——上海水产大学隆重纪念鱼类学家、教育家朱元鼎教授诞辰100周年[J]. 上海水产大学学报，1996（3）：204.

[4] 深切怀念朱元鼎教授[J]. 海洋与湖沼，1988（1）：1-7.

[5] 我国著名鱼类学家、教育家朱元鼎教授在沪逝世[J]. 水产科技情报，1987（1）：29.

---

① 赵玲. 敬业奉公，为人师表——上海水产大学隆重纪念鱼类学家、教育家朱元鼎教授诞辰100周年[J]. 上海水产大学学报，1996（3）：204.

陈马康：
中国杰出的科学工作者

> 陈马康（1937—），浙江省丽水市松阳县人，九三学社社员，水产养殖学教授，1993年起享受国务院政府特殊津贴。1960年毕业于上海水产学院养殖系，曾任渔业学院院长。所著《钱塘江鱼类资源》获华东地区优秀科技图书一等奖；"中型草型湖泊综合高产技术研究"获江苏省水产科技进步一等奖、农业部科技进步二等奖及国家科技进步二等奖。

  每个人都有着自己的理想和为之奋斗的目标，有的人希望能够富足一生，所以选择经商积累财富；有的人希望能通过自己的努力为国家完善制度，所以选择从政为人民服务；有的人希望能够保疆卫土，所以选择拿起枪炮从军保家卫国；而还有些人希望科技强国，所以辛勤地从事科学研究。而陈马康教授就属于后者，六十余载一直兢兢业业地献身科研事业并为之奋斗终生。

  陈马康教授是浙江丽水人，1960年，陈马康毕业于上海水产学院，也就是现在的上海海洋大学，并选择在毕业后留在学校继续自己未完成的科学研究。陈马康教授在这段时间主要进行一些科学研究并担任大水面养殖的一些教学任务，在此期间，他曾为本科生和研究生教授过"内陆水域水产养殖学"和"水域生态学"，并和其他学者一起编著了《湖泊水库鱼类养殖与增殖》《内陆水域鱼类养殖与增殖》等科普书籍。陈教授致力于将企业、高校、科研机构相结合，和戴习林等一众教师一起和当地的一家养殖场合作，最终形成了一个初具规模的现代化育苗场，为自己的科研和学校师生提供了一个优秀的科研基地与实习基地。同时也在那个艰苦的年代，为自我科研和学校发展提供了宝贵的科研基金。陈马康教授也因此在1998年以第一完成人荣获上海市教委"水产养殖专业'产、学、研'一体的教学新模式，上海水产大学渔业学院产学合作教学的科学实践"二等奖。

在学校任职期间，陈马康教授也一直没有停下自己的科研道路，他一直在钱塘江对当地的鱼类资源进行调研，充分发扬了一个科研人员不怕苦、不怕累的精神，吃住都跟当地的渔民一起，烈日当头也阻挡不了陈教授心向科研的决心。在此期间，陈教授和陆桂、赵长春等教授一起在之前的工作基础上，继续对新安江和富春江水库的建成对当地的渔业环境的影响做了充分的调研与分析，最终于1990年与其他教授一起编著了《钱塘江鱼类资源》。在这本书中详细介绍了两百多种鱼类，并结合当地的情况对钱塘江独有的鱼类生态资源做了详尽的分析，为全国各地学者了解钱塘江的渔业和当地的生态环境提供了宝贵的材料，并为钱塘江的鱼类生态研究做了很多的前期探索工作，陈教授也因此荣获1990年华东地区的科技出版优秀科技图书的一等奖。

在1980—2000年间，陈教授申请到了国家"八五"攻关的"中型草型湖泊综合高产技术研究"项目，当即组建团队对大水面增养殖和水域生态等相关方面展开研究，不断分析实验结果，最终获得江苏水产科技进步一等奖、农业部科技进步二等奖。陈马康教授所申请的"大水面（河道）青虾放流开发示范实验"于1994年获得上海市农科委科技兴农三等奖，并以第五完成人的身份获得1998年度国家科技进步二等奖。在此期间，陈教授共发表高质量科研类文章三十余篇，其中代表作有《三品系中国卤虫卵CO_2激活和提高孵化率研究》。

1989—1997年陈马康教授在上海水产大学任职期间，先后担任了校内水产养殖系的副系主任和渔业学院的院长，在这几年的行政工作中，陈教授一直勤勤恳恳，努力做好学院内的每一项工作，从不叫苦叫累，和学院内的师生一起努力提高院内的学习风气和科研水平，陈教授一直将"当官不为民做主，不如回家卖红薯"作为自己的座右铭，本本分分做人，踏踏实实做事，认真听取每一位师生的意见，努力发展渔业学院，使其在教学水平和科研水平上都有了较大的提高。

陈马康担任院长期间，积极组织学院内各领导和教师一起对学院内的工作进行一系列的调整，着重发展优势学科，在传统教学的基础上，加大了渔业专业知识的教学比重，旨在为社会培养一批能力出众、专业知识过硬的专业型人才，让学生们在大学中能够学到更多有用的知识，让学生们都能够成为对国家、对社会有用的人并能更好地实现自我价值。

作为一个一直坚持在走科研道路的水产学家，陈院长对水产业行业的未来有着足够敏锐的嗅觉，他深知此时我国的水产行业面临着很大的挑战，但同时这对渔业学院来说也是一个很大的机遇。渔业学院有着悠久的历史和良好的知识基础，有着较为完善的教学平台，只要发展好了这个平台就能持续为国家不断输出高品质的专业性人才。因此他激励学生要有专业自信，以学院的渔业知识为主，不断加深自己的渔业知识，积累丰富的专业知识。同时陈院长意识到只让学生们拥有完善的理论知识是不够的，必须要与实际相结合，于是陈院长联合了多家企业为学院学生打造了一个完善的实习基地和科研基地，让学生们能够将学习到的知识充分应用在实际中，因为只有这样培养出来的学生才是德智体美劳全面发展的人才，而不是那种只会读书记死知识的书呆子，也不是那种会因为理论知识不足而阻碍自身发展的人。陈院长着重两手都要抓，不仅专业知识要过硬，更要会联系实际，能够将个人所学毫无保留地完全施展出来，只有这样才能算一名真正合格的科研者。

同时，作为一名合格的人民教师，陈马康院长也深知一些基础学科对一个科研型人才的重要性，尤其是英语和计算机这两门学科，对学生们以后任何方面的发展都有很大的帮助，这两门学科能够帮助学生们在进入任何工作岗位或科研岗位时更快、更全面地接收知识并更快地进入工作状态，所以陈院长有重点地加强院内对英语和计算机的教学，提升学生们对这两门学科的重视度。此外，陈院长坚信"三百六十行，行行出状元"，不仅鼓励学生成为渔业方面的科研人员，陈院长还积极和一些企业合作，打造完善的实习基地，为即将毕业的学生提供一个能够提前适应社会工作的地方，让学生们能够在进入社会的初期具备一些经验，不至于那么迷茫。

由于陈院长那几年的努力，渔业学院有了长足的进步，当时经历过那一段时光的师生都由衷地感叹，陈院长在任的那几年，渔业学院的发展是很明显的，毕业生的水平有了很大提高，考研的升学率不管是质量还是数量上都有了很大的改善，科研水平也有了很大的进步，学生们发表的论文质量也越来越高。正是因为陈院长不断的努力，1996年水产养殖学科被正式批准为农业部和上海市重点学科。而这一重点学科的简历则正是对陈院长工作最好的肯定，这也表明了上海水产大学的渔业学院有了更强的实力。

在科研上，陈马康教授是极其负责的，作为项目负责人，陈马康教授对团队的所有研究成果都很谨慎，在总结成果时，总会对其分析的数据进行再三核查，保证自己团队的成果是真实、可靠的，这代表了陈马康教授对学术严谨的态度，不仅是对学生负责，也是对自己的团队、对自己的项目负责。正是陈马康教授对科研认真负责的态度才让他受到师生的尊敬和爱戴。作为导师，陈马康教授一直关心学生，时常通过找学生聊天来了解学生的心理状态；在学习和生活中，他一直充当一个长辈的角色，不求回报地为学生默默付出，尽力为学生创造一个更全面、更完善的教学平台和科研平台，让学生们能够毫无顾虑地学习，更好地发展自己。在实验成果及论文的第一作者署名权上，陈马康教授总是实事求是，他一直都坚决执行是谁的研究成果，第一作者就应该是谁，其他人不应该更不能冒领奖励。陈马康教授曾经对学生们说过这么一句话："关于第一作者，是谁做出来的就应该署谁的名字，谁都不能例外。"朴实的一句话将陈马康教授严谨负责的科研态度展现得淋漓尽致。

陈马康教授一直很敬重老一辈的研究学者，他一直认为前辈身上的很多优秀品质是值得我们学习的，他们为学生"春蚕到死丝方尽，蜡炬成灰泪始干"的无私奉献，他们对于科研的认真负责、废寝忘食的态度是近来很多学者都无法做到的。在陈马康教授的心中，始终有着两件事是他要始终坚持的，一件是努力培养好学生，这是他作为一个老师、作为学生导师必须要做到的，这是他的责任，正因为如此，他才能全心全意地为学生着想，关心爱护学生。在学生面前，他就是一个慈祥的长者，努力为学生解惑，积极解决学生的各种问题，保证学生们能够全身心地投入学习和科研，能够更好地实现自己的价值。另一件事则体现在对科研的态度方面，他坚持一定要严谨，一点弄虚作假都不能存在，这是作为一名合格的科研工作者最基本的操守。作为一名科研工作者，可以平庸，也可以成果不那么显著，但是对科研的态度一定要认真。

在陈马康教授退休后，他仍然舍不得自己为之奋斗一生的水产研究事业，2000年，陈马康教授在上海市水产学会担任常务理事兼秘书长。虽然离开了学校，但是这么多年的学校任职经历让他仍然无法将自己从学院工作中脱离出来，他仍然关心着学院的建设，经常将自己的科研经验传授给年轻的教师们，让他们能够更加顺利轻松地申报课题进行科研；对于问到自己的问题，陈马康教授总是认真负责地回答，并结合自己的看法给出答案。

2003年，陈老师与王丽卿、刘其根等一行就共同开展千岛湖（又名新安江水库）"保水渔业"研究与当地有关部门达成了合作意向。在2003—2005年对千岛湖的资源调查中，陈老师亲力亲为，在调查方案的制定上，他以自己多年在千岛湖调查中积累的经验，对年轻老师进行指导，解决他们在工作上遇到的困难和问题。陈老师像年轻人一样，怀着一颗对科学不折不挠、热切追求的心。当他发现传统的水生生物采样器在进水方式以及采样的可靠性上存在明显的不足之处时，马上针对传统采样器进行改进设计，提出了一款适合"水柱采样方法"的水库采样器。他自掏腰包，拿着图纸到仪器制造厂制作样品，经过多次实验，终于研制出一种淡水湖泊浮游生物分层采样器并申请发明专利。

俗话说："活到老，学到老。"陈马康教授用实际行动诠释了这句话的真谛。即使在今天，他仍在不断学习和更新知识，以利于更好地开展和完成工作。其编著的《名优水产生物与其生态工程》书籍和相关论文也陆续出版。

陈马康教授对学院的挚爱正如诗人艾青的不朽诗篇："假如我是一只鸟，我也应该用嘶哑的喉咙歌唱……为什么我的眼里常含泪水？因为我对这土地爱得深沉……"陈马康教授就是这样一名满怀对学院和科研的炽爱，饱含对水产事业的钟情，并抱有对学生殷切期盼的长者。他在水产教育事业上辛勤耕耘几十年，无怨无悔，恪尽职守，不慕名利。风尘仆仆的他在水产事业上留下了光辉的足印。

参考文献

[1] 徐胜利. 陈马康：衷情大水面养殖[EB/OL]. （2013-09-09）. https://dag.shou.edu.cn/2013/0909/c15586a271965/page.htm.

陈新军：
鱿鱼之父

> 陈新军，1967年10月生，浙江省义乌市人，毕业于南京农业大学渔业资源经济学方向，获管理学博士学位。2002年成为上海市"科技启明星"，2004年成为上海市"曙光学者"，2006年入选教育部新世纪优秀人才计划。兼任2006—2010年教育部高等学校海洋科学与工程类专业教学指导分委员会委员，中国远洋渔业分会鱿钓技术组组长。现任海洋科学学院院长，兼国家远洋渔业工程技术研究中心副主任，大洋渔业资源可持续开发省部共建教育部重点实验室主任。2020年5月，获得第二届全国创新争先奖。

在2019年世界海洋日，《新民晚报》曾发表这样一篇报道——《你所吃的每一条鱿鱼都有他们的努力》。

一副黑框眼镜，一身冲锋衣或白大褂，下得了澎湃的大海，上得了高精尖实验室，他带领的团队获得的科研成果证书摆满了整整一面墙……上海海洋大学的陈新军教授，被誉为"鱿鱼通"，20年来他刻苦攻坚，为国家海洋战略研究鱿钓资源，成为国内远洋鱿钓行业的科技领军人物。

陈新军教授1986年毕业于湛江水产学院海洋渔业专业（现广东海洋大学），后又到浙江省义乌市水利电力局工作，1992年在上海水产大学（现上海海洋大学）就读渔业资源专业，后又在南京农业大学攻读渔业资源经济博士。陈教授毕业后在上海海洋大学担任讲师，后被两次破格提拔为副教授、教授。2021年，陈新军教授荣获全国教材建设先进个人奖励，《渔业资源与渔场学》

《现代渔业进展》等我们所熟悉的教材，都是陈新军教授编著的。陈新军教授曾获得2019年度海洋工程科学技术奖二等奖（第1完成人）；2018—2019年度神农中华农业科技奖科学研究类成果二等奖（第1完成人）；2018年教育部科技进步二等奖（第1完成人）；2016年海洋局海洋科学技术奖二等奖（第1完成人）等多项荣誉奖项。主持或参加省部级和国家级项目近70项，其中主持国家基金面上项目4项，任国家"十二五"863计划项目主席，"十三五"蓝色粮仓重大计划项目负责人。远洋生物资源立体探测与渔场解析技术首席；2019—2022年主持西南大西洋中部公海柔鱼资源探捕，2017—2018年主持农业部探捕项目；主持2003—2004年印度洋鸢乌贼资源调查，农业部公海渔业资源探捕调查项目；主持2001—2004年卫星遥感在远洋渔业中的应用；是2000—2001年农业部948项目中国沿海渔区类型划分，项目报告总结起草人、主要参加人；是农业部鱿钓钓钩的行业标准负责人。

一、30载春秋，为远洋渔业作重要贡献

到2019年，我国远洋鱿钓渔业历经了30年发展，从无到有、从小到大，已经成为世界上规模最大、产量最高、技术最强的远洋鱿钓渔业国家，为我国远洋渔业作出了重大贡献。"远洋鱿钓渔业已成为我国远洋渔业的支柱产业，目前作业渔船和捕捞产量分别占总量的约1/3和1/4。"陈新军介绍道。

目前，全球海洋中头足类渔业资源的储量在5 000万吨至1亿吨之间，每年的捕捞量约400万吨，其中鱿鱼占70%。作为一年生鱼类，鱿鱼处于海洋食物链的中间层，捕捞量过低是一种浪费，过高则会造成食物链的不平衡。捕捞鱿鱼，可谓是"空手套白狼"的活。拥有十条触足的鱿鱼可是个贪吃的家伙儿，在漆黑的夜晚，放下钩子，打开水下灯，它就会来个"饿虎扑食"——自己抱住钓钩，再也挣脱不了。"当然，我们白天也会作业，但鱿鱼是昼夜垂直移动的，日间作业会将钓钩放得更深一些，效率也不如晚上。"陈新军补充说。他还记得，曾经有好几家远洋企业无功而返，向他求助：能不能对鱿鱼出没情况有个预估，让我们能"知己知彼"？这些来自渔业第一线的需求，促成了"鱿鱼预报"这一高精尖技术的生成。

本着"人海和谐"的可持续发展理念，他们完成了全球9个海域30年鱿鱼资源的调查分布图，创建了鱿鱼栖息地模型和鱿鱼资源分布预测图，而其自主开发的鱿鱼渔情近实时预报系统，则为鱿钓船及时到达、精准捕捞提供了信息支撑。

近年来，"鱿鱼预报"准确率普遍超过80%，一举扭转了从前"无头苍蝇"式的捕鱼方式，不仅成为国内渔业企业的重要参考，连海外的渔业加工业都可能随之产生波动，影响力不断扩大。

我们大家都知道，鱿鱼富含蛋白质和氨基酸，营养价值高，是很多人喜爱的海产品。然而，很少有人知道，中国的渔船往往要到遥远的南半球捕捞点，才能万里迢迢地把这些美味运回来。什么时候、开到哪里，才能捕捞到数量多、质量好的鱿鱼？上海海洋大学的三代"鱿鱼教授"给出了答案。从"中国鱿钓之父"王尧耕开始，30年来，三代人传承接力，助力中国的远洋鱿钓渔业从无到有、从小到大。陈新军就是这一代"鱿鱼教授"的代表。他在全球首创了"鱿鱼渔情评估报告"，自2000年起，这份报告每年在全国渔业相关会议上发布，成了各大远洋渔业企业制订科学捕捞计划的重要依据。

此外，陈新军及其团队开发了大洋性鱿鱼新渔场发现与资源认知新技术，在全球发现了4个鱿鱼新渔场，占现有世界鱿鱼渔场的三分之一。作为"中国远洋渔业开拓者"，上海海洋大学对中国远洋渔业的发展起着举足轻重的作用，从20世纪70年代起，上海海洋大学远洋捕捞、渔业资源、国际渔业与渔法等专业教师已加入国际渔业谈判。20世纪90年代起开始更多、更大范围地介入国际渔业履约谈判。如今，已入选教育部首批"黄大年式教师团队"的远洋渔业履约团队依托深厚的科研实力和谈判经验，不断形成一份份以科研成果为支撑的科学报告，成为我国远洋渔业发展中的一支重要力量。

2019年10月10日上午，中国远洋鱿钓30周年总结大会暨可持续发展高峰论坛上，启动发布了由中国远洋渔业协会为总协调单位，上海海洋大学为技术负责单位，舟山国家远洋渔业基地等为运行单位的"中国远洋鱿鱼指数"，强调将不断提升我国在全球鱿鱼产业的话语权，体现负责任渔业大国形象，积极引导我国乃至全球鱿鱼产业持续、健康、稳定发展。远洋渔业行业突出贡献奖获得者、中国远洋鱿鱼指数核心科学家、上海海洋大学陈新军教授就进一步增强对鱿鱼资源的认知能力、开发能力、掌控能力,成为负责任的远洋鱿钓捕捞强国发表演讲。

二、大海就是陈新军的实验室

作为教授、博士生导师,陈新军还承担着上海海洋大学海洋科学学院院长兼国家远洋渔业工程技术研究中心副主任、大洋渔业资源可持续开发省部共建教育部重点实验室主任等重任,他却乐于穿上冲锋衣,忍受着逐浪大洋的辛苦,一次次跟随渔船出海调研,从第一手信息里寻找技术突破的蛛丝马迹。

作为项目负责人,陈新军先后主持并完成国家级和省部级科技攻关课题、农业部公海渔业资源开发等重大项目、企业委托课题近40项,多次实现技术攻关突破,受到农业部渔业局和中国远洋渔业协会的表彰。如今,中国鱿钓船达600多艘,年平均产量40多万吨,产值40多亿元,鱿钓产业已成为中国大农业中"走出去"战略的重要力量。"科学找鱼,是未来十年我们的钻研方向。"随着人工智能的发展,陈新军和团队也正将这项技术运用于"鱿鱼预报"之中,通过建立大数据模型,获取更准确的预测。"原来诱捕鱿鱼的水下灯耗能较大,也存在污染问题,我们考虑改善为节能环保的灯具。"陈新军告诉记者。

展望未来,陈新军表示将继续"科学找鱼",增强鱿鱼资源认知能力,进一步深入掌握鱿鱼生活史过程,不断努力开发新渔场,为国家蓝色粮仓建设贡献力量。同时,要通过遥感等技术,进行精细化预测,结合集鱼灯优化等手段,增强鱿鱼资源开发能力,进一步实现"高效捕鱼"。"我们要开展更加精准的资源评估与预测,并以此为基础发布国际鱿鱼指数,掌握鱿钓行业的优势话语权,在世界鱿钓渔业发展中体现我们的大国担当。"陈新军如是说。

目前,有关鱿鱼捕捞的相关区域性组织正在建立,作为负责任的远洋鱿钓捕捞强国,中国的加入势在必行。2000年以来,陈新军带领的团队承担了一系列国家履约任务。他们执行渔捞日志和港口取样计划、分析汇总远洋渔业数据、定期参加区域渔业管理组织科学与法律磋商谈判、参与相关全球性组织会议等,全面支持我国参与国际远洋渔业治理,维护我国合法远洋渔业权益。

"作为一个海洋科技工作者,只有不断探索新技术,拿得出数据,才能更好地助力中国渔业企业,才能在海洋科学领域,发出更多中国声音。"陈新军表示。在他的带领下,履约团队成员运用科学武器在国际谈判中争取我国海洋权益,为我国远洋鱿钓渔业发展壮大保驾护航。陈新军及团队研发的鱿钓技术广泛应用于我国所有50多家远洋鱿钓企业、600多艘鱿钓船,自2009年始,我国远洋鱿钓产量连续9年居世界第一。

参考文献

[1] 邰阳. 世界海洋日 你所吃的每一条鱿鱼都有他们的努力!上海教授全球首创"鱿鱼预报"发出更强中国声音[EB/OL].(2019-06-08). https://www.163.com/dy/article/EH53T1GE0512DU6N.html.

丁永良：
中国渔机先行人

> 丁永良，1932年10月生，江苏省无锡市人，中国著名渔业机械科学家，曾任中国水产科学研究院渔业机械研究所所长，成功研制了"池塘养鱼成套设备"，如"叶轮增氧机""隔膜真空吸蚬机""电动泥浆泵""水力挖塘组""SLY-Z17硬颗粒饲料加工成套设备"等养殖机械，开创了机械化、工业化高密度养鱼技术与装备，为推进渔业现代化发展作出了突出贡献。

1932年对国家来说注定是不平凡的一年，那年1月辽宁锦州沦陷、鲜红的八一军旗在中国的大地上冉冉升起，战火燃遍了神州的每个角落，底层劳苦百姓终日为生存劳碌奔波。但也正是在那一年，江苏省无锡市的一个小镇上，丁永良出生了。古都无锡历史文化发展源远流长，有三千多年文明史。而中国无锡先人的原始文明，分别属于马家浜历史文化、崧泽文化和良渚文化。无锡市有文字记录的中国历史文化发展，可追溯至三千多年前的中国商朝末年。无锡市作为吴民族文化中的主要发祥地所在，自古以来便是鱼米之乡，素有"布港口""钱港口""窑港口""丝都""米市"之美称。无锡市是中国少数民族地区制造业和乡镇制造业的重要摇篮，是苏南管理模式的源头，又是江南文明的发祥地所在，当地风景秀丽，历史人文自然景观丰富多彩，堪称"太湖明珠"。出生于鱼米之乡的丁永良似乎天生就和渔业有缘，而丁永良对鱼类的热爱，缘于父亲十数年的捕鱼爱好。小时候，他经常和爸爸去"云游"垂钓。在那时候，垂钓的环境非常好，江水很清，也大，河里的鱼儿自然不少。据说鱼儿经常会粗心大意，不小心游入了洗衣人的竹筐中而变成他们餐桌上的美味，对鱼儿的喜爱也正是在那个时期形成的。那时每逢假日的空闲时间，他就和母亲去附近小河或水塘里尽享捕鱼的快乐。但这可并不是单纯的娱乐消遣，人们更多的想法是期待可以获得大鱼美餐一顿。偶尔钓上了大鱼，母亲便约三四个朋友共同享用。通常是母亲先吃大鱼，然后共饮鱼汤，在那个年代，这实在是奢侈的美味。自那时起，丁永良便暗下决心，以后要天天吃上这样的美味！那时稚嫩的心里并无天下，只有一份对世间美好的追求。

1937年，日本政府军国主义者悍然挑起"卢沟桥事变"，启动了蓄谋已久的全方位侵华作战。中华儿女们自强不息、浴血奋斗，完全击溃了日本军国主义入侵者，保护了中华民族五千余年蓬勃发展的文明成果，维护了人类和平事业，铸就了当今世界战争史上的宏伟奇观、中华民族的史学壮举。那8年，丁永良走过了艰难的抗日战争时期，民族的屈辱给他留下了深深的烙印，这也让其意识到落后必将挨打，工业是国家的命脉，粮食安全是国家的红线。青年时代的丁永良曾就读于上海市水产学校，上海市水产学校是在1904年，当时为了对抗日本侵渔、保护中国海权，上海市杰出的实业家、教育工作者张謇曾倡导"渔权即海权"思想，向清廷倡导兴办的水产学校。辛亥革命（1911年）后，江苏省政府临时会议决定将上海市水产学校正式列入国民科技教育范围，并开列了预算。后经黄炎培襄助和第一任校董张镠的竭力募捐，于1912年开始创办江苏省立水产学校。2008年，为满足我国海洋事业的发展需求，该校改名为上海海洋大学，由江泽民同志为该校题写新校名。上海海洋大学建校百年，是中华人民共和国首批双一流学科院校，以"勤朴忠实"四字为校训，教育了一代代的学子，丁永良便是其中之一。丁永良一直坚持人应学业努力，工作勤奋，反对消极懈怠；做人求真，多做少言，反对奢侈浪费；忠于祖国，爱护母校，反对薄情寡义；注重实际，讲求实效，反对弄虚作假。

毕业后，丁永良进入中国国家水产科学院渔政机械仪器研究院工作，正是在这里，丁老真正解放了双手，从"远东古老养鱼法"到现代工业机械化养鱼，他让国家的水产养殖出口量跃居全球第一位。新世纪伊始，全球观察研究院创办人、全美知名生态经济理论家、哈佛大学博士莱斯特布朗就曾公然指出："在过去的20~30年中，国家海水畜牧业得到了蓬勃发展，对当今世界是一项重要的贡献。"但其实,对于我国这种传统农业捕捞强国,水产养殖技术不但为人类创造了重要的大量优质蛋白质,而且还给国家粮食生产安全带来了重要保证。"叶轮增氧机""隔膜真空吸蚬机""电动泥浆泵""水力挖塘组""SLY-Z17硬颗粒饲料机械加工成套设备"等由丁博士等主持研发的系列畜牧机械设备,极大地促进了我国畜牧业的跨越式发展。

一、潜心钻研,打造池塘养鱼"三大件"

我国水塘养鱼有着三千二百余年的发展史,有着"远东古代养鱼法"之称,全靠劳动力作业,亩产难以冲破五百公斤。新中国成立之后,1972年之前,由于长期在生物和化工应用领域寻求突破口,水塘养鱼单产与总产得不到发展。那么,水塘养鱼的发展道路究竟在何处呢?直至20世纪60年代,在"农村的基本发展道路就是机械化建设"思路的指导下,才将我国水塘养鱼机械化建设研究真正纳入由毛泽东同志亲笔审定的我国首个十年科学研究发展规划。1963年,全国水产科学研究所渔业机械仪器研究所建立,此后丁永良成为参加我国渔场机械机器科学研究工作的首批学者,他也开创了机器科研攻坚的新发展历史,要为养鱼业大发展保驾护航。数十年来,他针对池塘养鱼发展的实际需求,不断摸索,创新,潜心研发了包含池塘养鱼"三大件"在内的一系列渔业机械设备,被国际同行认可为中国国内水产畜牧机械设备专业的带头人,并创造了中国农业机械的又一个新机种,为中国畜牧业的发展作出了突出贡献。

二、打破"一潭死水"

传统池塘养鱼是"一潭死水"。早在20世纪60年代,全国著名的养鱼老区——无锡市河埒口渔区,就开展了持续6年的高产试验,但结果一直无法冲破"千斤关"。在实际面前,人们不得不相信,仅仅通过生物技术和化工等方式是很难增加单产的。在渔业发展遇到瓶颈后,怎样寻求出路成为人们关心的热点。通过深入调查研究,丁永良教授和科研技术人员们把"水体中溶解氧量不足"锁定为池塘中养鱼单产无法提升的主要因素。据了解,每平方米水域每天可以从空气中得到约1.5kg氧气（3级风时）。如果鱼类的密度太高，水溶氧入不敷出，人类就会翻塘杀鱼。每千克鱼每小时要耗费250mg空气，每千克鱼一天需要排出约2g氨氮废物，污染土地和水域，1g的氨氮废物经分解氧化后要耗费4.57g空气。所以，每千克鱼类在一天大约要耗费15.5g空气，因此理论上一亩水面就可以养活约127kg鱼类了。而对于空气的透支部分，是靠水泵进入外河等充氧量较高的水体，以及利用水底浮游动物制氧。若外河水道缺氧，再遇阴雨，就靠不住了。所以，池塘的天然安全水亩产量也只能100~150cm。氧是中国池塘养鱼企业增加生产的主要瓶颈，企业为了增加单产，就需要向周围水体人工增氧。在1972年，丁永良教授和科研技术人员成功研发了中国第一台大叶轮式增氧机（7.5kW），其增氧效果达每千瓦小时1800g以上，大叶轮的强力搅水能把二氧化碳、一氧化碳、氢硫基、氨氮废水、甲烷吸附物等废气全部曝向地面空中。而且，由于叶轮的转动与混合还破坏了池水的层次现象，使下层缺氧的高营养水体和上部高氧水体进行了交替，使池塘的溶氧均衡。此外，随着氧量增多，好氧性的固磷菌更占了优势，并能使磷稳定，从而有效控制了池水的富营养化。正是依托着这些优点，叶轮增氧机在全国九大类鱼用增氧机中脱颖而出，受到了养殖户青睐，在30年内供不应求，销售量高达数百万台，使中国池塘养鱼单产出现了历史上的重大突破，总产步入快速通道，并一路攀升，成为世界第一养鱼大国。该成果荣获全国科技大会奖。

三、水力机械化挖泥

在中国传统的池塘养鱼作业中，污水清理是池塘养殖环境保护的重要难题。人工挖塘不仅工作量大，而且效益低下，严重影响了饲养户的总体收益。因此，丁永良先生致力于渔业机械设备研究，并研制出了应用性很强的水力挖塘机，即水力机械化土方作业机组。这套机组主要由独立泥浆泵悬浮固体输泥系统、高压水泵式水炮碎泥系统、配电价格控制系统三个部分构成，其基本工作机理为模仿大自然河流冲刷方式，借水力的作用来进行开掘、输土、填筑物等，即水经高压泵的加压，再经过开关式水炮喷出高压水柱，切开粉碎的水泥体，使其崩解，产生浆液和泥块的混合物，随后再经独立泥浆泵汲送到堆泥场地，或用灌袋造岸；围海造地，一般输距在200m以内，水泵扬程在10m以内，每台班可挖150土方，或清淤250土方。事实上，水力挖塘机是中国的独创，优点独特，生产成本低，且很少受施工条件影响，通过性好，易于施工，容易组织管理。排泥场上层土壤肥沃，当年就可复耕，且整个机组均能单独利用。截至2010年，机组产品已普及至中国国内28个省地区，约十多万台套。除挖塘之外，群机工程作业还普遍地用于兴修水利工程，建设大型水库大湖，围海造地，大桥隧道建造，江海小学口筑港，长江淤背以及"南水北调""引黄济青""引栾济津"等特大土地工程项目。"你们的水产部门，替我们水利部门办了件大事啊！"当时的水利部长钱正英就曾为此予以高度评价。该项研究成果获得国家水产总局科技进步一等奖。

四、硬颗粒饲料异军突起

20世纪70年代之前，中国养殖业均没有使用颗粒饲料，而只使用粉状饲料。但其实，如果养鱼时使用粉状饲料，效率并不高，而且还会环境污染水域。在捕捞机械研发过程中，丁永良敏锐地察觉到了捕捞养殖饲料颗粒化的问题。从粉状饲料到粒子饲料，从软颗粒饲料到硬质粒子饲料，从环模型硬颗粒饲料到平模型硬颗粒饲料，丁永良经过再三讨论，对比测试，终于锁定了平模型的硬质粒子饲料的优势，并成功研制中国第一套17千瓦平模型粒子饲料发电机组。通过在珠江三角洲地区66个重要渔区的建厂与推广，硬颗粒饲料已逐步被国内养鱼业认可并逐步普及，也影响了禽畜产业，甚至部分远销至东南亚地区。该项研究成果曾获得农业部科学技术一等奖。另外，平模式硬颗粒饲料机械的各种应用，目前已经快速蓬勃发展为一个系列，有11、18.5、22、55千瓦等多个机型，它可以用于化肥、制药、化工等工业粉粒的造粒，可以加工生产制造成尿素改性、氯化铵、过磷酸钙、磷酸一铵、过碳酸氢铵、氯化钾、硅钙镁肥料等单、复肥料，以及用于水泥煤、草煤、毛鸡屎、有机无机复合肥、生物复肥料、钢水保温施工剂、增碳机、煤气脱硫剂、农产品粒料剂等。"增氧机""水力挖塘机组""颗粒饲养机"使用面广量大，作为我国实行池塘饲养工程机械化建设的"三大型"，均荣获国家科技成果奖。当然，在丁永良的领导下，研究所还成功研制"手动投饲机""软颗粒饲料机组""浮颗粒饲料机组""射沉增氧机""人造水草""增氧快艇""水净化机""吸蚬机""潜走式清淤机""活鱼运送车"等各种水产饲养机器,并广泛应用到全国各个地方,以满足不同的饲养对象,为全国水产畜牧业的蓬勃发展,创造了有效的生产装备。

五、一腔热情为渔业发展鼓与呼

早在1992年底,丁永良就已经退休。但是,他仍为渔业发展而殚精竭虑。他的目标是"有一种光,发一份热"。事实上,早在少年时期,他的眼光便是远大的。他不仅针对渔场发展需求,成功研制了一系列先进适用的捕捞机具,还开始在全国开展静水深流大密度养鱼和机械化养鱼技术的研发工作。在河南省中原油田,主持建成了全国首个大规模的一元化封闭式热交换养鱼工厂,最大亩产66斤,平均年产达到了660吨,缓解了中原油田的十四万工人吃鱼难问题,并因此成功在全国大油地和部分电厂推广。同时,从20世纪90年代开始,他们又利用对鱼、蔬菜、细菌以及催化剂等多种微量元素之间相互作用和关联的深入研究,在国内外第一个组织进行了"鱼菜共生系统"的研发并得到国家专利,该体系在上海市、江苏、香港、淮安和湖北等地推行,不但获得很好的效益,而且做到了养鱼污染物资源利用化,实现"零排放"目标,是一个经典的循环经济生态养殖模型,对满足中国水产养殖事业可持续发展的战略要求产生了积极的影响。退休之后,他凭借多年的工作经历,及时指导技术推广,并着力支持年轻人的发展,并仍全力促进渔场可持续蓬勃发展。在任职北京渔机所和上海市中驰环保集团的科技管理人员时期,他还多次深入地到现场上做技术成果的宣传和现场人员引导等工作,并获得了实实在在的效果:"水力挖塘机组"1998年完成北京中南海"六海"清淤70万立方米工程,并广泛应用于辽河、黄河口疏浚、长江入海口导航堤、南水北调、上海浦东国际机场建设等国家的重大土方工程;建成了国内围海造地工程近50万亩;参加的"家畜类大便垃圾无害化、资源化处置设施"工程项目,在动物粪便管理等领域方面发挥了较好效果。1998年在上海市农委帮助下,在上海市南汇周浦建成了上海市第一家鸡粪处理无害化、资源化的工厂,并将这一科学技术向全国各地方逐步普及。同年，他又率先发现了纳米科技和微生物科技、增氧科技的融合效应更突出，并把这种科技应用推进到了污水处理和城市景观水体处理中，成功解答了一直困扰人民的上海市"虹桥绿区""虞苑"等众多上海市著名景观水体的蓝绿藻问题。目前，这一技术已经被北京中驰环保技术有限公司在江苏、杭州的河流、城市景观污水处理工程项目中推广。捕捞机械企业要发展壮大，一定要靠团队合作来支持，丁永良也深谙此理。在任渔机所主任期间，他积极引导机关干部和技术人员开展科技体制改革，经过大胆探索，使渔机所被纳入农业部的八大科研机构改革试点单位之中。他嗅觉敏锐，研究视野开阔，尤其注重与交叉学科技术的融合和运用，勇于研究并探索科学研究创新的方向，担任所长期间带领全所共同完成了渔机领域科学项目65余项，包括省部级重点研究计划项目31项，并获得省正厅级上列的科学技术成果奖18项。他非常重视并亲自参加了促进科学技术推广改造管理工作，促进了一批专门为捕捞提供服务的乡镇公司的出现，从而从无到有建立了中国新兴的渔机行业，并产生了巨大的社会效益和经济效益，对中国捕捞装备现代化建设起到了积极影响。他山之石也可以攻玉。在管理工作中，丁永良立足当地国情，放眼于世界渔业，并着力拓展了研究所和企业的发展思路与方向。多年来，他相继考察了欧、亚、美、非、澳大利亚等十多个国家的工业化养鱼、养鱼机具、饲养机械，并根据自身的实际情况，在中国大陆和台湾地区的一二类杂志、报纸上发表了专业文章近百篇。另外，他还编辑了《我国渔场机械区划》《高新物理捕捞》，主审《机电技术工程设计技术手册》，力求为我国渔场蓬勃发展添砖加瓦。实际上，丁永良在海洋捕捞机械设备研发领域的成绩也是颇受瞩目的：1962年"获得山东省优秀青年红旗手"称号，1997年被评为上海市先进农业科学技术工作者，2001年获得"上海市农业科技先进工作者"荣誉称号，2003年获"全国优秀水产科技工作者"称号，1991年被编入由美国海外传记研究院USABI出版的《全球名人录》。但是，在丁永良心中，有了我国捕捞的繁荣现状与美好未来，他还用在乎别的什么吗？

参考文献

[1] 高慧娟. 我国养鱼机械化、工业化的开拓者——记我国著名渔业机械专家丁永良[J]. 科学中国人，2010（10）：109-111.

金万昆：
水产界的"袁隆平"

> 金万昆（1932—2023），中共党员，研究员。全国劳动模范、"天津楷模"、天津市换新水产良种场原场长。从事鱼类遗传育种60余年，90岁高龄仍奋战在生产一线，倾其一生培育出11个水产新品种，破解了多项"卡脖子"技术难题，大幅度提升了养殖户收入，被誉为"北方家鱼人工繁殖第一人"，是矢志民族种业振兴的水产育种专家。

他一生一直奋斗在农业基层一线，在淡水鱼类育种研究、繁育，育成好吃好养又受市场欢迎的多个新品种方面作出突出贡献，还带出了一支育种研究、苗种生产技术团队。养鱼界称他是"水产界的袁隆平"。他把小渔场发展成国家级一流的水产良种育种繁育大型育种场，为水产行业作出了突出贡献。他用行动践行着当年在入党志愿书上写下的"在我停止呼吸前的一分钟，就要为党工作一分钟"的誓言。

对鱼的痴迷让他创造了多个"第一"。20世纪60年代初，金万昆人工繁育"四大家鱼"获得成功，被誉为"北方家鱼人工繁育第一人"，推动了我国北方地区家鱼大面积养殖。他先后从全国引进收集淡水鱼原良种、野生种等五十多个品种，建起了种质资源活体保存库，以这些资源为育种材料，带领技术人员先后进行了八百余项远缘杂交育种试验，培育出黄金鲫、红白长尾鲫、蓝花长尾鲫、墨龙鲤、津新鲤、津鲢津新鲤2号和芦台鲌鱼等10个经国家审定的在全国推广的水产新品种，成为全国同行业育出新品种最多、推广应用最广泛的科研育种专家,这些新品种被渔业专家誉为"百余年来最具优势的杂交组合",获天津市首届优质农产品金农奖。在他培育的品种中,津鲢是他历经50余年,在封闭式环境下系统选育出的我国"四大家鱼"中首个人工选育新品种,对保护鱼类种质资源,推广"立体"养殖意义重大。津新乌鲫是我国第一个人工育成的全黑体色营养保健型食用兼观赏鱼新品种。这些新品良种的推广应用取得了重大社会效益。由于在鱼类品种自主创新上走在全国同行业前列,金万昆所在的换新水场被农业部批准为全国第一家企业国家级鲤鲫鱼遗传育种中心。

金万昆在旧社会只上过18天小学,在养鱼的生活中,他"翻"字典、"啃"书籍、"拜"老师。"坚守岗位,刻苦钻研",正是几十年来金万昆学习工作生活的真实写照。他从没有休过一个星期天,也没有节假日。一摞一摞的笔记和心得记载了从鱼的特性、饲养到孵化的数十万个试验研究数据。他将学习与实践相结合,攻克了道道难关,一步步迈进鱼类育种知识的王国,被聘为天津农学院客座教授、河北农大校外研究生导师。

多年来,金万昆在国家级水产刊物上发表论文58篇,编辑出版了《淡水养殖鱼类种质资源库》《淡水鱼类远缘杂交种染色体图谱》《淡水鱼类远缘杂交实验报告》和《淡水鱼类杂交种胚胎发育图谱》5部专著(见图7)。这些专著丰富了我国鱼类遗传育种理论,从理论与实践的结合上为水产科学研究和教学提供了宝贵资料。他发表的论文绝非从理论到理论,而是结合了几十年实践经验积累总结的。为了攻破中华胭脂鱼北方地区人繁育种的关键技术,使这一长

图7 金万昆出版专著

江珍稀物种、国家二级保护动物，在北方得到异地保护和增殖推广，尽快解除濒危，他查找资料，反复思考研究，写成2万余字的《中华胭脂鱼人繁育种研究》供全场职工学习研讨。2015年这一珍稀长江濒危物种终于在换新水场人工繁育成功，填补了北方地区人工繁育种的空白。

金万昆攻破多项关键技术，获得国家发明和实用新型专利12项。他发明的"粘性受精卵自然脱粘技术"使鱼苗生产量提高千倍以上，生产成本降低几百倍；还有亲鱼人工催产、人工授精、粘性鱼卵自然脱黏、受精卵环道高密度孵化、水温调控和乌仔高密度发塘技术等，形成了一整套成熟的苗种产业化生产技术体系。他还创新发明了仿生态的池塘"水体多功能处理系统"设施，既使池鱼游动健身，增强体质，又扩大了池水增氧面积改善了水质。在他的带领下，换新水场成为多家水产科研机构研发基地、联合培养研究生和大学生实践基地。

金万昆常说："把鱼养好也是为人民服务。"还说，"人活着得有理想，毛主席说共产党人要为人民服务，弄出一条鱼来，养鱼的人说好养，卖鱼的人说好卖，吃鱼的人说好吃，而且这是一个产业链，好多人因此可以改变生活，勤劳致富，这是一件多么有意义的事儿啊！"为了推广良种养殖，为了农民兄弟能养上健壮优良的鱼苗，几十年里换新水场鱼苗价格不仅没涨，还多次降价给养鱼户让利，一旦他听说有的养鱼户头年养殖效益不好，他就会免费送上几十包鱼苗，让他们先养起来。

为了推动水产养殖业的发展，几十年来，他潜心研究生产，每年都生产推广15个以上的新品种，优良苗种年生产推广达30亿尾以上，现已推广到全国30个省市自治区，形成了"北鱼南调"的新局面，每年推广养殖的面积都在160万亩以上，产生重大的社会养殖效益，同时也带动了其他产业的发展。因此，换新水场被农业部评为首届全国现代渔业种业示范场和全国水产健康养殖示范场。

金万昆深爱养鱼这一行，一干就是几十年。有人说他老了，是的，年龄上他真的是有些老了，可他那颗深爱水产种业事业的心依旧年轻，在他深爱的水产繁育的岗位上，他从未停下奋斗脚步。

参考文献

[1] 潘丽娅. 耄耋老人 让国人餐桌上多了一条鱼 访国家级淡水鱼类育种专家金万昆[J]. 求贤，2022，371（7）：16-17.

[2] 肖秋生，张润臣，刘金生. 一位老渔民的传奇人生[N]. 天津日报，2010-07-04（006）.

吴宗文：
水产专家

> 吴宗文，1946年生，四川省资阳市安岳县人，高级工程师，水产专家，国务院政府特殊津贴专家，四川省学术技术带头人，成都市和资阳市政府科技顾问。吴宗文与技术团队一起主研的"绿色浮性饲料"项目获2010年成都科技进步一等奖。

"书山有路勤为径，学海无涯苦作舟"，我国自古以来就将坚持学习视作很重要的优秀品质，到了近代更是有很多人将"活到老，学到老"贯穿在自己的生命里，可是现如今的世界越来越丰富多彩，人们的心境变得越来越浮躁，仅仅是"活到老，学到老"这么一句简单的话，都有很多人无法做到。而在四川的水产业界，就有这样一位白发苍苍却仍在知识的海洋中自由畅游的老先生，向一代又一代青年们阐述了"生命不止，学习不止"的真理，他便是享有国务院政府特殊津贴的著名水产专家吴宗文老先生。

吴宗文，男，1946年生于四川省安岳县的一个小村庄，家族久居安岳县，一家老小都靠务农维持生计。吴宗文有五个兄弟姐妹，虽然在那个年代的农村，人丁兴旺被认为是家族昌盛的象征，但仅靠日夜操劳来维持八口之家的生计，还是给了吴家巨大的压力。在吴宗文15岁的时候，吴父不幸过世，全家上下6个兄弟姐妹的衣食住行都压在了母亲的肩膀上。虽然生活条件非常艰苦，但是母亲的支持却让年幼的吴宗文在学习方面并未止步。天生聪颖的小吴宗文也做到了不负众望，他的学习成绩非常优异，生活上也非常懂事。父亲的早逝让他从小经历了生活的苦难，这些苦难并没有将他击倒，反而让他养成了惜时如金、敢打敢拼的好习惯。

1963年，吴宗文中学毕业后考上了内江农业学校的农作物栽培专业，在校期间的吴宗文就开始自行试验种植小麦、棉花、红苕、油菜等。他在日常生活中非常勤奋，经常利用课余时间努力提升自身的专业水平，其他同学午休的时候，他经常跑到田间去选种选苗，其他同学放假回家的时候，他就在农村进行农作物种质调查。1966年，他用储物箱囤积了一批精心挑选的水稻种子，可是他居住的农场里的老鼠把他的箱子啃烂了，那些优质的种子也被老鼠吃完了，这件事给年轻的吴宗文造成了很大的影响。在他完成学业之后，吴宗文被分到四川安岳农业局工作，局长安排他和一名大学生一起做水产养殖研究。

根据吴宗文老先生后来的描述，那时候他对于组织上的安排还是有一些意见，闹了一些情绪。在那个年代，农村有句俗话叫"打鱼摸虾，耽误庄稼"，养鱼也被大家看作"不务正业"，而且他是学农作物栽培的，对水产养殖几乎一窍不通，这给他造成了很严重的心理负担。后来，经过领导多次谈话，他开始尝试着努力学习水产养殖相关知识，从此开始了"打鱼摸虾"的生活。

既然认定了要学习水产养殖的相关知识，吴宗文就又开始了自己的拼搏学习之路。由于局内书籍存量较少，吴宗文到处借书，不放弃任何机会汲取水产知识。平时只要有去成都办事的机会，他都会去图书馆找书。1970年，安岳农业局开启了一个研究繁殖育苗的项目。每天的工作开始前，吴宗文都会给自己一天的工作做一个简单的规划。到了养殖场之后，他就和工人一起检查亲鱼成熟度、雌雄配组、配药、打催产针等。没几天，白鲢、花鲢和草鱼产了数百万粒卵，实验成功。首战告捷，吴宗文逐渐对水产养殖产生了兴趣。1986年，在吴宗文搞"稻田养鱼"项目时，结合自己在农作物栽培中的专业知识，吴宗文收获了喜人的成果，在那个年代做到了一亩田产"千斤稻、千斤鱼"，试验村的农户还因该项目获得了省政府5万元的以奖代补资金，自此，吴宗文开始了自己在水产界乘风破浪的拼搏之路。

20世纪下半叶，吴宗文所负责的养殖场里的鱼苗因为缺乏饲料及食粮得了跑马病，其症状主要表现为，鱼苗会绕着池塘边缘不停地游泳，甚至可能游到死。吴宗文沿着池塘边散步时无意间发现，鱼池中间有一根草秆在不停地动，他在池塘边观察了很久，提出了一个疑问，是鱼在吃吗？他忍不住下水把草拔起来看，发现草秆都是光的，上面有被鱼啄过的痕迹，但草秆很硬，鱼咬不下来。他还针对这种现象给出了一种推测，那便是养殖的鱼可能食用了这一类水生植物。于是他将与池边大小相同的水草割了一部分之后，再拿到附近用打浆机打成草浆，然后再把这些草浆均匀地泼入池内，果然，没多久，在池中所出现的跑马病症状就消失了。后来他又连续饲养了将近一周，并对该方法的养殖成本进行了估算，得出可以用这种草浆饲养鱼苗的结论，相当节省成本。后来，吴宗文也基于这一发现，重新设计了水下的草浆饵料台，使得养殖的鱼类能在料台中进食草浆以及草浆中存活的微生物等。养殖场因此在大幅减少生产成本的同时安然地度过了艰难的时期。

说起吴宗文老先生的贡献，就不得不提起珍珠层粉。中医素来有珍珠粉入药的传统，但人工养殖珍珠法在中国失传了很长一段时间，却于20世纪初在日本兴起。20世纪70年代之前，中国的药用珍珠全靠从日本进口。1971年，吴宗文在四川省图书馆翻到了一本日本专家写的介绍珍珠养殖的专著，如获至宝，一边看一边抄，可到了图书馆闭馆时间也只抄了几页。由于当年四川省图书馆的藏书是不可以借走的，吴宗文向图书馆工作人员表明了自己的身份，再三恳求，终于在工作人员的同意下，吴宗文将该本书籍带回了安岳。回到安岳后，吴宗文同妻子一起将这本书完完整整地抄了下来。这本来之不易的"技术指南"给了后续工作中的吴宗文很大的帮助，他利用本地的贝角无齿蚌成功养出了淡水养殖珍珠，还攻克了优质育珠蚌——三角帆蚌的人工繁殖的难题。后来，因为一个偶然的机会，他注意到，贝壳在日光的照耀下会发出与珍珠很相似的光泽，于是他推测贝壳和珍珠可能是"同质异形"。因此，他将外壳像珍珠一样有光泽的那一个剩下来，并磨成粉。后来经过多家国际权威机构试验，这种贝壳珍珠层粉与中国以前生产的珍珠粉完全一样，其成分几乎没有差异。在四川省卫生厅的核准下，使用这种"珍珠层粉"替代纯珍珠粉制成的药物在临床试验中获得显效率97%的结论，他由此起草了《珍珠层粉的药用标准》，使珍珠层粉的价值首度载入药典，填补了中国在这个领域研究方面的空白。

同时，吴宗文也在渔业方面颇有研究。南方鲇肉质极佳、味道鲜美，而且没有肌间刺，一直是餐饮业的宠儿。但该鱼生性凶猛，经常出现同类之间大小互食的情况，苗种成活率甚至不到两成。当时的吴宗文在了解具体情况以后，进行研究后认为，在饲养南方鲇的时候，首先必须将鱼类按照体形大小分别饲养，然后每星期根据体形大小对鱼类进行重新筛选，该方法虽然增加了一定的人工成本，但是该鱼种的养殖成活率也大为提高。2007年，在政协常务委员刘汉元的积极组织下，吴宗文带领科技队伍对"全新绿色浮性饲养与冰鲜鱼养南方鲇对比实验与演示"进行了攻关，用绿色浮性饲料取代了传统养殖饲料，该饲料不仅在适口性上有大幅度改善，使得鱼的产量和品质出现了显著的提高，而且还同时提高了饲料消化率，减少了鱼类的粪便产出，减少了对环境的污染。该项科技研究成果分别被评审为2010年全国饲料行业重大科学技术成果奖和2011年成都市重大科技进步奖一等奖，并由中国科技部授予其团队"十一五"星火计划先进集体奖。

吴宗文老先生所负责的网箱鱼粪便处理技术与效能研究项目、电化除水装置研究及应用、塘底污染水体改善项目等均经过院士专家的评估，综合技术在全球范围内均处领先地位，并分别获得中国国家水产科学院研究成果二等奖、四川省科学技术厅科技成果三等奖和成都市政府成果二等奖，极大地推动了我国相对薄弱的生态养殖技术的发展。

在社会需要的驱使下，根据前人在水产养殖技术服务行业三十余年的经验积累以及光电太阳能技术上下游产业环节的全方位融会贯通，刘汉元副主任作出了关于研发"渔光一体"工程项目的重要指示，这一开创性的研究工作落到了由吴宗文老先生领导的设施渔业所的身上。进行了一番全面检查之后，吴宗文老先生才认识到当时国内外现有的"渔光一体"工程并不具备参考意义，但这就意味着一切工作都要从零开始。

2014年3月，吴宗文老先生带着他的研究队伍在南京建立起了实验基地。为节省研究成本，他用黑色遮阳网代替了光伏发电面板，通过比对真正太阳能光伏发电系统底板的尺寸、宽窄、高低制作架子模板，再经过反复试验才搭设完成；为找出最好的遮光面积，以及对藻类生长、产率、溶氧、水底生态等最优化的危害幅度，以及获得最佳的光伏发电量和养鱼生产质量，他无数次开展对比实验，最后终于试验出了最好的遮光面积。在建设试验基地的这段时日里，不论下鱼塘、曝烈日，也不论春夏秋冬，吴宗文老先生都和年轻人们一道，在现场完成了各种数值的计算与观测，执着的科学精神与较真的工作态度深深感染着同行们，也打动着养殖户。提起吴宗文老先生，大家都是满满的感激和佩服。

成就源于吃苦与智慧的双动力。2016年5月26日，凌晨2：40，吴宗文老先生从手机上看到了"渔光一体"的蓄水池，下风口测水点溶解氧量只有2.4mg/L，就马上和工程师赶去巡塘，这一巡就是3个小时，发现和指出了有关水塘养殖技术和设施现状中的8个亟待完善和及时处理的问题，由于年岁已高，这种工作强度对于吴宗文老先生其实已经较为吃力，但是吴宗文老先生仍然义无反顾地冲在为水产事业奋斗的第一线。

截至2016年，吴宗文老先生的研究团队已获得了十二万条以上的动物实验数据，并经过了中国农业部、中科院、美国国家水科院等多个权威专家的验证。事实上，"渔光一体"模式完全能够实现零污染、零排放，保障"鱼、电、环保"三丰收，也可以给农民提供更有效的增产增收，从而可以长期地缓解我国农业的困难问题。

古人有云，不经一番寒彻骨，怎得梅花扑鼻香。在多少个数不清的日日夜夜，吴宗文老先生都用这句话激励自己的科研队伍。"青年人要有热情，也要有永不放弃的勇气与信念。失败就在于放弃，只有永不放弃，总结经验继续奋斗、持续攻克，胜利就一定是属于自己的胜利。"吴宗文老先生用他一步一个脚印的实际行动，将"刻苦钻研"四字精神诠释得淋漓尽致，给年轻人一辈做出了表率。

而今，已经迈入古稀之年的吴宗文老先生，却依然坚持引导广大青少年科学工作者做好科学创新与技术推广的工作。设施捕捞所的年轻人们，都说吴宗文老先生是个"学霸"。研发智慧设施捕捞科技、物理杀菌水处理科技乃至"渔光一体"等研发工程项目时，不仅要求具备大量的水产领域的专业知识，还要求了解物理学、机械技术、生物化学、食物健康、移动网络科技等各方面的专业知识，但吴宗文老先生却一直愿意去继续研习，用自身的不懈努力，身体力行地影响着周围的青年。

作为中国水产业界的先驱、实干家和青年的楷模，吴宗文老先生终其一生殊荣众多，因为良好的学科素质和突出的业务功绩，获聘为国务院人民政府特殊津贴专家学者、四川省专业科技带头人、成都和资阳市的科学顾问、四川省政府省优专家评审、四川水产学会副主委、四川水产研究院特聘研究员、中国日本珍珠学会副主任委员等职务，是1987年由四川省人民政府直接授予的5名高级工程师之一；同时，吴宗文老先生还分别荣获了2010年成都科学技术进步奖一等奖、成都市政府优质结果二等奖、四川省科技厅优质结果三等奖、CCTV2013年度中国三农人物创新奖、全国水产科学院研究成果二等奖等多个国家级、省级、市级奖项。

  而且我们常说，成功者的成就不能用奖章来衡量。吴宗文老先生对于水产行业的影响，其范围之广，跨度之大，是很多水产行业工作者所不能与之相较的。同时，吴宗文老先生在年过古稀之时，依旧对新领域、新知识有着无尽的渴求，这种坚持是在现如今的多元化水产行业发展中，我们水产行业工作者一定要具备的优秀品质。或许，那些沐浴在吴宗文老先生的光芒下成长起来的一批又一批水产行业工作者，他们身上的拼搏精神，才是吴宗文老先生对于水产行业乃至科研界最深远的贡献。

参考文献

[1] 王岳. 通威股份首席水产专家吴宗文：以白首之心绘人生重彩[EB/OL]. （2016-06-22）. http://12365.ce.cn/zlpd/jsxx/201606/22/t20160622_3967501.shtml.

[2] 人民网. CCTV2013年度三农人物颁奖典礼盛大举行[EB/OL]. （2014-01-13）. http://finance.people.com.cn/n/2014/0113/c70846-24103283.html.

[3] 凤凰网资讯. "种庄稼"改行"打鱼摸虾"他的饲料让大鱼不再吃小鱼[EB/OL]. （2011-11-02）. https://news.ifeng.com/c/7fahZCGnIC8.

李思发：
潜心耕耘　授人以渔

　　李思发，男，1938年4月出生，江苏镇江人，汉族，中共党员，上海海洋大学教授、博士生导师。曾兼任全国水产原种和良种审定委员会主任，农业部科学技术委员会委员，农业生物安全委员会委员，农业部渔业专家组成员，国际水产养殖遗传研究网指导委员会中国委员，世界自然保护联盟（IUCN）淡水鱼类组专家，国际科学基金会（IFS）顾问等职。获得国家科技进步二等奖1项、三等奖1项，上海市科技进步一等奖2项，省部级科技进步二等奖6项，授权发明专利3项。曾荣获国家有突出贡献中青年专家等荣誉称号。

　　李思发从事水产养殖教学、科研已有50年。在长达半个世纪的岁月里，他培养学生上千人，其中博士、硕士研究生40余名；在国内外出版专著8部，参编著作6部，译著1部，论文200余篇，其中SCI20余篇。

　　李思发因在国内外水产养殖领域的杰出贡献和国际知名度，2008年获世界水产养殖学会（WAS）终身成就奖、全球水产养殖联盟（GAA）终身成就奖。李思发是我国水产科技工作者中同时获此两项殊荣的第一人。

　　1954年，长江流域洪水泛滥，江里的鱼都被冲到了大街上，从小在江边长大的16岁少年李思发被许多从没见过的鱼深深吸引了。

　　1956年，李思发考进上海水产学院，从此投身于鱼的世界。1960年毕业留校任教。作为助教和讲师，李思发跟随我国著名的鱼类增养殖专家陆桂教授从事大水面鱼类增养殖工作。主要从事"量"方面的研究，目的是增加鱼产量，解决当时吃鱼难问题。就是在"读书无用论"盛行的日子里，他也没有放弃对水产养殖事业的追求，经常到湖泊水库蹲点，取得了重要的学术成就。《水库养鱼和捕鱼》《淡水鱼类种群生态学》等著作就是这20年研究工作的结晶。

从事水产养殖教学科研50年，李思发前19年注重"量"，着力解决百姓的"吃鱼难"，后31年注重"质"，着重解决"水产养殖业持续发展和安全"问题。

一、16 载成功选育团头鲂

李思发刻苦钻研，勤奋工作，不时到湖泊水库蹲点，积累了丰富的实践经验和生产技能。1979年，作为访问学者，李思发到加拿大曼尼托巴大学和海洋渔业部淡水研究所从事鱼类生态研究。思虑再三，李思发认定，要改变我国渔业落后面貌，种质最重要。

1982年，李思发回国后立即着手"长江、珠江及黑龙江鲢、鳙、草鱼种质收集和考种"研究，揭示了不同水系鱼类群体间存在表型和遗传型差异，其中长江种群最优的自然规律，提出了保护我国重要鱼类种质资源的思想和技术路线，即建立原种场—良种场—苗种场三级体系。

经过调查评估，李思发决定选择湖北淤泥湖团头鲂为基础群体来选育良种。团头鲂是我国特有地方鱼种，1960年以来，团头鲂由野生鱼变成了养殖对象，由于不注意保护种质，经济性状严重退化，养殖发展受到严重制约。

鱼类大多性成熟时间长达2~3年，要选育出良种，至少要经过6~8代才能见效。也就是说，产生一个新鱼种，研究周期将长达一二十年，谁也不能保证这期间会遭遇怎样的变数，更不能保证等来的一定是鲜花和掌声。

李思发说，选育团头鲂历时16年，除了要应对各类意外因素，筹集必要的研究经费更不容易。一个科研项目立项不可能横跨10多年，只能四处申请项目筹钱，为此，他不得不放弃和团头鲂同时开始研究的一种"抗病"草鱼，白费了3年心血。至于吃苦，就更不用提了。李思发的手上布满斑点，连脸上都有，那是长年挑鱼留下的印记。

团头鲂"浦江1号"的每一代鱼都要历经4次挑选，有两次是在年底接近0℃时进行的，还不能戴手套，否则会没有灵敏的触觉。1万条鱼中只能挑出3~4条，每一代至少要挑出雌雄各200条。为了以防万一，也为了在不同气候条件下完成育种，李思发在黄河、长江、珠江3个不同的生态系统里都设置了试验点，挑鱼的工作量成倍增长，他终年在各地穿梭，每一年每一代从他手上"游"过的鱼何止成千上万。

李思发采用的是系统选育与生物技术集成的技术路线。他说，能坚持着走下来，靠的就是信念。他相信只要理念符合科学，技术路线对头，功夫下得深，铁杵一定磨成针。一年又一年过去了，他怀着希望干了16年，李思发终于成功选育团头鲂"浦江1号"，2000年被农业部审定公布为推广良种（GS01—001—2000）；这是世界上草食性鱼类首例选育良种。

二、拥有自主知识产权最重要

20世纪70—80年代，随着海洋渔业资源减少，作为海鱼替代品，肉质厚、鱼刺少的罗非鱼在国际市场上开始受到青睐，我国从1978年起多次引进了一种尼罗罗非鱼，但由于引进品种的种质混杂和"水土不服"，仍然严重制约了罗非鱼产业的发展。

1994年，李思发引进了尼罗罗非鱼"GIFT"品系。经3年评估，1997年全国水产原良种审定委员会确认为引进良种（GS03—001—1997），命名为"吉富"品系尼罗罗非鱼。但李思发还是不满意。为了培育出适合我国国情的、可供规模化生产的罗非鱼优良品种，1997年起，李思发以"吉富"品系尼罗罗非鱼为基础群体，开始了在珠江、长江及黄河3大农业生态区大群体同步选育工作。

罗非鱼在我国大多数地区的繁殖周期是1年。每一代罗非鱼要历经4次挑选，在1000条罗非鱼中，会挑出6条生长快、出肉率高、内在遗传性状好的鱼。罗非鱼的鳍棘尖、硬，李思发的手常被扎得鲜血直流，但他仍一刻不停地继续工作。意外也不断发生：看护不严，鱼儿就可能被人偷了、被鸟儿叼了，冬天越冬暖棚一断电，一池鱼都会被冻死。最让李思发心痛的一次，是合作了3年的一家浙江养殖企业，因为改制，竟把鱼私分了关门大吉。李思发只得将试验点搬到安徽蚌埠，却又因为改制而夭折，最后只好折回上海，在南汇重起炉灶。

记者跟着李思发来到南汇，走进挂着"鱼类种质研究试验站"牌子、占地25亩的院子，只见大大小小的土池、水泥池排列有序；院子的一角是两座蓝色的暖棚，罗非鱼在里面度过5~6个月的越冬期，要4月下旬才能出棚。还有一幢农村常见的小楼，内有实验室、会议室及卧室等。李思发和夫人、鱼类病理专家蔡完其每周必来这里，来了就住在简陋的阁楼里。围墙隔开了尘世喧嚣。李思发说："搞研究就要耐得住寂寞，受得了打击，开始选育种研究时就有这个思想准备，困难再大，也没有想过要放弃。"

历经一代又一代选育，到第9代时，罗非鱼的生长速度快了30%以上，出肉率提高约5%，优良品种"新吉富"罗非鱼终于选育成功，这是我国近百种引进鱼类中首例具有自主知识产权的选育新品种。2005年，"新吉富"罗非鱼经全国水产原良种审定委员会确认为新品种（GS01—001—2005），专家鉴定为国际先进水平，列入农业部2006年全国重点推广养殖品种，2009年3月，李思发获发明专利授权。

"新吉富"罗非鱼成为罗非鱼产业升级换代的新一代品种，为我国罗非鱼产业奠定了坚实的种源物质基础。2022年，我国罗非鱼总产量已由20世纪90年代初的不足20万吨，发展到170万吨，占全球总产量37.8%。

"没有永久的良种。"李思发没有停下研究的脚步，他选育的团头鲂"浦江1号"已进入第9代，"新吉富"罗非鱼已推陈出新至第14代。他用10年时间以不同技术路线选育的"吉丽"罗非鱼，2009年2月也经全国水产原良种审定委员会确认为新品种（GS01—002—2009）。这个兼具生长快和耐盐性强的新品种，实现了"淡鱼海养"的夙愿。海水环境里养殖的这种罗非鱼口味更鲜美，可与海水鱼鲷、石斑鱼等相媲美，售价比普通罗非鱼高2~3倍。

在谈及罗非鱼未来的发展时，李教授满怀憧憬。"罗非鱼确实是一条非常好的鱼，既有很好的国际市场，也有潜在的内销市场，所以我们不能失去信心，轻易放弃。"同时，他也呼吁大家"要好好珍惜罗非鱼，善待罗非鱼"。

三、半个世纪授人以渔

"授人以鱼,一日有鱼;授人以渔,终身有鱼。"李思发跟鱼打了半个世纪交道,最开心的是农民养鱼能致富,百姓能吃上更多更好的鱼。他常常不远千里,不分寒暑,深入渔村渔场指导农民养鱼,在海南、广东讲课时,农民开着养鱼赚钱买的私家车听他上课,让他非常高兴。令李思发自豪的是,通过产学研结合,他领衔的团队研发的新品种能欢畅地"游"向全国。

团头鲂"浦江1号"选育成功后,上市时间由改良前的年底提前到国庆节前,平均个体从1斤左右增重到近2斤,连续列入农业部主推品种。目前我国团头鲂养殖年产量稳定在近60万吨,其中"浦江1号"约占一半,在上海等地形成了"一条鱼两个产业",即"种源渔业"和"休闲渔业"。

"新吉富"罗非鱼则解决了生长期内达不到理想规格的难题,鱼片出肉率也比一般罗非鱼提高5%,加工厂每加工1吨原料鱼可增加净收入200~300元。目前,"新吉富"及其衍生品系在全国罗非鱼产业的覆盖率达70%左右。

李思发开我国水产种质资源研究先河,1982年开始的"长江、珠江及黑龙江鲢、鳙、草鱼种质收集和考种"研究持续了8年。1990年以后,他进一步开展长江"四大家鱼"以及长江口九段沙自然保护区代表性鱼类等的种质资源研究,为我国水产种苗工程建设提供了重要决策依据,他提议建设的具有中国特色的"原种场—良种场—苗种场"体系逐步形成,其中经他亲自指导建立的国家级水产原良种场达20多个。

他还致力于我国水产种质标准化建设,发展并完善了鱼类形态、养殖性能、细胞遗传及分子遗传的集成检测和鉴定技术,把我国水产生物种质检测技术和能力提高到国际先进水平;他的专著《中国淡水主要养殖鱼类种质研究》对10种代表性淡水养殖鱼类的种质特征做了首次系统深入阐述;他主持制定了鲢鱼、鳙鱼、草鱼、青鱼、罗非鱼、河蟹国家标准6项、《养殖鱼类种质检验》国家标准15项,2008年均已公布实施,成为我国制定水产种质标准及检测工作必须参照的依据。

李思发，这位从长江边走来，站在世界水产原良种事业前沿的中国科学家，用其毕生心血培育的良种鼓起了农民的"钱袋子"，丰富了百姓的"菜篮子"，并以其富有创建性的学术著作赢得了国内外业者、学者的尊崇。

参考文献

[1] 沈则瑾. 潜心耕耘授人以渔[N]. 经济日报，2010-05-23（008）.

[2] 何雪梅. 李思发：我们要好好珍惜罗非鱼[J]. 当代水产，2012，335（11）：58-59，4.

[3] 祝新城. 创新种质开拓水产养殖新产业——记上海海洋大学教授李思发[J]. 农村工作通讯，2010，526（2）：49-50.

[4] 上海海洋大学官网：李思发教授获全球水产养殖联盟终身成就奖[EB/OL]. （2008-11-04）. https://www.shou.edu.cn/2008/1104/c147a30584/page.htm .

[5] 上海海洋大学官网：全球水产养殖中的海大智慧（六）：全球水产养殖联盟终身成就奖的首位华人. [EB/OL]. （2021-08-16）. https://www.shou.edu.cn/2021/0816/c790a292507/page.htm.

廖一久：
台湾草虾之父

> 廖一久（1936—），中国台湾省台中县人（现为台中市），生于日本东京，现住中国台湾省基隆市。台湾水产养殖学者、国立台湾海洋大学终身特聘教授、台湾"中央研究院"院士。是中国台湾第一个获得世界养殖联盟"终身成就奖"的教授，也是"日本水产增殖学会"唯一一位非日本国籍的名誉会员。其专长表现在虾类繁殖养殖、乌鱼繁殖养殖、虱目鱼繁殖养殖、其他养殖鱼种的研究方向以及水产养殖学、水族生理生态学、栽培渔业学、渔政管理等学科发展上。

廖一久博士多年来从事水产养殖研究，特别是在对虾养殖方面作出重大贡献，在国内外水产养殖界均有很高威望，台湾水产界赞誉廖一久博士对养虾的杰出贡献，称他为"养虾之父"。从1969年至今，廖一久先生在学术上获得多项荣誉，诸如台美基金会科技工程人才成就奖（2002）、中国台湾与加拿大双边卓越研究人员奖（1990）以及斐陶斐荣誉学会杰出成就奖（2010）等。在水产研究事业上，廖院士选择坚定投入并为之一生而奋斗，退而不休。

一、幼时启蒙，主修渔业生物

1936年，作为政治世家长子金孙的廖一久在日本东京出生，直到1939年，因"二战"爆发的国际紧张局势，其父亲廖忠雄先生决定回国返台之后，4岁的廖一久才回到故土丰原开始新生活。透过廖一久从幼年到少年时的照片，我们感受到了他在成长过程中的幸福，看到了他英挺中的灵秀，以及对光明前程的坚信。

对于廖一久来说，之所以选择渔业之路，一方面是因为幼时的兴趣爱好，那时，他正处于孩童好动时期，但偏偏喜欢坐在家中的鱼池边观察鱼儿们在池塘中自在畅游的生活，又或者是参与池塘每隔两年的大清扫活动激起了他对鱼类的兴趣。而另一方面是因为在经过初中、高中生物老师的启迪之后，廖一久更加确定了自己对动物研究的兴趣。

1953年因美国国务院协助中国台湾发展渔业，台湾大学动物学系下首次增设渔业生物组，并设立了奖学金，吸引了正从台中一中毕业的廖一久。于是，他选择第一志愿报读，主修渔业生物，投身渔业，开启研究鱼虾之路。在大学期间，廖一久一心热爱学术研究，喜好钻研学术，尽管当时的台湾大学对于大学部学生的论文写作并没有严格要求，但是他始终认为写论文更有利于深入水产研究领域，更好地做学术研究和解决问题，所以，即使在后续的科研之路上，廖一久也一直坚持学术研究的严谨性与探索性。

二、恩师救援，免遭白色恐怖

当时台湾大学的13位"渔业生物组"学生彼此长期保持联络，感情十分要好。而在廖一久心中，最感念的还是他的救命恩人，也是他的恩师——动物学系系主任王友燮。廖一久曾经被捕，是王友燮老师及时求情才得以获释，后来，廖一久在1960年获得了国立台湾大学动物学系理学士学位后，还得到了王友燮的一封亲笔日文留学推荐信，想到恩师虽不懂日文但仍亲笔撰写这封信的艰辛过程，廖一久更加深刻地体会到了王友燮的惜才之心，也更加感激他。

三、留学日本，钻研学术实力

1964年至1968年期间，一心求学的廖一久选择了心目中最好和最严格的学校——东京大学，并投入大岛泰雄教授门下，半工半读地完成了农学硕士和农学博士学位的深造，醉心于研究斑节虾对饵料的喜好及摄食行为，甚至曾因为做研究而坚持七天七夜都不曾上床睡觉。

1968年3月至7月，廖一久学成后选择以博士后研究员的身份前往日本养虾界巨擘藤永元作的"斑节虾研究室"进行研习，对虾的人工繁殖和养殖进行了全盘的了解和研究，并在当时日本的斑节虾养殖产业中颇有建树。

另外，因为廖一久选择前往日本留学的时候，也正好是日本战后复兴阶段，所以，受当时日本学术环境影响，在各种科学研究如火如荼进行的过程中，廖一久也跟着许多日本顶尖学者"同步"学习，掌握了扎实的训练技术，这更是他后期能够快速将整套斑节虾养殖技术转移到台湾并成功取得草虾研究成果的重要原因之一。因此，后来在廖一久先生接受采访的时候，也曾倡议后辈，毕业后可以先在国外磨炼一番，沉淀实力，等蓄满力量后再回国。

四、受邀返台，研究一波三折

1968年，留学了六年半，经过了短期博士后研究的廖一久在接获农复会（农委会前身）渔业专家陈同白先生的邀请后决定束装返台，加入基层研究人员行列。1968年7月，担任美国洛克斐勒基金会（Rockefeller Foundation）水产养殖研究计划研究员；1969年7月，任台湾省水产试验所技正，服务于行政院农业委员会海水繁养殖研究中心（原水产试验所台南分所）。

据廖一久先生回忆，当他在1968年7月21日从日本羽田机场离开时，其在东京大学的同胞好友们还在旧的实验袍上写下"廖博士万岁"来欢送他；同一日，当飞机在台北松山机场落地后，他又收到了来自丰原乡亲的红布条欢迎仪式。也正是因为这些盛情让他深刻知道自己肩上扛着众人的期望，也就更急切地想要在这片养他育他的土地上施展所学，报效他人。

可惜研究的道路并不好走，实验的进展也并不顺利。虽然他奉命筹建水产试验所东港分所，但当时土地取得并不成功，还需要与军方协商，所以廖一久只能先到台南分所报到。而在报到的第一天，廖一久就遇到了大雨，穿着雨鞋的他在前往鱼塘的途中，需要经过一段很长的泥泞路，面对深陷在烂泥里的雨鞋，他只能无限次重复一套动作：走、陷、拔，奋力向前，直到尽头。尽管面临诸多不顺，但是在后来的研究道路上他一直勇于面对，奋勇向前，渡过一道又一道难关。

草虾（学名斑节对虾）人人都吃过，但可能鲜少有人知道人工大量繁殖草虾是在1968年以后的事。对于当时的台湾来说，虽然水产养殖已历史悠久，但仍然需要看天吃饭，尤其是虾类是属于单价较高的水产品，所以在虾的研究中人工繁殖技术显得格外重要。

然而研究第一步——寻找草虾的种虾却是一道难关。当时的环境下，廖一久只能在渔市中找到贩卖的死虾，后来即使在朋友的帮助下，通过电报联系和火车站交货的形式终于得到了一尾抱着虾卵的母虾，但却由于骑车运送过程中的剧烈晃动，使得虾子无故"出逃"而导致实验研究毫无进展。

又比如，1971年，待军方放出东港分所的土地后，廖一久先生来到东港上任时才发现又一难题摆在了眼前——所谓的"所"仅仅只是一片海水浴场的沙滩地，而唯一的建筑物就是一个小小的更衣室！一开始，过于简陋的实验条件使得所有的实验研究、生活日常都只能在那个小空间中完成。

五、攻克难关，获誉"草虾之父"

面对诸多研究难关，廖一久一直用"做不到孔子、孟子，就做个傻子"的座右铭来勉励自己。也正是因为廖一久先生在做学问的路上，像"傻子"一样，脚踏实地、埋头苦干、积累一点一滴，终让他将荒地开垦成沃土，逐步攻克难关。例如经过多方寻找终于如愿寻获种虾，和从争取经费、挖沙造池、兴建养殖环境到建立各种软、硬体陆续到位的东港分所，以及胼手胝足，建立草虾王国等。

1968年8月，年仅32岁的廖一久在回国才两个月之后，便与胜谷邦夫等人工繁殖斑节对虾获得成功，领先世界各国书写了一份满意的答卷——完成了斑节对虾的人工繁殖技术，建立了全球第一例草虾人工繁殖技术，其后更是陆续发表了有关对虾的研究论文50多篇，尤其是在建立完整的斑节对虾养殖技术模式方面作出了重要贡献，并以石破天惊之势，奠定了台湾虾类人工繁殖技术的基础，开启了水产养殖的革新之门。其中，关于全球第一例草虾的人工繁殖过程，廖一久完整地拍下来了，保留了从两尾虾成功繁殖，受精卵分裂、孵化、变态，一直到育出首批人工草虾小虾苗的每一步，是珍贵的研究记录。

此后不久，1970年，廖一久代表台湾地区在联合国粮农组织第14届印度太平洋学术研讨会上发表了两篇学术论文，并随后在1976年颁授科技荣誉奖，1986年颁授杰出研究奖，1986年被选为世界水产养殖学会的终身名誉会员。

自1968年引进人工繁殖的技术，成功实现草虾人工育苗后，廖一久便在饲料研发和其他养殖技术方向上不断进行研究，而且还在人工繁殖技术上，逐渐推广集约式的养殖方法，使得草虾产业进展迅速。截至1987年时，草虾无论在生产还是外销方面都居世界第一，产值达到了最高点：九万五千吨，约占当时全球养殖虾的五分之一；外销金额高达四亿七千万美元，其中有一半都销往日本；促进了台湾渔村的经济发展，极大地改善了养殖状况，从此奠定了台湾水产养殖技术的国际地位，为台湾赢得草虾"王国"的封号，揭开了台湾草虾养殖"王国"的序幕；同时，台湾当地许多本靠天吃饭的养虾渔民也格外感谢廖一久博士，还曾特地送了一方"草虾之父"的匾额来赞誉他，也就是"斑节对虾之父"。

六、扎根水产，学术获奖无数

1971年2月，廖一久在台湾省水产试验所东港分所任职，作为分所所长，他在东港分所待了19年，对此，先生还曾笑称自己名为"一久"，在东港所果真就待了19年之久。随后，他于1972年3月兼任台湾"中央研究院"研究员，1974年8月，兼任台湾大学理学院动物系海洋研究所教授，1986年8月，兼任台湾大学理学院渔业科学研究所教授。

虽然廖一久闻名于"台湾草虾之父"称号，但他的专长并非只有草虾方向。在东港期间，廖博士还完成了7种海水虾类与1种淡水虾类的人工繁殖试验，创下了世界首度人工繁殖乌鱼苗（1969年）、淡水长脚大虾（1973年）和虱目鱼（1978年），以及黑斑红鲈在美洲地区以外的首次成功繁殖等纪录，并对各种经济鱼虾贝藻类进行了生理、生态的研究等。

1987年10月，廖一久荣升为水产试验所所长，从东港分所转到基隆市，标志着他跨进了职业生涯的另一个里程碑。但由于与往常环境截然不同的新职场文化以及新的工作范畴，廖一久在长达15年的所长生涯里，完成了对所内水产研究资源的整合和水试所之硬体建设的打造，完成了于1992年兴建的堪称台湾规模最大的2 000吨级之"水试一号"研究船，筹建了澎湖水族馆、台东分所之新馆等。即使到了临退之际，廖一久先生仍排除万难争取到十七亿四千多万元的水产种原库经费，希望能给台湾水产业奠定永续的根基。

此外，在水产行业中，廖一久先生贡献颇丰，学术地位卓越，在学术研究中也获奖无数。1969年至1985年期间，先后曾获台湾十大杰出青年奖、首届杰出科技人才奖、中华教育文化基金会学术访问奖；1987年，他荣膺世界水产养殖学会荣誉终身会员和杜聪明博士科学奖章。随后，他荣获教育部农科学术奖、发展中世界科学院士的殊荣；后被聘任为台湾"中央研究院"院士；并五度获得国科会（今科技部）杰出研究奖；是亚洲水产学会荣誉终身会员、第三世界科学院院士；也是总统科学奖、世界养殖联盟终身成就奖得主；更获得了日本政府颁授的"旭日中绶章"肯定，获得了社团法人台湾农学会农业学术褒奖以及农业专业奖章等海内外奖项；2010年，廖院士入选中国大陆《水产前沿》杂志（*Fisheries Advance Magazine*）举办"中国水产业60年60人"活动中一甲子以来对水产业贡献卓著的代表性人物之一；2012年，他再度被《水产前沿》推选为中国水产业十大年度人物；2019年还获得了日本经济新闻社24届"日经亚洲奖"的"科学与技术类"领域奖，成为了获此殊荣的第八位台湾得主。每项荣誉均属难能可贵，也代表廖院士付出的心血。

七、退而不休，心系渔业发展

廖一久先生终生投身于水产研究产业，虽学海无涯获奖无数，但他依旧放不下的还是渔民的托付。因此，为了避免再次发出曾因市场的不作为而导致的眼见"草虾王国"从起朱楼到垮台，眼看它从宴宾客到楼塌时的叹惋，他至今仍选择退而不休，始终坚持在水产养殖相关领域中长期投入并作出卓越贡献。

2002年，66岁的廖一久院士从水产试验所退休后，不仅获聘成为国立台湾海洋大学暨屏东科技大学、台湾成功大学及中国台湾大学的特聘讲座教授，持续领导研究团队，从事水产养殖及水族生理、生态等研究和实务研究，而且还积极接受国内众多大学的校务咨询，每当提及校务的方针跟规划，他都不吝给予建言。

目前，廖一久院士积极参与水产业者的咨询讨论，仍然保持着对学术研究的浓厚兴趣，还因为对文莱养殖蓝虾、箱网养殖以及捕捞渔业计划的兴趣亲自前往了解。他始终坚持著作不断，研究不辍，即使是在接受媒体采访的空档，也依旧抓紧时间研读论文。退休迄今发表的论文已超过80篇，累计篇数更高达470多篇，共编辑了19本专著，并参加了近200场国际学术研讨会，广泛倡导水产养殖的价值。

总的来说，廖博士对于水族生物的爱好、投入与牺牲，使他获得了辉煌的学术成就。没有一种实验是不精细便可成功的，没有一门学问是不认真便有收获的，这就像胡适先生所说的那样，"为学有如金字塔，要能广大要能高"。廖一久院士从幼时启蒙、投身渔业，到扎根水产、退而不休，已经在水产的教育和研究领域中坚守了长达半世纪。尤其是他在1968年领先世界，完成草虾人工繁殖技术，促使亚洲甚至全球养虾产业发生重大变革，提升相关产业从业人员的收入，被誉为"亚洲水产养殖之父"的突出贡献。除此之外，更加令我们钦佩万分的不仅仅是廖一久院士在学术科研道路上努力不懈的精神，还有他对于水产研究与产业发展长久以来的杰出贡献，以及他始终保持着对乡土的热爱和强烈的水产养殖先锋使命感。也正因如此，廖一久院士对研究保持了严谨的态度，对研究成果保持了宽广的胸襟，他大方分享研究成果，从不藏私，而且对于提携后辈之事不遗余力，耗尽自己所学用心指导学生，一心为了水产技术的发扬光大和突破改良而持续努力。即使如今的先生已过中寿，也曾叹问"廉颇老矣，尚能饭否"，但身处于基隆这片铭刻了峥嵘记忆的土地上，他仍旧一边面对着太平洋的研究室，一边放不下渔民的托付……廖一久院士表示：在未来，他也将继续秉持着"日日新，又日新"的理念，坚持"大胆假设，小心求证"的科学态度，在水产养殖研究的道路上勇往直前。

参考文献

[1] 渔杰. 台湾对虾养殖专家廖一久小传[J]. 现代渔业信息，1991，6（11）：29.

[2] 洪流. 廖一久博士选为台湾新科院院士[J]. 现代渔业信息, 1992 (9): 24.

[3] 草虾面临最大瓶颈是WSSW——本刊专访台湾"中央研究院"院士廖一久[J]. 海洋与渔业·水产前沿, 2013 (4): 34-37.

[4] 董向文. 水产养殖专家廖一久谈养殖业发展方向[J]. 现代渔业信息, 1991 (8): 29.

[5] 徐永福. "大腕"云集话中国水产养殖[J]. 当代水产, 2010, 35 (11): 37-39.

沈俊宝：
鱼类育种先驱

> 沈俊宝，1932年生于江苏无锡，中国共产党党员，我国著名的鱼类育种专家、研究员，享受国务院政府特殊津贴。他不仅是中国水产科学研究院的功勋科学家，还是黑龙江省第八届人民代表大会代表。
>
> 沈俊宝先生先后主持完成了"六五""七五""八五"国家攻关项目、国家高技术"863"计划项目和国家经委、农业部、黑龙江省及中国水产科学院鱼类育种科研项目十几项。他所带领的团队培育出了松浦银鲫、荷包红鲤抗寒品系、德国镜鲤选育系（F4）、松浦鲤4个全国水产原良种委员会审定通过的新品种，并因此荣获国家、省部、市级等10余个奖项，其中国家科技进步奖2项。在总结对黑龙江鲫鱼资源以及时空分布的多年调查结果和改良鱼种培育新种的经验后，沈俊宝先生先后出版了《黑龙江鲫鱼》和《鲤鱼育种研究》2部专业书籍，发表研究论文30余篇。

一、扎根东北

尽管沈俊宝老先生的生平资料较少，目前能查到老先生发表的第一篇文章是1964年刊登在《中国水产》上的《记征服严寒发展养鱼生产的东发渔业生产队》。在文中，20世纪60年代的中国正处在科研的起步阶段。相较于现在高密度养殖轻而易举的亩产千斤的情况，那时候的农业完全是看天吃饭，没有选育后的良种，没有专业的配方饲料，没有处理养殖废水的环保措施。露出冰山一角的是看天吃饭的艰难和低产，但更引人瞩目的是东发渔业生产队的坚持不懈。他们成功攻克难关，在塞北成功建造渔场养鱼。生产队连续5年获得丰产，5年共产64万斤，平均年产12 8000斤，亩产43.3斤，产量比没有人工放养以前提高3倍，比省内同类型水面高2.5倍。出生于江苏无锡的沈先生扎根东北，和同事们一起总结东发生产队的操作和经验，建立塞北渔业养殖模式的初步形态，宣扬为国家做贡献的高尚精神。

二、研究育种

在那个年代，鱼类养殖的研究才刚刚起步，养殖品种少，育种技术也少，对鱼类繁殖需要的环境条件还不清楚，大多还采用半人工甚至捕捞野生苗的方法得到鱼苗。而除了传统养殖的四大家鱼，鲫鱼作为我国分布广泛的常见鱼类，也被列入养殖品种当中。鲫鱼拥有食性广、适应性强、繁殖力强、抗病力强、生长快、对水温要求不高的优点，能适应低温环境又对饵料没有过高要求。在没有机械辅助的粗养模式中能适应北方冬季的低温，同时在那个还没有完全解决温饱问题的时期，鲫鱼也不需要占用人们的口粮进行投喂，大大便于在黑龙江进行大规模养殖。因此，沈俊宝先生将寻找良种的目光落在了鲫鱼身上。

但是每个地方的鲫鱼都有不同的性状和生态幅，并不是随便引进一群野生鲫鱼就可以作为良种进行养殖的，因此寻找适合黑龙江养殖的鲫鱼品种成为沈俊宝先生所在的研究团队的首要任务。20世纪80年代初，沈俊宝先生带领研究团队，对黑龙江银鲫种群资源进行了详细的研究，深入研究和比对了各种群的基因库，对它们的遗传特性进行分析，进而在黑龙江鲫鱼种群分布、生殖方式、倍性、遗传特性和系统分类等方面提出了具有重要学术价值的观点并加以论证。在这一过程中，他们还发现了银鲫天然雌核发育和三倍体种群，填补了国内鲫鱼遗传研究的空白，推动了鲫鱼研究的快速发展，和当时的国际研究水平持平。时至今日，银鲫天然雌核发育及三倍体种群的形成机制仍是热点研究课题。这一研究学术意义重大，在鲫鱼的育种及生产应用上也起到了重大的作用，而黑龙江银鲫更是被广泛引到全国各地养殖。沈俊宝先生能获得国家科技进步三等奖，是国家对这一成果的充分的肯定。

此外，在沈俊宝先生的积极倡导下，黑龙江所从20世纪50年代起就已经开始了鱼类育种学研究。在这一期间，黑龙江所取得了以鲤鱼为代表的适合于北方养殖的杂交、选育等多项重要成果。

黑龙江所的研究团队首先从苏联引进了生长速度快、耐寒能力强的罗普莎鲤，并在黑龙江地区推广。在当年没有我们自己培育的鲤鱼品种的情况下，罗普莎鲤的推广对推动当时黑龙江省的水产养殖业的发展起到了重大作用。随后，黑龙江所的研究团队又从乌克兰引进了乌克兰锦鲤，从联邦德国引进了德国锦鲤。德国锦鲤是欧洲野鲤家养后因鳞被基因发生突变而被分离出来的一个品种，它是散鳞锦鲤的一个极端变异体，它的人工驯化程度高、生长快、饲料转化率高。

在沈俊宝先生的带领下，研究团队对上述德国锦鲤的引进种开始系统选育，到1995年鲤鱼良种的选育到了第4代，该鱼种的抗病能力相对于原种已有了很大的提高，生长速度也比原种快了10.8%。该成果1996年获得农业科学进步三等奖，这一鲤鱼的选育系由全国水产良种审定委员会审定为适合在全国推广的良种。现在德国锦鲤已经逐步被广大养殖业者所接受，市场价格也一路向好，鱼苗、鱼种和商品鱼的价格均高于其他鲤鱼。德国锦鲤还作为出口创汇品种出口韩国，每年它的出口量都在增加，为国家换取了大量外汇，也提高了广大养殖户的养殖效益。

此外，针对黑龙江的极寒天气，沈俊宝先生和他的团队在鲤鱼育种研究方面仍在寻找和改良更为适应的鱼种。沈先生及其团队耗费二十余年，利用常规育种、种类杂交和雌核发育技术相结合的方法，育成了抗寒能力强、生长快、适合北方地区养殖的两个鲤鱼新品种——松浦鲤和松蒲鲤。这两个良种也已被农业部批准，并且在北方进行推广，没经选育的生长缓慢的原种黑龙江野鲤和易发病、不耐寒的南方品种已经被大量取代。这两个良种的研发成功为北方鲤鱼养殖业的发展起到了很大的推动作用。

沈俊宝老先生及其团队的征途并没有因为成功而停止，他们还选育出荷包红鲤抗寒品系，利用雌核发育和性别控制技术从方正银鲫中选育出松浦银鲫新种。

目前黑龙江水产研究所已有5个人工选育的新品种和4个引进种通过了全国水产原良种审定委员会的审定。

三、培养人才

在沈先生超前意识引导下，黑龙江所在基因工程育种、细胞工程育种、染色体操作诱导的多倍体育种、性别控制和雌核发育技术育种、分子标记辅助育种等研究领域都处于领跑业界的水平。在他的培养下黑龙江水产研究所形成了一大批长期从事鱼类遗传育种研究的团队及相关的生物技术、生理生化、营养和冷水性鱼类养殖的学科研究队伍。黑龙江所也建成了我国第一个国家级鱼类遗传育种研究中心和国内一流的遗传育种实验室。目前，黑龙江水产研究所已在全国范围内形成鱼类新品种与开发利用方面的研究体系和学科研究优势。

此外，黑龙江水产研究所的新一代遗传育种团队已经形成，他们一直坚持着鱼类遗传学研究和新品种培育研究。目前，正在进行易捕鲤新品种、优质鲤鱼新品系、锦鲤新品种和抗病品系、虹鳟优良品系等的选育研究。还对金鳟、山女鳟、白点鲑、俄罗斯小体鲟、杂交鲟、大西洋鲑、银鲑、大磷鲑、哲罗鱼、细鳞鱼等进行驯化选育。山女鳟、哲罗鱼、细鳞鱼已经显现出巨大的开发前景。

参考文献

[1] 施行，沈俊宝，盛景星. 塞北江南谁更强——记征服严寒发展养鱼生产的东发渔业生产队[J]. 中国水产，1964（4）：19-21.

[2] 黑龙江水产研究所. 再接再厉再创辉煌——记鱼类育种专家沈俊宝先生[EB/OL].（2020-09-08）. http://www.hrfri.ac.cn/info/1587/5257.htm.

叶富良：
水产先行者

> 叶富良，1942年生，广东海洋大学教授，原水产学院院长，是享受国务院特殊津贴专家。其主要研究方向为鱼类生态学、水产经济动物生物学及增养殖学，并且承担本科生的"鱼类学""鱼类种群生态学"和研究生的"鱼类生态学""水产经济动物生物学""水产增养殖进展"等课程的教学。先后主持省级、市厅级研究课题14项，中国—荷兰合作课题1项，省级教改课题2项。编制省级养殖规划3个、市级养殖水域滩涂规划7个，已被政府批准实施的养殖规划，省级2个、市级4个。
>
> 叶富良教授主编著作3部、副主编著作3部、参编著作6部、主编广东省地方标准2个；发表论文70多篇；获得省部级科技奖6项、教学成果奖2项，市级科技进步奖3项；具有"广东省师德建设先进个人""全国优秀教师""国家教委高等农林专科课程建设委员会委员""农业部教学指导委员会水产学科组成员""科技部全国科技兴海专家咨询委员会委员""全国海水养殖专业委员会副主任委员""湛江市对虾苗种协会会长"等头衔。

一、初识水产

攻读水产养殖这个专业，对叶富良来说只是一个偶然的选择。原来一心打算读医学专业的他，当年在一位学长的"欺骗"下报考了上海水产学院。叶富良读书期间正好赶上全国经济困难时期，他当时还不知道读水产将来能做什么，但就读后，叶富良发现自己对这个专业的感情已经积淀下来，超乎当初的想象了。叶富良1965年从上海水产学院毕业，同年9月来到湛江水产学院任教，并且继续从事水产这个行业。没想到，一路走来，叶富良在这条水产之路越走越远，并在水产业的研究上达到事业的顶峰。

二、教书育人

有一位海水专业的江苏籍新生到校后，该学生对专业不感兴趣，不去上课，甚至撕课本，意志消沉。叶富良知道该学生所做之事，以自己成长的切身体会去启发他，从分析许多校友成功的事例来激发他的专业兴趣，使该同学振作起来，投入学习，后来该学生因为成绩优秀还担任了系学生会的副主席。1993年，叶富良带学生到广西防城作毕业论文，经常与学生一起泡在水里进行各项试验工作，后期左脚患了脉管炎，脚肿得不能穿鞋，但仍坚持让学生答辩完毕业论文后才回到湛江住院治疗。

叶富良在工作中注意细节。在打印图表时，仅仅因为某个小数位有点出入，叶富良也要求重做。叶富良办事从不拖沓，在实验室、办公室工作通宵是常有的事。叶富良的一位学生一说到恩师就滔滔不绝，全然忘了过两天他就要考博。倒是旁边的叶富良着急起来，提醒我们不要跟他聊太久，说得大家都不好意思地笑了起来……

叶富良主持养殖系工作以来，制定了《养殖系三年（1995—1998）工作规划》，对教学、科研、技术开发等方面提出了具体目标和要求，并制定了一系列规章制度，作为实现规划的保障。

三、水产养殖学科带头人

叶富良带领全系教职工共同努力，在教学科研方面取得了显著成绩："鱼病学"被评为广东省重点课程；"'海产经济动物增养殖学'课程建设与改革"获广东省普通高校优秀教学成果二等奖；他本人撰写的《培养能力，发展智力的探讨》获学校教学成果二等奖；"海水水产养殖工程"入选广东省第5

批电化教学重点试验课程；有四本教材入选广东省"九五"重点教材编写规划；被评为南粤教坛新秀、全国优秀教师；海水养殖教研室于1996年被评为广东省先进集体，同年荣获全国五一劳动奖章。组建水产经济动物病害防治研究室、海洋生物技术研究室、海产经济动物增养殖实验室，承担市厅级以上科研项目12项。1998年，叶教授承担面向21世纪广东省教改课题——"水产养殖本科人才培养方案及教学内容和课程体系改革的研究和实践"。在总结国内外水产养殖本科教学改革经验的基础上，叶富良教授提出"通识教育+宽口径专业教育+实践教育"这一人才培养模式，对课程体系、教学内容、方法手段和实践环节进行了深入系统的研究与实践，确立培养具有扎实基础、活跃思维方式、较强创新能力并受严格训练的"复合型"人才的教学目标。2002年叶教授又承担了"新世纪广东省高等教育改革工作和计划"教改课题——"水产养殖本科实验实习教学创新体系的建立和实践"，建立了实验实习教学"2+X+1"创新体系和实习教学考核评价体系；建立了"产学研"三结合——实习基地、理论教学和生产实践有机结合的现场教学，提高了学生的实践能力、独立分析问题、解决问题的能力和创新能力。

四、培养水产专业人才

叶教授在担任水产学院院长时，用心培养了一大批在职研究生，还积极支持青年教师出去攻读硕士、博士学位；鼓励青年教师申报科研项目；组织他们参加科研项目，用争取到的科研经费来培养青年教师，提高青年教师的学术水平。

对于科研成果鉴定和报奖时的名次排列，叶教授从不计较。当发表论文或申报科研成果，叶教授十分乐意让年轻人排名在前，让他们早日脱颖而出。多年来，在叶教授指导和培养下，6名青年教师被评为教授或副教授，2名教师被列入广东省"千百十工程"校级培养对象，2名教师评为广东省南粤优秀教师，1名教师获得博士学位。

五、突破海水鱼人工繁殖关键技术

南方海水鱼类养殖种类多，但是在2000年之前，广东海水鱼苗（人工繁殖）自给率仅10%左右。2001年，叶教授成功地攻克了尖吻鲈、花尾胡椒鲷、斜带髭鲷、美国红鱼、大黄鱼、红笛鲷、军曹鱼7种海水名贵鱼类的人工繁殖及育苗技术，并推广应用于鱼苗生产。这项研究成果促进了广东海水鱼人工繁殖技术的发展，提高了海水鱼苗的自给率，推动了海水鱼网箱养殖的快速发展。

六、作出巨大贡献

当多数人认为石斑鱼是广东最具发展前途的产业化鱼类时，叶教授经过严谨分析相关数据材料，坚持"军曹鱼与罗非鱼才是广东最具发展前途的产业化鱼类"的观点。因有科学的数据和坚实的理论依据，叶教授成功地转变了人们的看法并最终申报通过了"863计划"。可是，当计划付诸实践，叶教授不免又有新的忧虑了：一是国际市场尚未打开，与外国人争夺国际市场仍有一段很长的路要走；二是饲料问题，这一空白目前还没找到适当对象来填补。

2006年3月7日，在湛江市对虾苗种协会的成立大会上，湛江市委、人大、政府、政协都有代表到会，并拨款10万元作为协会活动经费。作为首任虾苗种协会会长，叶富良教授致力于提高虾苗质量，创建湛江品牌虾苗。通过规范育苗生产操作规程、技术培训以及与国内外专家进行学术交流，育苗场生产技术整体素质得到了提升。经过几年努力，湛江建立了国家级南美白对虾遗传育种中心—国家级对虾良种场—省级对虾良种场—对虾繁育场四级良种育苗生产体系。在全国的地级市中，湛江是唯一一个有如此完善的育苗生产体系的城市。现在，湛江年产良种虾苗超过1 000亿尾，湛江虾苗在全国虾苗市场已确立了品牌效应，并远销国外。

叶富良教授建立了一种虾、鱼、贝、藻多池循环水生态养殖及水质生物调控系统。这个系统可以说创新了对虾养殖模式，该系统包括对虾养殖、鱼类养殖、贝类养殖、大型海藻栽培4个功能不同的养殖区，1个水处理区及1个应急排水渠。通过在封闭循环系统内不同池塘中放养生态位互补的经济动植物，对虾池水质环境进行生物调控。该养殖模式饲料利用率和经济效益显著增加，还具有防病性、环保性、高效性等优点。

七、关注水产

某日报曾刊登过一篇报道介绍中国鲎味美好吃，外籍商人意欲进口借以牟利的报道。叶教授当时正在研究中国鲎的人工繁殖问题，读此消息后甚是担忧，立即打电话到主编室。谁知主编懂得轻重，第二天保护中国鲎的倡议就登出来了……叶教授不禁长舒了一口气。中国鲎是一种非常珍贵的海产药用资源，被称为"活化石"，从它的血细胞中可以分离出一种叫作"鲎素"的抗菌肽，这个抗菌肽有极高的药用价值。但是鲎鱼生长周期长，从卵细胞受精至性成熟，一般需要13~14年。现存数量本就不多，若再不好好保护，肆意滥杀，恐怕不久人类就看不到这种在地球上已存在2亿多年"活化石"了。

八、水产规划的"先行者"

叶富良教授主持编写的《广东省优势水产品养殖区域布局规划》和《广东省养殖水域滩涂规划》均已获得批准、实施。叶富良说："这两本《规划》的编写意义一方面是为了充分发挥广东水产养殖业的优势，实施扶优扶强的非均衡发展战略，做大做强一批具有国际竞争力的优势产区，形成合理的区域布局和专业分工，提高竞争力，抵御进口水产品冲击，扩大水产品出口；另一方面的意义则在于调整和优化农业产业结构、增加农民收入、推进社会主义新农村建设等方面。"

2006年3月7日举行的湛江市对虾苗种协会成立大会暨第一届会员代表大会上，广东海洋大学叶富良教授当选为湛江市对虾苗种协会首任理事长。首届理事会由45人组成。该会议审议通过了《湛江市对虾苗种协会章程》和《关于提高对虾种苗质量，创建湛江品牌虾苗的决议》。2006年12月28日至2006年12月29日，广东海洋大学水产学院叶富良教授主持的《广东省优势水产品养殖区域布局规划》通过广东省海洋与渔业局组织的专家组评审。广东海洋大学副校长吴灶和出席了评审会，并作了发言。该规划是省海洋与渔业局贯彻农业部《优势农产品区域布局规划》而制定的中长期规划，其中水产品养殖分海水、淡水两大部分。广东海洋大学负责编制《广东省优势海水水产品养殖区域布局规划》，珠江水产研究所负责编制《广东省优势淡水水产品养殖区域布局规划》。

参考文献

[1] 水产养殖网. 五十余载水产情，科研教学铸辉煌——记广东海洋大学教授叶富良[EB/OL]. （2015-05-18）.https://www.shuichan.cc/news_view-243257.html.

[2] 陈文溶，曾宇芬，张艳芳，等. 水产情缘——访叶富良教授[J]. 湛江海洋大学学报. 2006（5）：19.

[3] 申玉春，叶富良，梁国潘，等. 虾—鱼—贝—藻多池循环水生态养殖模式的研究[J]. 湛江海洋大学学报，2004（4）：10-16.

杨国梁：
非凡匠心·罗氏虾南太湖2号之父

> 杨国梁，1963年4月生，浙江省湖州市人，研究员，硕士研究生导师。现受聘担任农业农村部全国水产原种和良种审定委员会委员、国家现代农业（虾蟹）产业技术体系罗氏沼虾种质资源与品种改良岗位科学家、中国渔业协会理事、中国动物学会甲壳动物学分会理事。获2016年"十佳浙江省优秀科技工作者"、2017年江苏省"双创计划"创业领军人才、2018年扬州市"绿扬金凤计划"双创团队领军人才、2005年浙江省"新世纪151人才工程"第三层次人才、2006年浙江省农业科技成果转化推广奖、2012年度湖州市农业科技先进工作者、2012年度湖州市突出发明人、2020年获扬州市劳动模范、高邮市荣誉市民、城市贵宾等荣誉称号。

20世纪70年代，美国前国务卿基辛格曾说过："谁控制了石油，谁就控制了所有国家；谁控制了粮食，谁就控制了所有的人。谁掌握了良种，谁就掌握了话语权。"在水产行业中，良种意味着高产丰收，这也是最容易受其他国家限制的关键环节。众所周知，水产行业中的白对虾种苗严重依赖进口国外亲本，毫无定价话语权。目前，美国对虾改良系统有限公司（SIS）、泰国正大卜蜂集团（CP）、美国科拿湾海洋资源公司（Kona Bay）等公司是我国白对虾苗企业的主要进口源。往往这些公司以掌握良种基因库为筹码，在中国市场不合理定价，种虾的价格一年比一年贵。据统计，2007年35美元/尾，2008年39美元/尾，2009年41美元/尾，2010年45美元/尾，2011年46美元/尾，2012年52美元/尾，2013年定为55美元/尾，6年内亲虾价格上涨71.4%。最为可恶的是，2016年正大集团对中国苗企停止供应种虾。国内诸多苗场对此却只能逆来顺受，无可奈何。说到底，缺乏自己培育的优质种源，是我们对虾产业发展的脉门，国内苗场只能被别人紧紧抓住死穴，任人鱼肉。我们如何才能不受制于人呢？答案是建立中国人自己的良种资源库。面对这一局面，杨国梁教授深耕罗氏沼虾领域，作出了突出贡献，解决了中国队下虾苗种依赖进口的问题。

他把心血倾注在虾场，2016年他放弃舒适的教学环境、优越的工作条件来到高邮从事罗氏沼虾的"育繁推"一体创业工作。在高邮艰苦创业的3年中，他带领4名研究生驻扎在虾苗场。每年繁种育苗最忙的时间是在1~4月，这也是育苗的黄金时间。他吃住在工棚、车间、虾场，与他心爱的"虾宝宝"形影不离。繁育的关键季节，他基本上每晚都睡不好觉，每隔数小时都要到工棚、场地走一下，随时掌握育苗池水温、纯水过滤、虾苗个体生长等情况，严把每个细节。虾场处处都留下了他点滴汗水和心血，凝聚了他科研智慧的结晶。3年来，已累计投资近2千万元，从创业初期占地约10亩的3个车间，发展到2019年268亩的厂区，新建育种区、繁苗区、种虾养殖区、水体处理区，场区规模不断扩大，功能不断齐全。杨国梁教授从1995年起，一直从事罗氏沼虾的研究及新品种的推广工作，曾选育出国内第一个罗氏沼虾新品种"南太湖2号"，并取得显著成效。20多年来，他已主持完成浙江省级以上项目十余项，其中负责完成农业部"国家罗氏沼虾遗传育种中心""国家级罗氏沼虾良种场"等建设项目。来高邮创业后，他带领团队精心培育的罗氏沼虾"数丰"新品系，既解决了当地缺乏优良虾种的难题，又将优质虾苗、虾种销往到江苏、浙江、上海、广东等省、市，为提升罗氏沼虾良种在市场的覆盖率打下了种质基础。

罗氏沼虾，原产于南亚、东南亚及大洋洲北部、西太平洋岛屿，其壳薄体肥、肉质鲜嫩、营养丰富，除具有一般淡水虾类风味外，还具有近似于蟹黄的特殊鲜美味道，是世界上养殖量最高的三大虾种之一。

尽管罗氏沼虾1976年就被引来国内养殖，但本科毕业分配至浙江省淡水水产研究所工作的杨国梁，还是在入职10年后的1995年才开始与这"淡水虾王"打交道的。这一年，杨国梁受命担任所苗种基地主任，"只是因为在人群中多看了你一眼"，竟与这罗氏沼虾一见钟情，走上了罗氏沼虾的科研之路。

一开始，良好的经济效益确实让一波虾农尝到甜头，但好景不长，很快就出现了"虾苗荒"。原来，由于防疫技术不足，许多育苗企业在引进虾苗的同时，也引入了病原体，一大批企业集中爆发疫病，进而影响到大部分养殖户的经济收入。杨国梁开始意识到，要走出困境，必须将品种牢牢掌握在自己手中，才能保障罗氏沼虾产业的健康发展。从2002年开始，历经5年，他着力于培育南太湖1号罗氏虾，功夫不负有心人！南太湖1号有显著的优势性状，但是缺点是不稳定。怎样才能培育出性状稳定的优质罗氏虾苗呢？杨教授又继续着手于南太湖2号的研发。这一次他引进国际先进的"多性状复合育种技术"。经过无数天的努力，南太湖2号终于于2009年成功问世，并通过了农业部全国水产原种和良种审定委员会的审定，1年后审核通过，成为国家级水产新品种。

事无千般好，问题总会随之来，但在面对困难时容不得迟疑与后退。2010年起，罗氏沼虾养殖遇到了前所未有的危机。一是在育苗期暴发了一种死亡率高的新的流行性疫病，苗种产业遭受沉重打击，形成苗种繁殖和供应的危机；二是养殖过程中又出现"长不大"的"济公虾""蝎子虾""铁虾"，导致我国罗氏沼虾养殖的严重减产、减收和亏损，重点养殖区还因此发生上千养殖户集访的群体性事件。此时的杨国梁比农民还急。他带领团队千方百计找原因、研究对策。于2011—2013年间先建设隔离保种基地，同时采用脱卵、消毒、离体孵化技术，使得传代保种亲虾为SPF亲虾。杨国梁的"招术"果然灵验，这一难题终于得以缓解，遇到"铁虾"危机的高邮虾农再次看到了养虾的希望。

20多年来，杨国梁无论是所基地主任、种业公司总经理，还是省淡水水产研究所的副所长、湖州师范学院的所长，认准的都是罗氏沼虾的育种、繁苗、技术推广；无论是技术援助古巴，还是去巴西巡回讲学，都丝毫没有懈怠对罗氏沼虾的科学研究。杨国梁以苗场为家，舍小家为大家，带领团队艰苦创业，将一个小小的苗种基地拓展到省级水产种苗龙头企业、高新技术企业——浙江南太湖淡水水产种业有限公司，又将罗氏沼虾良种场由省级提升至国家级，直至建成我国首个淡水虾类遗传育种中心——农业部浙江罗氏沼虾遗传育种中心。

3年来，杨国梁从自己所在的湖州师范学院及中国水科院黄海水产研究所，动员、组织来15名专家学者驻扎高邮，形成强大的研发和管理团队，显著提升良种场的罗氏沼虾育种、育苗技术水准。杨国梁和他的团队不畏困难艰苦，以育种基地为家，潜心科研，在"南太湖2号"基础上开始选育"数丰"新品系种虾。每年，从数万头罗氏沼虾中选种500来头作为核心种群，同时从泰国和国内"两广"等地引进良种，选育100个以上的不同家系进行筛选、选育。由于拥有国际先进的水产养殖动物多性状复合育种、规模化虾苗扩繁等关键技术和全程养殖技术服务能力，具备多种病原的精准检测方法，熟练掌握并运用脱卵、消毒、离体孵化等关键隔离技术，因而能有效保证种质库内的亲虾、虾苗健康、无特定病原，构建了国内最丰富的罗氏沼虾SPF种质资源库，建成国内领先的、江苏省自己的罗氏沼虾遗传育种中心。经过几年来的艰苦创业，杨国梁执掌数丰公司培育的"数丰"品系良种，具有生长快、成活率高、效益好、虾壳薄、加工出肉率高等特点，综合养殖性能已优于"南太湖2号"及泰国正大品系。公司育种中心于2016年10月开始对外供应亲虾，打破了江苏省罗氏沼虾养殖产业20多年来长期依靠外省供种的尴尬局面。相较于国外种业巨头泰国正大和以色列种虾，"数丰品系"种虾不仅生长性状优秀，而且价格上有明显的竞争优势，仅以2018年的中间竞标价为例，就便宜了十分之九！数丰公司目前已向高邮8家在内的省内15家罗氏沼虾育苗场供应种虾，并实现向浙江、广东5家育苗场供种，仅2018年就供种4万公斤，成为国内最大的种虾供应基地，为提升罗氏沼虾的良种覆盖率打下了坚实的种质基础。据《水产前沿》报道，由于杨国梁团队不懈努力和卓越工作，目前国外种在国内的市场占有率已缩减至2%左右，自己选育的种虾掌握了罗氏沼虾产业发展的主动权，充分体现出引进种、中国"芯"特色，为实现习近平总书记提出的"中国人的饭碗要端在自己人的手上"的目标作出了贡献。①

数丰公司成了行业龙头和"老大"，数丰品系"国梁"牌良种虾苗成为市场上供不应求的苗种，高邮本地的育苗企业纷纷请求加盟。杨国梁经过慎重考察和选择，于2017及2018两年从中吸纳三庄、联盛、兴富3家公司作为数丰的繁育、服务基地，统一供种、统一工艺、统一商标、统一销售，进一步放大良种的品牌效应，增强为广大养殖户供应优质虾苗、及时提供服务的能力，助力本土育苗企业健康成长。

---

① 新华社. 瞭望·治国理政纪事｜筑牢大国粮仓 [EB/OL]. （2022-01-22）. http://baijiahao.baidu.com/s?id=1722624818838287750&wfr=spider&for=pc.

为了罗氏沼虾良种的繁育、推广，杨国梁自从踏入高邮乡村后就"沉"了下来，非特殊情况不离开基地，与种虾同在；一年四季操劳无休，却总是陪伴在"虾宝宝"左右；育苗季节，夜以继日、殚精竭虑，春节不返乡只是就地"强休一天"；为了罗氏沼虾的当下和未来，与妻女长期分居，湖州、高邮，一南一北，300公里遥相守；为让虾农放心，索性"借"来教授妻子坐镇其他基地，一东一西，虽只六七十公里，忙起来也难得聚首。罗氏沼虾是杨国梁心中的唯一牵挂和手中干的唯一大事。因为想干好这一件事，来到高邮的杨国梁全身心投入大地、走近农民，以科技兴农、科技强农强国的骄人业绩写就崭新的科研宏文，得到地方政府和农民的公认和赞扬。2016年9月、11月，杨国梁分获"高邮市荣誉市民""十佳浙江省优秀科技工作者"称号；2017年3月获评扬州市创业领军人才，6月获批农业部现代农业（虾蟹）产业技术体系罗氏沼虾种质资源与品种改良岗位科学家；2018年集"感动高新区十佳人物""优秀企业家"和高邮市"城市贵宾"等多项荣誉于一身。2018年底和2019年初，新华社、农民日报等媒体分别以《江苏高邮：村里来了"科学家"》《"南太湖2号"之父杨国梁再度选育单性别罗氏沼虾新品种》等题，宣传、赞扬杨国梁扎根农村，贴近农民搞科研，践行科技强国事迹。杨国梁认定，即使在仓满库盈的今天，对中国这个人口大国来说，保障粮食安全的弦仍然时刻也不能松，中国人的饭碗必须牢牢端在自己手上。罗氏沼虾是我国"蓝色粮仓"的一分子，好好守着是所有人的责任。

非凡匠心，只为心中所爱；拳拳赤子心，日复一日操劳只为将优质罗氏虾种资源牢牢掌控在中国人手中！让我们为罗氏沼虾南太湖2号之父——杨国梁教授点赞！

参考文献

[1] 农民日报. "南太湖2号"之父杨国梁再度选育单性别罗氏沼虾新品种[N/OL]. （2017-05-26）. http://www.fishfirst.cn/article-90556-1.html.

孙儒泳：
中国伟大的生态学家

> 孙儒泳（1927—2020），浙江宁波人。1947—1951年，在北京师范大学生物学系学习，1951年提前半年毕业留校任助教。1953年入北京俄语学院留苏预备部学习，1954年保送为苏联国立莫斯科大学生物土壤系研究生，1958年获副博士学位后回国，在北京师范大学生物学系任教师。1978年任副教授，1983年任教授，1984年任博士生导师。1993年当选为中国科学院院士。孙儒泳院士曾任中国生态学会第3届理事长，国务院学位委员会和国家自然科学基金会生态学科评审组成员，教育部高等学校理科生物学教学指导委员会成员，北京市政府水产科技顾问团成员，《生态学报》《动物学报》和《兽类学报》副主编，《北京师范大学学报（自然科学版）》编委会主任，《动物学研究》和美国《生理动物学》编委，兰州大学干旱农业生态国家重点实验室和中国科学院动物研究所虫鼠害生物学国家重点实验室学术委员会主任，全国师范院校科技教育顾问。

一、把生态学引进中国

1953年，孙儒泳被选中赴苏联莫斯科大学深造，师从苏联著名动物生态学家尼古拉·巴夫洛维奇。1958年，他学成归国，回到北京师范大学。3年后，学校通知孙儒泳根据所学所研究的内容，开授动物生态学这门课。此前这门课程从未在大学开设，孙教授要做到从零到一的挑战，而在当时，全国甚至没有一本教科书。

动物生态学原理，尽管全球相通，但各国动物区系不同，环境也大有差异，作为研究生物与环境相互作用规律的生态学教科书，也应该各具特点。孙儒泳决定从"打地基"开始，快速编出教学讲义，编写出可以使用的实验指导，并筹建相关实验室。当时，学校给他配备了一名助教，拨了少量启动经费，分了一间十五六平方米的单人宿舍。利用这些，孙儒泳需要独立开辟一门学科，并使之逐渐走上正轨。在小小的一方斗室里，孙儒泳翻阅文献，记录笔记，为每周两小时的课程做足二三十个小时的准备。偶尔有同事到访，看到桌上、凳上、床上到处都是翻开的书，几无立足之地，都目瞪口呆、叹为观止。两年的边试边写，孙儒泳的生态学讲义初步完成。他将讲义发到国内相关专家手中，请他们根据自己的专长提出意见，再进行新一轮的交流修订。最终，国内第一本动物生态学教材诞生，得到了生物学界的一致认可。

二、90万言，手写生态圣经

年轻时为备课和编写讲义积累的大量素材，成了孙儒泳后来著书立作的宝贵财富。1977年，全国科教界百废待兴，孙儒泳投入到多所高校合编《动物生态学》教材的工作。编撰完成后，孙儒泳继续总结教学经验，参考各国生态学教材，也结合中国的具体情况，开始编写新的教材《动物生态学原理》。这本书倾注了他大量的心血，集我国动物生态学科发展之大成。为了完成它所积累的活页纸笔记，在孙儒泳家中的角落里摞了足足一尺多厚，就连用来标记的卡片盒都用满了三四个。这本名为《动物生态学原理》的书于1987年出版，煌煌90万言，数十年积累，孙儒泳一个人一笔一画，硬是用手写出来，这在今天看来，简直难以想象。书一经面世，立刻成为业内公认的教材首选。它被中国台湾《中国时报》组织的专家评选推荐为大陆十本重要著作书之一。这本书后来几经再版，几乎成为国内所有动物生态学学子的入门必读书籍，影响了一代又一代中国的生态学人。这样一本厚重的大书，捧着读来却完全不显艰涩："有限的环境处于不断恶化的困境之中，这是地球上每一个人都应该关心的问题。但是对待环境问题不能持宿命论的观点……我们应该相信人类的智慧和力量，依靠科学和技术。"孙儒泳对我国生态学教学的推动作用，还远不止于此。他参与主编的《基础生态学》《普通生态学》被国内高校普遍采用；他负责的北京师范大学生态学课程被评为国家精品课程；他撰写和参与撰写的专著、译著、高校教材等有16部。即使在近80岁高龄时，他还主持翻译了国外的先进教材《生态学》。

三、硕果累累，永垂不朽

他从事生态学教学和科研近50年，撰写和参与撰写的专著、译著、高校教材等共16种，在国内外学术刊物上发表论文160余篇。他的《动物生态学原理》获第2届高校教材全国优秀奖和1992年全国教学图书展一等奖。他先后主持、参加了16个科研项目，其中6项获国家自然科学三等奖、农业部科技进步二等奖等奖励，1991年获国务院颁发的政府特殊津贴。他领导的科研小组在亚细胞水平上研究动物对低温的适应产热和胎后产热发育，将我国兽类生理生态学研究由个体水平推向细胞水平。在兽类种群生态研究中，开展鼠类种群生理年龄结构与繁殖生态关系、空间格局与数量的季节和年变动的研究。其中种群生理年龄结构研究在理论上具有独创性，尤其是把当年鼠参加繁殖行列旺盛度定量化，具有预测种群动态价值。他带领研究生进行藏系绵羊最优种群结构和出栏方案研究，此成果已被应用到马鹿饲养种群，为畜牧生产带来了显著效益。

2020年2月14日，孙儒泳先生因病于广州逝世，享年93岁。孙儒泳院士一生严谨治学，淡泊名利，提携后学，为我国生态学科教事业作出了杰出贡献。孙儒泳院士的逝世，是我们的重大损失，也是我国生态学界的重大损失，他的学术品德和崇高精神值得我们永远学习。

参考文献

[1] 刘建武. 50年耕耘　硕果累累——记生态学家孙儒泳院士[J]. 北京师范大学学报（自然科学版），2005（4）：328.

[2] 徐姝静. 孙儒泳：把生态学引入中国[J]. 创新世界周刊，2020（6）：62-63.

荣长宽：
一生走在虾塘上的黑老头

> 荣长宽，1940年8月生，河北省唐山市滦南县人，天津农学院水产系创建人之一，长期从事水产海、淡水的养殖及水产动物营养与饲料的教学与科学研究工作。在对虾养殖及饲料营养科学领域具有较坚实的基础理论和丰富的实践经验。他的"对虾人工配合饲料研究"为对虾饲料工业化生产铺下基石，1987年该研究课题荣获国家科技进步二等奖。

年过古稀，他依然行走在祖国南北的虾塘上，黝黑的皮肤里积累着虾塘上灿烂的阳光，矍铄的精神中闪耀着行业开拓者无私的情怀，如今行业给了他这样一个称呼——黑老头，他就是天津农学院教授荣长宽。1965年荣长宽先生从南开大学生物系水产专业毕业，后被分配到河南南阳地方工作，动乱年代里，他不忘初心，寻找任何可能的机会做专业研究。

一、艰苦科研路

1976年天津农学院成立，1979年荣长宽先生和几位南开大学老同学重聚天津，到天津农学院水产养殖系工作。20世纪80年代，对虾饲料研究的突破成为行业亟待攻关的难题，当时虽然天津农学院水产系成立不久，但是汇聚了一批早年毕业于多个高校的水产科研工作者，虽然他们都没有任何对虾饲料研究方面的经验，但凭着勇气和自信，借着初生牛犊不怕虎的冲劲儿，这个年轻的水产科研团队硬是接下了这一国家级科研课题。当时国内饲料工业尚处于零起步状态，他们的实验基地远在天津塘沽，从学校到科研基地交通非常不便。工作开始时，整个研究环境可以说是相当简陋，研究基地甚至没有房子，更不用说其他基础设施。回想起当时情景，荣教授记忆犹新，他清楚地记得，当时由于国内没有饲料工业，研究用的饲料只能在一个马棚里人工制作，饲料制粒用绞肉机、烘干靠太阳晒……就在这样的环境之下每次要制作十几种配方、几百斤饲料，当时国产鱼粉的气味让荣教授至今难以忘怀，荣长宽先生笑谈："每次从马棚里出来去食堂打饭，只要闻到臭气别人就知道是我来了。"除了养殖硬件的缺乏，科研硬件也是星零无几。由于当时对虾营养研究基础资料匮乏，科研组只能一点点地找一些日本对虾饲料研究资料作参考，所以需要去做大量的基础工作，从饲料原料营养成分、饲料制作方法到配方设计都只能自己摸索，尤其是营养成分分析上，当时整个天津市都没有一台氨基酸分析仪，最后只能到北京才能做各种原料营养成分检测，费用非常高且麻烦，但是他们也不得不这样做。虽然各种条件异常简陋，困难重重，但经过水产学院全体师生4年多的艰苦努力，"对虾人工配合饲料研究"终于完成，这在中国对虾饲料产业是"开天辟地"的大事，为对虾饲料工业化生产铺下了牢固的基石。1987年，该研究课题荣获国家科技进步二等奖，随后进行了技术转让，荣长宽先生和他的团队把18万多元的技术转让费一分不少地给了国家，弥补了不到20万元的项目科研经费，最终他只得了660元的国家科技进步二等奖奖金。

二、一切从实践中来

荣长宽先生说："做水产这一行，我们如果天天坐在办公室里是什么都做不出来的，很多我们不敢想的只有老百姓才能做出来。"获得国家科技进步二等奖以后，荣长宽先生此生便和对虾结缘，成为国内对虾饲料和养殖领域最早的科研工作者和推广者之一。在以后的科研选题上，他始终围绕如何用饲料养好虾、如何提高养虾效益展开，并坚持科研从研究实际问题出发，长期行走在各地虾塘上，为养殖户解决养殖实际问题，极大地推动了我国对虾养殖和饲料产业的发展。谈到对后辈的期望，荣长宽先生说："希望现在的研究人员能够沉下去，定出目标，不要只是拿理论来指导理论，要去真正地做研究，把科研工作再做细一点。"如何减少水产饲料中的鱼粉用量是荣长宽先生的关注点之一，他曾做过这方面的研究，虽然难度很大，但他认为这一定是水产饲料行业发展的方向，值得研究。同样，荣长宽先生也希望水产学子们能够多参加水产实习和劳动锻炼，回想起年轻时他在南开大学的学习经历，每年都有几个月在学校农场参加实习和锻炼，丰富的实践经历为荣长宽先生以后的科研事业打下了坚实基础。《联合国粮食及农业组织数据（2015—2021）》中写道："如今中国水产养殖产量占世界70%，以前是我们学别人，现在在对虾领域，无论是养殖技术还是饲料技术我们都不次于国外，这个行业是一个绿色行业，未来大有希望。"

三、荣长宽先生寄语

"一辈子从事水产科研工作，作为一个知识分子，通过自己的艰苦努力，该得到的荣誉我都得到了，对国家、对学生、对自己我都问心无愧，说明我这辈子的工作很值得，赢得了大家的认可！"这是荣长宽先生对自己一生工作的评价。

参考文献

[1] 搜狐网. 盘点水产界不为人知的里程碑式专家[EB/OL].（2018-02-17）. https://www.sohu.com/a/223077721_726570.

麦康森：
"蓝色"院士之路

> 麦康森，水产动物营养与饲料专家。广东省化州市人。1982年毕业于山东海洋学院水产系。1995年获爱尔兰国立大学动物学博士学位。曾任中国海洋大学水产学院院长、中国海洋大学副校长、教育部"长江学者奖励计划"特聘教授、国际鲍学会理事和国际鱼类营养学术委员会委员。一直从事水产动物营养与饲料的教学和研发工作。在探索我国水产动物营养研究与饲料工业发展模式，研究并构建重要养殖代表种的基础营养参数公共平台，开创贝类营养研究新领域，成功开发鱼粉替代技术、微颗粒开口饲料配制技术、环境和食品安全营养调控技术，及成果产业化推广和人才培养等方面作出了重要贡献。

一、历经坎坷，终得闪光人生

麦院士小时候的家庭条件非常差，幼年时期就失去自己的父亲，由母亲独自一人抚养一大家子人。那时候麦院士就意识到学习可以改变人生的重要性，所以十分刻苦地努力学习，最终考上了大学。麦院士选择水产专业还是由于童年生活的影响，麦院士居住的小村庄距离海边有100多里路，由于这个十分遥远的距离，使大海成为孩子们心中最向往的地方。少年时期的一次海边游戏给麦康森院士留下了深刻的印象，他也因此对大海产生了深深的好奇，并且想要探索它，由此奠定了人生的理想。所以在填报志愿的时候，他选择了山东海洋学院（现中国海洋大学）的水产系，迈出了实现自己的海洋梦想的第一步，不断地深造自己，还考取了水产养殖的研究生，成为李爱杰教授的弟子。当时我国关于水产饲料的研究非常少，李教授为了填补这一片空白，开始了水产饲料的研究之路。作为李教授的弟子，麦院士也开始了在饲料方向的学习与钻研，取得了非常不俗的成就，在我国水产动物营养与饲料上作出了突出贡献。从麦院士的故事中可以看出是他的人生经历造就了他不屈不挠、吃苦耐劳的性格，是他的生活环境给他带来了蓝色的梦想，是他的坚持与刻苦造就了他现在的成就，可以说他虽历经坎坷，终得闪光人生。

二、坚定前行，实现蓝色梦想

麦院士研究生毕业后就回到了他的家乡湛江水产学院工作，成为水产学院的一名讲师，在任教期间，湛江水产学院仅有一个出国留学的机会，竞争十分激烈，麦院士十分努力，最终在这里他争取到了公派出国留学的机会，去爱尔兰国家大学学习。出国留学期间，发生了这样一件事，在一次学术交流中，有一位夏威夷教授对麦院士说了这样一句话："麦先生，我们在保护海岸，你们却在毁掉海岸，目的都是赚钱。而我们赚到的钱会比你们更多并且更久。"这句话非常刺耳难听，讽刺我们只知道一味地赚钱，而不懂得去保护环境，最终只会导致资源枯竭。那时候的麦院士暗中下定决心，一定要回国建设国家，让外国人知晓中国的强大。留学时他看到当时国际上对海洋中鱼虾类的科学研究已经比较完善，而被我国传统食品称为"八珍之首"的鲍鱼，还只是贝类营养研究中非常弱小的分支，相当冷门。他意识到这种冷门研究虽有困难，但是却是机遇，从此就以鲍鱼为题材进行了深入研究。在美国留学开始，麦康森先生就选择了鲍鱼营养学的研究课题，在贝类营养研究方面也不断做出新成果，弥补了不少的国外空缺。在美国学业完成后，不少专家和学者都劝麦博士留在高薪、设备齐全的国外工作，而麦博士却义无反顾地选择回国。回国后，麦康森院士承担了国家自然科学基金"皱纹盘鲍营养生理的研究"和"鲍鱼贝壳生物矿化的营养学机理研究"等项目，继续在鲍鱼领域进行研究，研究方向主要是微量元素、维生素等的营养生理研究。2003年，麦院士作为第五届国际鲍鱼学术讨论会组委会主席，在青岛成功召开了由世界20多个国家的280多名专家学者参加的、规模空前的国际鲍鱼学术研讨会，为推动世界鲍鱼研究作出了巨大的贡献，实现了自己的蓝色梦想，并还在一直为之奋斗中。

三、潜心学术，放弃光明仕途

回国后，麦院士就回到了中国海洋大学任教，在校期间因科研能力超群，麦康森37岁就被破格晋升为教授，一年后被聘用为博士生导师，还不到两年就任职了水产学院的院长。1998年，还不到40岁的麦康森成为当时青岛海洋大学（今中国海洋大学）最年轻的副校长。2001年10月，麦康森作为全国45岁以下杰出青年学者的代表，收到了教育部"长江学者奖励计划"特聘教授的聘书，成为一名被誉为"准院士"的长江学者。这无疑是对麦院士的一种肯定，但麦院士觉得自己的精力有限，几经权衡以后，为了让自己能够专心进行教学与科研工作，他决定辞去中国海洋大学副校长职位。这样的选择引起了许多人的不理解，有人曾经询问过麦院士，院士是不是他的奋斗目标，而麦院士却是这样回答的："我觉得，一个学者，如果真的想扎扎实实搞研究、做学问，他会这样选择。"可以说，麦院士为了科研而放弃了名利，这种难能可贵的精神是我们需要尊敬和学习的。此后成为长江学者的麦院士为了推动我们国家水产饲料的发展，先后扛起了"973""863"等重大的科研课题，致力于水产动物营养与饲料的研究。了解完麦院士，我们会发现作为一名科研工作者，他始终把国家的富裕强盛挂在心间。

四、科教严师，育人慈父

作为一名老师和科研工作者，麦院士十分看重创新的能力。为了能够提高学生们的创新能力以及自主学习能力，麦院士从来不会包办学生的学习计划和方向，而是采取"启发自由"式的教育方法，让学生先提交自己制订的发展计划或研究方案，然后他再与他们一起讨论并悉心指导。他对学生的实验和论文历来要求有研究有数据、有发现、有创新。而不是一味遵循前人的脚步随波逐流。在一次采访的过程中，麦康森在谈到我国高校学生创新能力不足时指出，

"根据调查，中国人的平均智商高是世界所公认的，但我们的创新能力却得不到世界的认可。形成这种差距可能是由于我们存在不利于创新的传统教育方式以及一些传统文化，比如限制想象力和创造力的'填鸭式'教育，'枪打出头鸟''随波逐流'的求同文化，'学而优则仕'的官本位文化，忽视个性的榜样文化，等等。这样的传统教学模式和传统文化必然会影响我们创新能力的培养与发展。"因此，他在指导培养研究生的时候，格外重视扬弃扼杀学生创造意识的传统教育习惯，营造创新的文化环境。麦康森也经常对学生讲，创造就要与众不同，而不要复制别人的研究工作方式。他也坦言，相比于循规蹈矩、四平八稳的"好学生"，他更看好那些能够时不时想出"馊主意"的"歪才生"。有时候"馊主意"往往正是具有革新意味的好主意。在教育科研中一定要引导学生大胆想，大胆做，这样才有机会做创造性的事情。在学术教育上，麦康森是一个不讲情面的"严师"，但在生活育人上，他又是一位体贴细致的"慈父"。一次，当他在宁波的象山湾基地检查并指导学生实验设备时，学员们已经出海工作还未回来。他并不是坐下来等待，而是立刻准备材料并下厨，做好了一桌丰盛的晚饭。推门进来的学员们简直不敢再相信自己的眼睛，因为他们从没想到眼中的这位学术"泰斗"竟然还是一位厨艺高超的厨师。

五、议政，实现科学民主共赢

麦院士在教学和科研之外，还曾当选过全国人大代表，通过议政来实现科学民主共赢。醉心科学却仍然选择身兼数职的他总会说："其实领导与科学、权力与科学，并没有优劣与贵贱之分。行政领导有着管理协调加速发展的优势；而科学创新，也有着加强管理科技提高经济效益的优势。所以，政府和科学之间是平等互利的，但关键还是要选准个人可以发挥最大优势的工作岗位。因为我们只有同时发展好这两个优势，才能实现科学发展的目的。"而且即使国家科研任务再怎么繁重，麦博士仍然心系国家大事，也因此麦博士一直主张把科学与政府紧密结合起来，才可以更好地推动国家的发展。在2004年的全国人民代表大会上，他提出了"保护海洋资源，发展海洋经济"的建议，2006年向全国两会提交了《尽快出台海岛管理法》的立法建议，2021年在第十三届全国政协第52次双周协商座谈会中提倡绿色发展等。潜心学术也心怀天下的麦院士一直在用行动践行着科学家的担当精神，海洋强国的梦想让他无论在怎样的岗位上，都力求做到最好，为国家作出更大的贡献。这也是以麦康森为代表的海洋科研工作者的共性，是我们当代青年人要学习和坚持的信念，只有这样才能使我们的国家建设得更加美好。

参考文献

[1] 中国工程院官网. 院士名单-麦康森[EB/OL]. https://www.cae.cn/cae/html/main/colys/56836010.html.

[2] 集美大学官网. 麦康森[EB/OL].（2012-06-29）. http://fishery.jmu.edu.cn/info/1141/9241.htm..

[3] 大连海洋大学官网. 我校举行麦康森院士"谈人生与科学家精神"报告会[EB/OL].（2010-11-26）. https://szgz.dlou.edu.cn/2020/1126/c5922a117476/page.htm.

[4] 华南农业大学官网. 麦康森[EB/OL].（2021-04-22）. https://hy.scau.edu.cn/2019/0117/c6583a160778/page.htm.

张福绥：
贝海生花　福生如谦

> 张福绥（1927—2016），著名海洋生物学家，水产养殖学专家。山东省昌邑县（现为山东省昌邑市）人。1953年毕业于山东大学，1962年于中国科学院海洋研究所副博士研究生毕业。生前任中国科学院海洋研究所研究员、博士生导师，兼任中国贝类学会理事长，中国动物学会理事，中国海洋学会理事。

张福绥早年系统研究了中国海浮游软体动物的分类区系，而后转入生态学及动物地理学研究。20世纪70年代致力于海洋贝类实验生态学和养殖学研究，系统研究了黄渤海贻贝的繁殖与生长规律，创建了贻贝人工育苗和自然采苗新工艺，有力地推动了贻贝养殖产业化。20世纪80年代首次从美国大西洋沿岸引进海湾扇贝，研究解决了在中国海域养殖海湾扇贝的一些生物学与生态学问题，从而在产业化规模上建立了一套工厂化育苗与养成的关键技术，并致力于向社会推广，在我国北方海域形成世界上第一个海湾扇贝养殖产业。20世纪90年代又引进墨西哥湾扇贝的南北两个种群至南海与东海，相继形成产业。他一直关注海水养殖业存在的种质、病害、环境与产品质量等问题，提出实施离岸养殖等措施。曾获国家科技进步一等奖（1990年度）1项、陈嘉庚农业科学奖（1995年度）1项、第三世界科学院农业科学奖（2000年度）1项、山东省科学技术最高奖（2005年度）1项及省部级奖多项。发表论文百余篇。

张福绥于1999年当选中国工程院院士，是我国海洋贝类增养殖生物学和养殖产业化的奠基人之一。2016年2月9日17时35分他因病医治无效,在青岛逝世,享年89岁。

一、曲折路上的拾贝人

张福绥出生在山东潍坊的一个贫寒的家庭中,在那个年代没有谁会想攀谈理想与人生,解决温饱可能才是生活中的常态。家中兄弟姐妹五个人,他是排行最小的那个。姊妹众多的家庭,扛起生活重担的是起早贪黑碌劳作的父母,家中虽然是陋室,日子虽然清贫节俭,却也带给他了不一样的人生体验。1934年的春天,六岁的张福绥进入了村当地小学,开启了他的学生时代。虽然教学条件很差,但在那个时候也算最好的选择。本应该充满乐趣的学习生活却因战乱与家庭困难等种种原因,让他不得不选择多次辍学。漫漫求学生涯虽然荆棘密布,却从未让他想过退缩和放弃。1949年,全中国人民举国欢庆,中华人民共和国成立,在此时还处于辍学中的他,终于可以靠着人民助学金继续完成自己的高中学业,但在完成学业的同时他不得不忙于生计。虽然生活苦涩,却也要用点点滴滴去填充它。挤出课余时间的他会兼职做家教,也不是所有时候都能碰上这么好的差事,他也会选择去当苦力补贴家用。那个年代的高考志愿填报是在考试前,人生的十字路口如何去选择,他十分踌躇,其实他最喜欢和感兴趣的学科是医学——他的志向可能与当时动荡的年代有关,让他更想成为一名医者、一名无声的战士、一个救死扶伤的普通人。但医学学制需要六年,家中经济条件无力供养,虽然他是家中的老幺,却也想成为一个顶天立地的男儿汉,他想尽早成为家中的支柱。没有办法,命运总是造化弄人,他只好事与愿违地选择报考了山东大学农学院,成为一名默默耕耘的水产人,"有心栽花花不开,无心插柳柳成荫",这一次的选择为他打开的不仅是大学校园,更是一生所追求的事业。

大学期间,张福绥依旧秉持着认真勤奋的学习态度,以优异的成绩为自己的大学生活画下圆满的句号。但本应顺利留校任教的他却再一次阴差阳错地被分到了广东省水产学校,面对当时没有教材、没有先例、没有资料的教学生活,他做的不是哀声抱怨,而是将教学直接开展在养殖场,实践是检验真理的唯一途径，没有教材就从养殖场师傅的口中学习了解，他回忆道："可能就是那时养殖师傅的言传身教，让我切实地了解和学习了我国历代积累的养殖技术。"没有条件就创造条件，虽然辛苦却也回味无穷，他积极努力的教学态度和吃苦耐劳的秉性得到了大家一致的认可，他先后被派送到山东大学和中国科学院海洋生物研究室进修，进一步夯实了科研基础，拓宽了学术视野。没有谁的成功是一帆风顺的，不断地学习让张福绥知道自己需要学习和积累的还有很多，他在保障教学任务的同时加紧复习，因为进修时与张玺先生有过几次交谈，让他下定决心报考中国科学院，更进一步完善自己的知识体系。功夫不负有心人，两年的努力让他顺利考入理想的院校，成为海洋所首批招生的三个研究生之一。

一次次地向前眺望，一次次地努力积累，为的不是远方的诗和理想，而是脚下的路，心中的光。虽海浪翻涌，潮起潮落，但弯腰拾贝时，却也拥有一丝恬静和豁达，当一位拾贝人又何尝不可！

二、平静海面的耕贝人

1962年的春天，刚刚研究生毕业的张福绥留在海洋所无脊椎动物研究室工作，主要从事海洋浮游软体动物区系分类的研究，在工作中，张福绥系统地研究了中国海洋浮游软体动物和底栖贝类的种类和分布，与此同时，在分类学部分，他鉴定报告了61种，其中含1新属、4新种及1新亚种，修订了海若螺科的分类系统，组建了一个新的亚科。在生态学部分，他首次发现黄东海区浮游软体动物群体的纵向移动现象、移动矢量、年周期与动力学分析，据此选定出暖流指标种，为黄海暖流冬强夏弱的性质提供了生物学依据。不仅如此，他还协助其导师张玺先生进行海洋动物地理学研究，以底栖软体动物为材料，将我国海洋动物区系进行了"亚区级"区划。1963年，张福绥等人在印度—西太平洋动物地理区内，首次提出亚热带性质的"中国—日本亚区"，将黄海与渤海（暖温带性质）划入它北邻的北太平洋温带区的"远东亚区"，由此将我国海洋动物地理学研究推向区划动物地理学水平，并为以后的贻贝苗种繁育和扇贝引种奠定了科学基础。

20世纪70年代，我国还处于计划经济时代，寻常百姓可能连保证营养都是个问题，日常所需的鸡鸭鱼肉等资源都很匮乏，更何况海产品。处于那个时代的张福绥有了大胆的决定："既然缺乏那我就做那个第一个吃螃蟹的人！"他转战实验生态学与贝类养殖学有关的项目，在西方科学家尚在"观望是否将有足够的经济刺激与营养刺激而促成计划研究贻贝人工育苗"以发展贻贝大量养殖时，张福绥和他的研究小组已经着手实施与发展实验生态学与贝类养殖学的相关研究。他和他研究团队的同志们把实验室基地定在烟台市郊金沟寨的海边荒滩，工作条件艰苦就苦中作乐，大家只有一个目标，只要国家需要，他们就是要把别人搞不出、搞不定的东西弄出个名堂。凭借着这样的执着和坚守，他们成功通过人工育苗、自然采苗这两个渠道获得苗种，有力推进了山东贻贝养殖产业化。通过进一步试验，1972—1973年，张福绥成功创建了"废旧草缏采苗法"和"贻贝自然采苗场建立"技术，解决了苗源供应问题。继而又研究改进了饵料结构、采苗器材、细菌控制和苗种中间培育等一系列关键技术，建立起完整的人工育苗理论和技术体系，首次将贻贝育苗工程化，使育苗单产水平（苗数/立方米水体）达到1 000万粒以上，育苗单产量创世界最高纪录，促进了我国贻贝养殖业的迅速发展。1977年，仅山东省贻贝产量即达5万吨，使贻贝成为当时全国海水养殖业的支柱产业。我国贻贝发展的成就引起国际学术界同仁的瞩目，从而也为其他贝类的人工繁育和增养殖奠定了基础。

三、海浪中的引贝人

1981—1982年，在海洋所领导以及美国友人的帮助下，张福绥先后四次从美国大西洋沿岸将海湾扇贝亲贝引入我国。由于当时我们缺乏入关、检疫、途中海水暂养等方面的经验，到青岛后存活下来的少数个体，也并未能采集出卵来。满满的挫败感并没有使大家丧失信心，反而激起了大家的斗志与征服困难的欲望，1982年机会再一次来临，有一有二不能有再三再四，带回来亲贝一定要移植成功！精密的设计方案以及同事们小心翼翼地呵护，活的海湾扇贝终于在海洋所的实验室落户。小小的兴奋过后，大家马上又忙碌了起来，因为这只是万里长征的第一步。张福绥丝毫没有懈怠，那段日子里，他和课题组的同事们以实验室为家，不分白天黑夜地培育储养着来之不易的海湾扇贝，虽然每个人都小心谨慎，但带回来的海湾扇贝还是陆续死亡，最后仅剩下26只。为了不再全军覆没，情急之下，课题组决定育肥催熟，让其提前排放精卵，培育后代，一个多月的时间，课题组的同志们个个精疲力竭，但在大家的努力坚持下，美国海湾扇贝终于在中国诞生了。

这一结果表明，26只亲贝及其后代，在中国海域能够正常繁育生长。通过进一步的试验研究，张福绥团队解决了亲贝促熟、饵料、采卵、孵化、幼虫培养、苗种中间培育、养成等关键技术问题，建立了一整套工厂化育苗及全人工养成技术，为大规模发展海湾扇贝养殖业解决了苗种供应问题。1985年，海湾扇贝产业成为当时我国海水养殖业的三大支柱产业（海带、对虾、扇贝）之一，获得了巨大的社会效益和经济效益，使我国贝类养殖产量跃居世界第一位，有力地推动了我国海水养殖产业的发展。1994—1995年，张福绥继而又开展了"引种复壮"的研究，取得了良好的效果，对养殖群体进行了种质资源更新，保证养殖业健康发展。

四、桃李若之，谦谦人生

张福绥院士从来没有因为自己的成就而感到自满或者另眼他人，在多数人眼中，他是一个始终奋斗在海洋一线的耕海牧洋人，更是一位勤勤恳恳、用自己一生学术造福百姓的老人。

晚年的他依旧"老骥伏枥，志在千里"，密切关注着中国海水养殖业存在的问题，提出了"生态养殖与工程化养殖并举""离岸养殖""清洁生产"等一系列新思路和新措施，指导创新团队在引种基础上成功培育出两个海湾扇贝新品种，并推动其成为产业的主导良种。同时，他还基本厘清了我国巨蛎属牡蛎的种类和分布，推动了我国贝类适应进化研究进入国际先进行列。"三人行必有我师焉"，他从不以自己学术上的成就居功自傲，总说自己只是一个学术科研的交流者，只是将自己所学所知运用到实践中。有人经常用"扇贝之父"去形容他，他却笑着回答道："我希望这是戏称，不是谦虚，否则我可有些担当不起，海洋科学需要普及，海洋意识需要灌输，海洋科学也需要宣扬，我一生恪守的原则是，争活不争功，只问耕耘不讲获取。"与张福绥教授共事了50年的同事、海洋所研究员马江虎回忆道："他是一个很恪尽职守的科研人员，做任何事情都会以很高的标准完成。他搞贝类实验生态学、贝类养殖，总是想把自己的研究跟国民经济、跟我们的水产事业紧密地结合在一起。他为人谦和，尊师重道，对新的青年一辈寄予了厚望，创造出更多的机会让后辈得以发展。"

"师者，传道授业解惑也。"身为海洋事业的耕耘者，他也十分注重人才培养，他的学生杨红生回忆起自己的老师时说道："张先生不仅是我学术上的指路人，更像是一位慈祥、和蔼的父亲，他特别关心我们年轻一辈，有什么难处不管是学术还是生活上的，都可以和他讲，老师常说，人品不好的人也做不出好的学问，想做学问先学好做人。"

臧克家曾经说："有些人活着，他已经死了；有些人死了，他还活着。"张福绥院士将自己的毕生奉献给了海洋，著作等身、桃李满园、爱国敬业等辞藻对于他的评价可能只是沧海一粟，他用他的一生诠释了对祖国海洋事业的热爱与执着。

参考文献

[1] 廖洋，展翔天．张福绥院士：耕海牧贝福泽百姓[J]．智慧中国，2021（5）：47-51．

[2] 李旭．默默耕海的拓荒牛——记中国工程院院士张福绥[J]．青岛文学，2019（10）：64-72．

[3] "扇贝之父"的拳拳之心[N]．济南日报，2006-02-23（003）．

[4] 科协论坛编辑部．海洋生物学家张福绥[J]．科协论坛，1998（5）：25．